**图书在版编目（CIP）数据**

山本忠敬的交通工具图鉴. 飞机的历史 / (日) 山本忠敬著；唐春明译；浪花朵朵编译.
— 福州：福建教育出版社，2018.7（2024.8重印）
ISBN 978-7-5334-8119-3

Ⅰ. ①山… Ⅱ. ①山… ②唐… ③浪… Ⅲ. ①飞机 - 技术史 - 世界 - 图集 Ⅳ. ①U-091

中国版本图书馆CIP数据核字（2018）第086939号

HISTORY OF THE AEROPLANE
Text and Illustrations by Tadayoshi Yamamoto

Originally published by Fukuinkan Shoten Publishers, Inc., Tokyo, 1999
under the title of HIKOHKI NO REKISHI The Simplified Chinese language rights
arranged with Fukuinkan Shoten Publishers, Inc., Tokyo through Bardon-Chinese Media Agency

Simplified Chinese translation edition published by Ginkgo (Beijing) Book Co., Ltd.



版权登记号 图字 13-2018-028

**山本忠敬的交通工具图鉴：飞机的历史**

**Shanben Zhongjing de Jiaotong Gongju Tujian：Feiji de Lishi**

| | | |
|---|---|---|
| 作　　者：[日] 山本忠敬 | 译　　者：唐春明 | 编　　译：浪花朵朵 |
| 出 版 人：江金辉 | 责任编辑：雷　娜 | 美术编辑：邓伦香 |
| 筹划出版：后浪出版公司 | 出版统筹：吴兴元 | 特约编辑：彭　鹏 |
| 营销推广：ONEBOOK | 装帧制造：墨白空间 | 经　　销：新华书店 |

出版发行：福建教育出版社
（福州市梦山路 27 号　邮编：350025　http：//www.fep.com.cn
编辑部电话：0591-83726290　发行部电话：0591-83721876/87115073，010-62027445）

| | |
|---|---|
| 印　　刷：天津裕同印刷有限公司 | 开　　本：889 毫米 ×1194 毫米　1/12 |
| 印　　张：14 | 字　　数：135 千字 |
| 版　　次：2018 年 7 月第 1 版 | 印　　次：2024 年 8 月第 6 次印刷 |
| 书　　号：ISBN 978-7-5334-8119-3 | 定　　价：168.00 元 |

官方微博：@ 浪花朵朵童书　　投稿服务：onebook@hinabook.com 133-6631-2326
读者服务：reader@hinabook.com 188-1142-1266　　直销服务：buy@hinabook.com 133-6657-3072

浪花朵朵

山本忠敬的交通工具图鉴

# 飞机的历史

[日] 山本忠敬 著　唐春明 译　浪花朵朵 编译

海峡出版发行集团
THE STRAITS PUBLISHING & DISTRIBUTING GROUP
福建教育出版社

# 目 录 contents

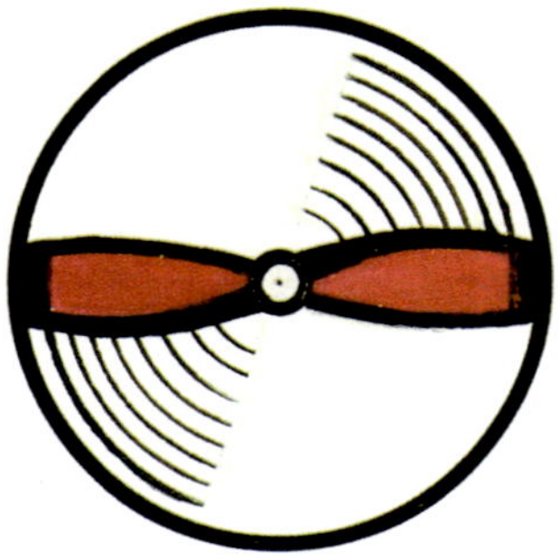



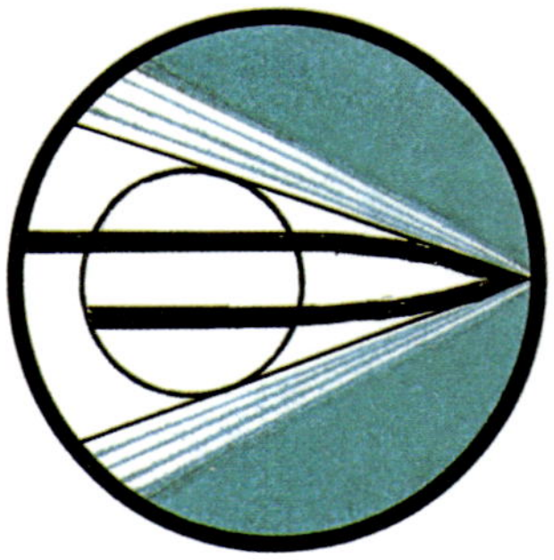

# 前　言

大约40年前，我开始为濑田贞二先生的《P号游轮，去大海》、小出正吾先生的《慢悠悠的压路车》、渡边茂男先生的《消防车吉普达》等绘本创作插画，不知不觉间成为了一名交通工具绘本作家。我想，反正都已经被当作交通工具绘本作家了，那就彻底地研究一下交通工具吧！然后，越是研究，我越发现，交通工具的发展历程十分有趣。研究的同时，我还搜集了各种各样的交通工具照片和绘画，将它们按年代顺序排列起来，于是我看到了时间的流动，看到了外形的变化，看到了进步——啊，我觉得它们后面有一段历史！

对于交通工具史和机械工程，我完全是个外行。但从十多年前，我在研究飞机的时候起，我就想，不能再像以前那样只画儿童绘本了，我要画出让孩子和大人都能欣赏和喜爱的历史类图画书！因此才有了这本《飞机的历史》。它不是专业的航空史图书，也不是专业的航空工程类图书，而是以人类飞行梦的实现历程和民航客机的发展历史为主体的一部图鉴。

山本忠敬

1998年12月

# Ⅰ 插上翅膀，尝试飞行的时代

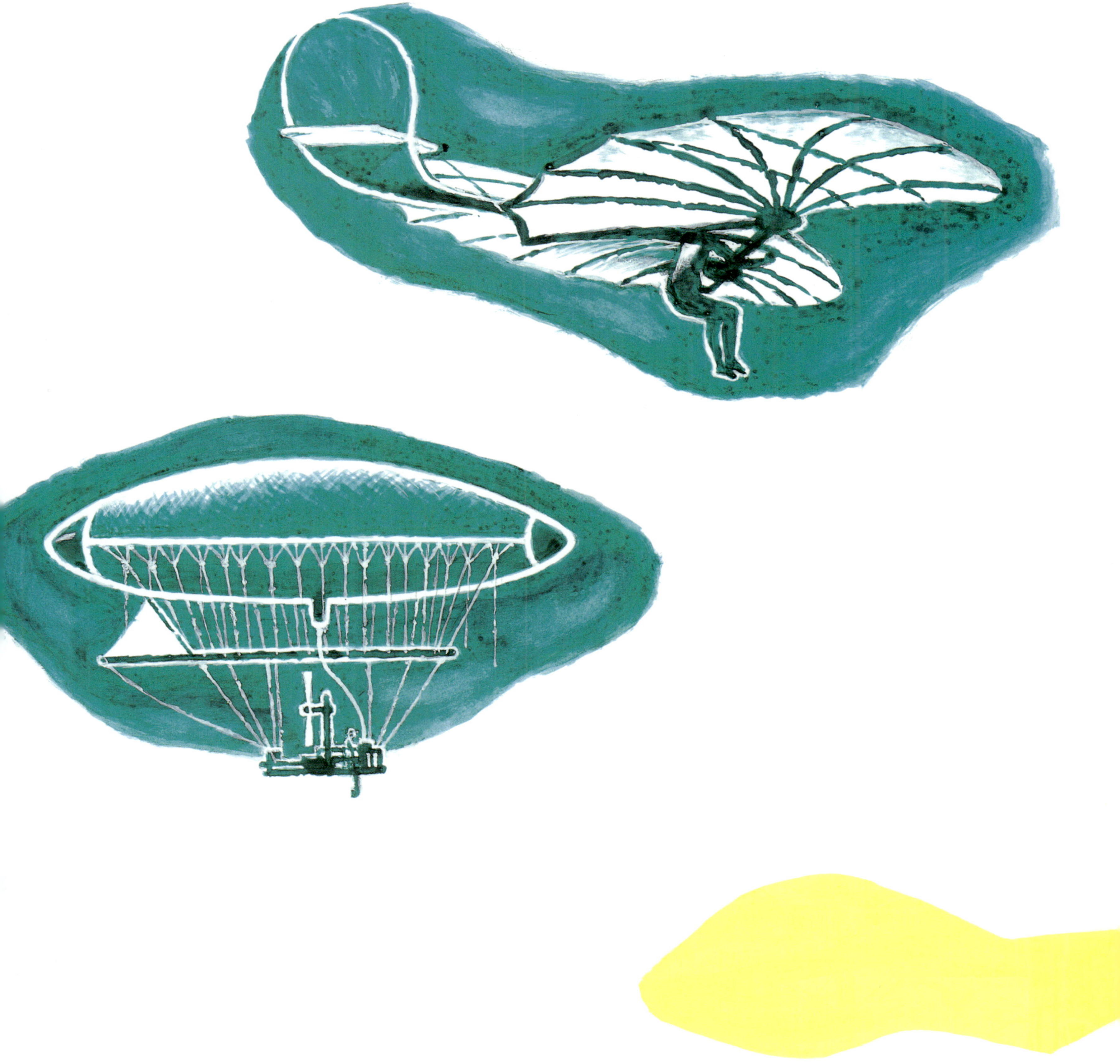

# 1 人类的飞行梦

像鸟儿一样在空中飞翔是人类自古以来就有的梦想。现在人们可以随时随地乘坐飞机享受舒适的空中之旅，但是，人类第一次依靠机器的力量自由地在天空中飞翔，距离今天也不过110多年。

对天空的崇拜，是与信仰联系在一起的。古时候，人类相信众神掌管着天空，可以在天空中自由飞翔。后来，帝王们为了宣扬自己的崇高地位，就让诗人记述自己“在天空中飞行”的故事，或让画师画出那样的场景。

在中国，公元前2250年左右，舜帝年少时，曾双手分别抓着一个斗笠当作翅膀，从高高的谷仓上飘落下来。这在《史记》中有记述。*

在希腊神话中，巧匠代达罗斯（Daedalus）为了带着儿子伊卡洛斯（Icarus）逃出克里特岛，用羽毛制作了翅膀。可是伊卡洛斯在空中飞得太高了，强烈的阳光融化了翅膀上的封蜡，使羽毛松动散开，结果伊卡洛斯坠海而死。而代达罗斯在海上低空飞行，平安而悲伤地飞到了1,200 km（千米）外的西西里岛。

除了这些传说和神话，古代的雕像和绘画中也常常出现飞翔中的神与佛。

公元前2500年左右，位于小亚细亚的古国赫梯，带有翅膀的“母神”雕像

550年左右，高句丽，江西郡三墓里，江西大墓内的壁画

* 出自《史记·五帝本纪》：“……尧乃赐舜絺衣与琴，为筑仓廪，予牛羊。瞽叟尚复欲杀之，使舜上涂廪，瞽叟从下纵火焚廪。舜乃以两笠自扞而下，去，不得死。”——编者注

## 古代雕像和绘画作品中飞翔的神与佛

西方的神用翅膀飞翔，东方的仙女身着羽衣飞翔，佛则乘坐云朵飞翔。

623 年左右，伊斯兰教的天使哲布勒伊来（英译为 Gabriel）

《古兰经》中记载的带翅膀的天使，曾将安拉降示的《古兰经》文传达给先知穆罕默德。

公元前 1000 年左右，古巴比伦王国，有翼英雄的石刻像

古亚述国也有类似的石刻像。

550 年左右，中国，山西省，天龙山石窟中的持钵飞天像

**600—700 年（飞鸟时代），日本，奈良县，**
**法隆寺金堂小壁画（彩色）中的飞天图**

1949 年 1 月，法隆寺金堂壁画因失火而烧毁，但小壁画因为要修理而被搬走，才幸免于难。

**8 世纪，日本，奈良县，正仓院的水墨白描画**
**“麻布菩萨像”**

画像中菩萨正乘云而下。

**1053 年左右（平安时代），日本，岩手县，**
**中尊寺金色堂内的壁挂“金铜华鬘”上的**
**带翼观音**

1952 年，“金铜华鬘”被盗，半年后嫌犯被捕，它又安全回到中尊寺。

## 故事中实现的飞行梦

**古代中国，神话中能在天空飞翔的交通工具**
具有车的外形，并带有原始的螺旋桨和小型翅膀。

公元前 336 年左右，马其顿王国，古老画作中 4 只格里芬（Griffin，希腊神话中鹰头狮身有翅的怪兽）被绑在王座上，拉着亚历山大大帝在空中飞翔

**古代波斯，传说故事中凯扬王朝的国王凯卡乌斯将椅子和鹰绑在一起，他坐在椅子上飞向天空**
在飞行途中，他掉落到了河边，英雄鲁斯塔姆就前来寻找他。这个故事在11世纪初成书的史诗《列王纪》中有记述。

16 世纪，中国明朝，吴承恩的小说《西游记》中，孙悟空脚踩筋斗云飞行

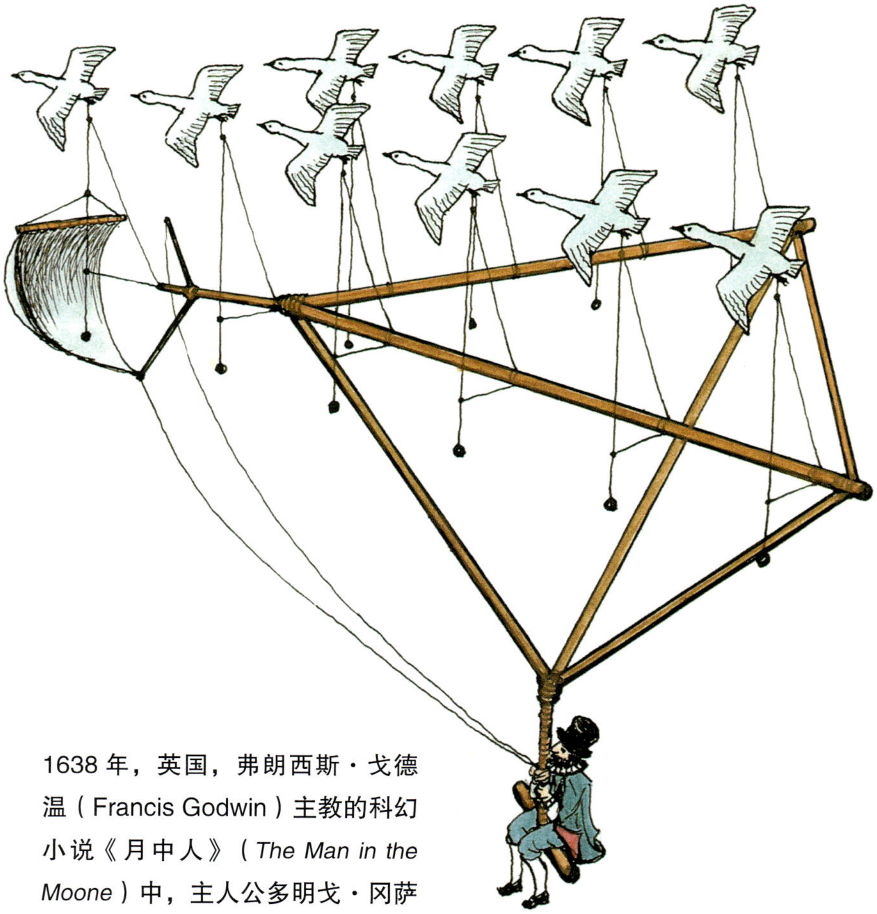

1638 年，英国，弗朗西斯·戈德温（Francis Godwin）主教的科幻小说《月中人》（*The Man in the Moone*）中，主人公多明戈·冈萨雷斯被野天鹅拉着飞向月亮

空中飞翔的女巫
在现在的童话故事中，女巫大多骑着扫帚在空中飞行。

## 列奥纳多·达·芬奇（1452—1519）

列奥纳多·达·芬奇（Leonardo da Vinci）是文艺复兴时期意大利画家、科学家、发明家，也被认为是人类历史上绝无仅有的全才。他留下了许多飞行机器的设计图，右页展示了其中的一部分。

1485 年，降落伞草图

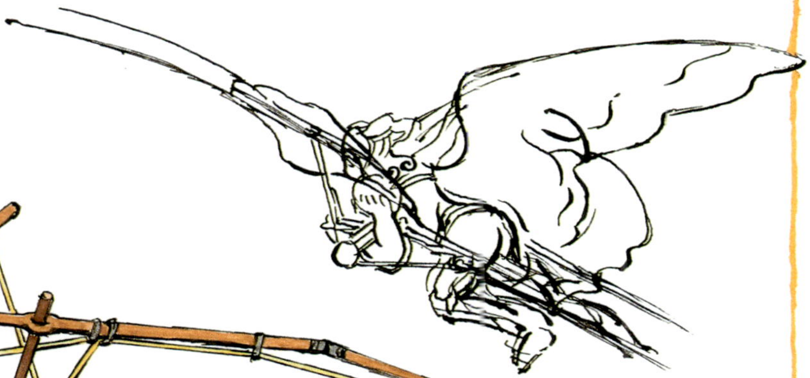

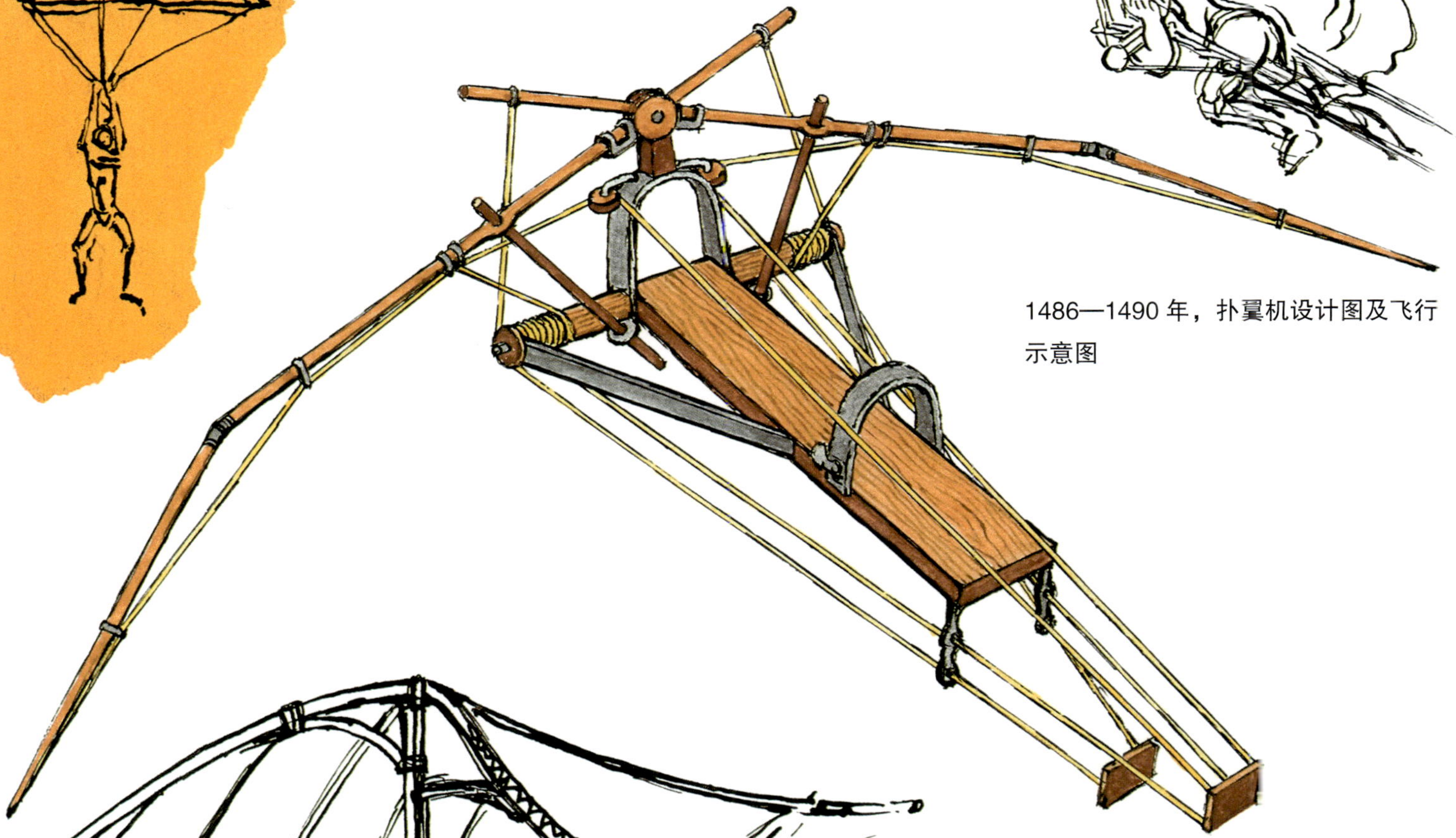

1486—1490 年，扑翼机设计图及飞行示意图

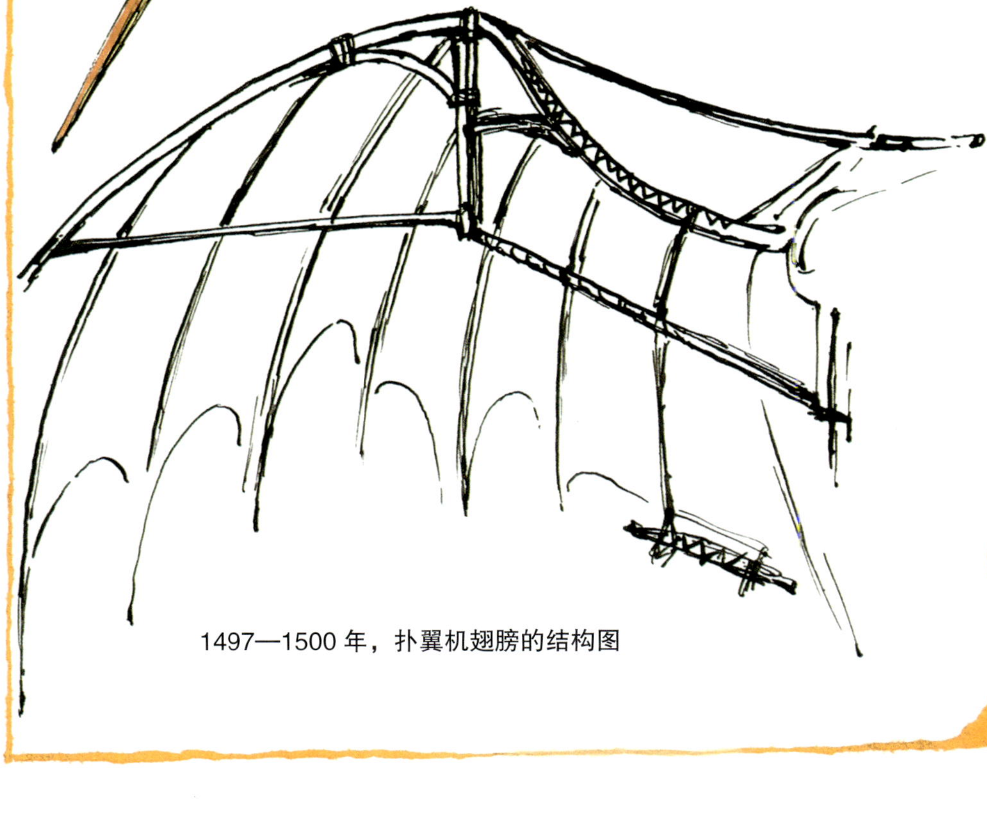

1497—1500 年，扑翼机翅膀的结构图

1486—1490 年，直升机草图

## 尝试飞行的先驱

1490 年，在达·芬奇设计飞行机器的同时，意大利数学家乔瓦尼·巴蒂斯·但丁（Giovanni Battista Danti）将羽毛粘在胳膊上，想通过上下摆动胳膊产生翅膀扑打一样的效果，借此飞越特拉西梅诺湖。结果是他从小镇教堂顶上摔落而死。

1507 年，苏格兰王室的医生约翰·达米安（John Damian）给自己插上羽毛做的翅膀，一边嚷着要“飞到法国去”，一边从城墙上跃入空中。结果，他掉到了墙根下的粪堆中。多亏了粪堆，他只是摔断了一根腿骨。这是一个带着臭味的故事。

1670 年，意大利神父弗朗西斯科·拉纳·德·泰尔齐（Francesco Lana de Terzi）提出了一个名为“空气船”的设想，用内部真空的铜球把船拉起来浮在空中。这在实际上是不可行的，但他的想法成为了比空气更轻的飞行器（气球和飞艇）的理论基础。此后，很多人尝试设计出这类梦幻般的“飞船”，但都试飞失败，甚至赔上了性命。

1670 年，意大利，弗朗西斯科·拉纳·德·泰尔齐设计的“空气船”

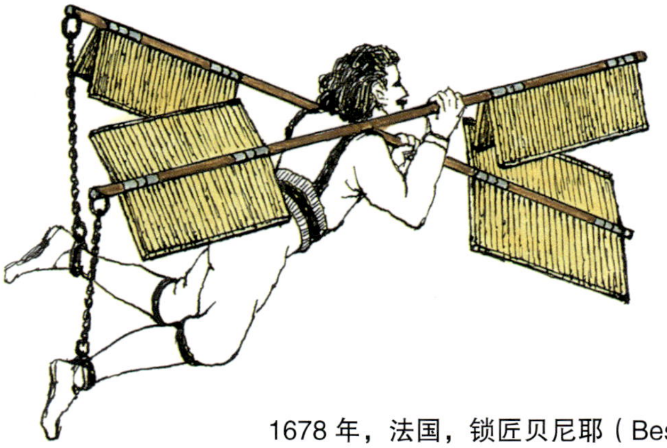

1678 年，法国，锁匠贝尼耶（Besnier）的扑翼机

他曾借助这套装置从屋顶上飞下，幸运地平安无事。

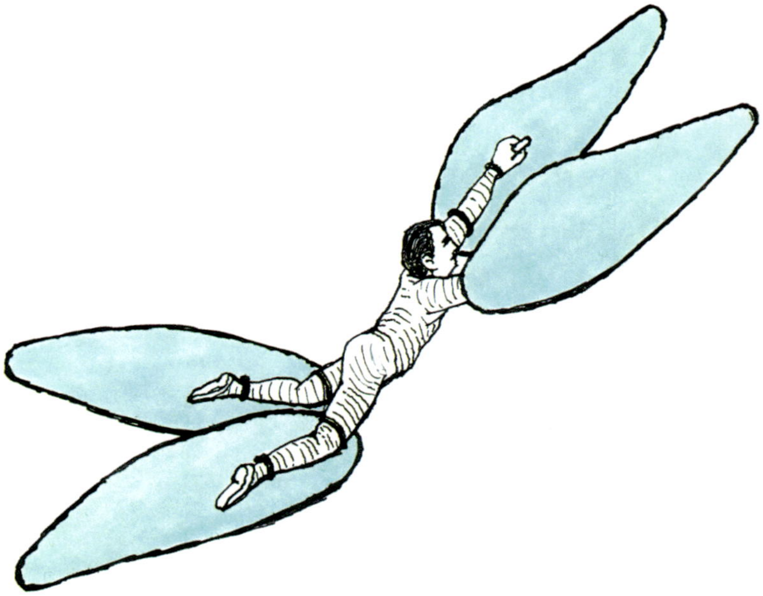

1742 年，法国，巴克维尔侯爵（Marques de Bacqueville）穿着模仿昆虫翅膀的滑翔装置，想要飞越塞纳河

结果他失败了，掉落到河里的一条船上。

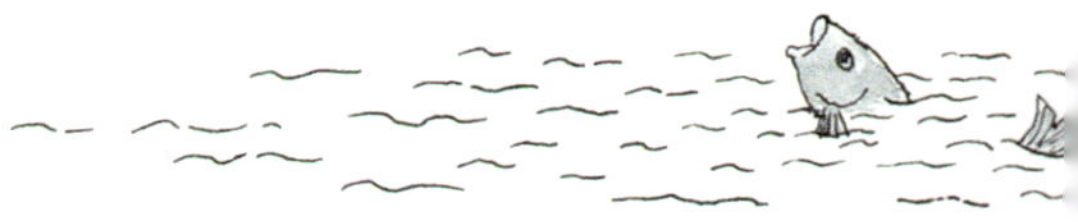

1584 年左右，欧洲，类似竹蜻蜓的玩具

1595 年，意大利，福斯托·韦兰齐奥（Fausto Veranzio）的降落伞

韦兰齐奥受到达·芬奇的降落伞设计图的启发，制作了这个降落伞，并用它跳伞成功，他因此被当作滑翔伞运动的鼻祖。

1709 年，葡萄牙，里斯本，巴西人巴尔托洛梅乌·德·古斯芒（Bartolomeu de Gusmão）设计的“飞船”

1781 年，法国，让 - 皮埃尔·布朗夏尔（Jean-Pierre Blanchard）设计的“飞船”

# 2　从热气球到飞艇

1782年，法国的造纸商兄弟约瑟夫-米歇尔·蒙戈尔菲耶（Joseph-Michel Montgolfier）和雅克-艾蒂安·蒙戈尔菲耶（Jacques-Étienne Montgolfier）看到热烟会不断升上天空，于是他们突发奇想，把篝火产生的烟聚集到一个纸袋里，结果这个纸袋就飞起来了。然后，兄弟俩就用纸制作了一个大气球，并于1783年6月4日在阿诺奈进行了公开实验，结果这个气球成功飞行了2 km远。这只是蒙戈尔菲耶热气球的开端。

同年9月19日，在巴黎的凡尔赛宫中，蒙戈尔菲耶热气球载着1只公鸡、1只鸭子和1头羊，在国王路易十六、王后玛丽·安托瓦内特以及13万巴黎市民的注视下起飞，飞行3 km后安全着陆。11月，蒙戈尔菲耶兄弟又制作了一个更大的热气球，用它进行了世界上第一次热气球载人飞行实验——这一次，人类的飞行梦真正实现了！接着是这一年的12月，在法国科学院的援助下，第二次载人气球飞行在巴黎成功进行，这次的气球填充的是氢气。

**1782年，蒙戈尔菲耶兄弟的篝火实验**

**1783年9月19日，公鸡、鸭子、羊乘坐的蒙戈尔菲耶热气球**

飞行时间8分钟，飞行距离约3 km。

装载动物的篮子

**1783年6月4日，蒙戈尔菲耶兄弟制作的第一个热气球**

最大直径11.5 m（米），飞行时间10分钟，上升高度约1,800 m，飞行距离约2 km。

米埃特城堡广场

## 人类第一次升空

1783年11月21日下午1时56分，法国人皮拉特尔·德·罗齐耶（Pilâtre de Rozier）和达尔朗德侯爵（Marquis d'Arlandes）乘坐蒙戈尔菲耶热气球，从巴黎米埃特城堡起飞，在巴黎郊外安全着陆。

飞行时间约25分钟，飞行距离约10 km。气球是用麻布和纸制造的，最大直径15 m，整体高度24.8 m，容积1,700 $m^3$（立方米）。

**1783年12月1日，氢气球载人飞行**

这个氢气球由法国科学院的科学家雅克·查理（Jacques Charles）与阿内-让·罗贝尔（Anne-Jean Robert）和尼古拉-路易·罗贝尔（Nicolas-Louis Robert）兄弟制作，查理和尼古拉-路易乘坐。飞行时间2小时5分钟，飞行距离43 km。气球由涂有橡胶的绸布制成，还设计了排气阀，最大直径8.6 m，容积255 $m^3$。

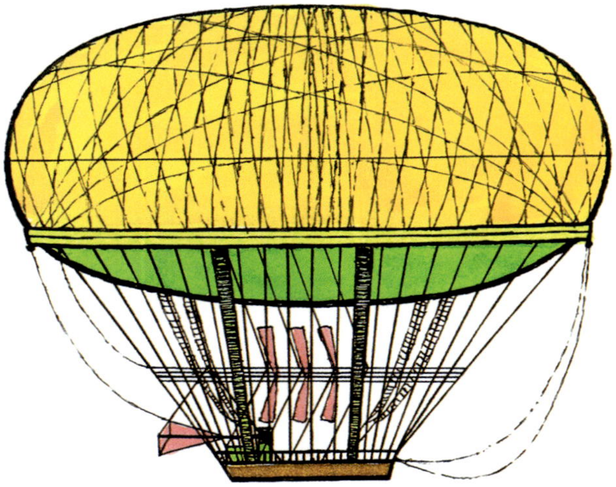

**1784 年，法国，让·巴蒂斯特·默尼耶（Jean Baptiste Meusnier）将军设计的“气艇”**

全长84 m，容积1,700 $m^3$。由80个人驱动3副螺旋桨来提供动力。（后文中出现的气球都填充氢气）

**1785 年 1 月 7 日，气球第一次飞越英吉利海峡**

让-皮埃尔·布朗夏尔与美国医生约翰·杰弗里斯（John Jeffries）乘坐自制的氢气球，从英国的多佛尔飞到法国的加来。吊舱上安装了垂直安定面和4片没有起作用的翅膀。

**1816 年，鱼形“气球船”**

由居住在伦敦的2名瑞士人保罗和艾格制作。全长27.4 m。

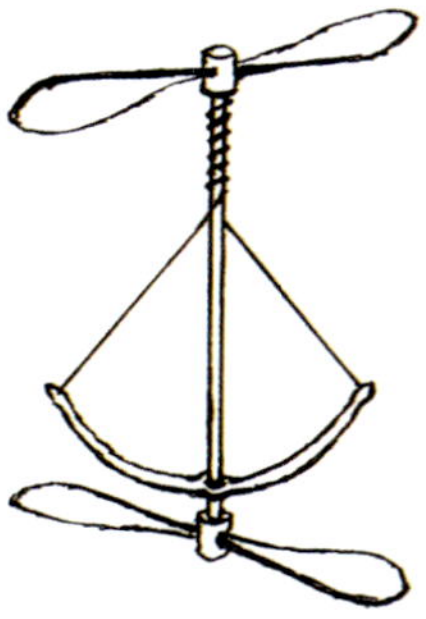

**1784 年，法国，博物学家洛努瓦（Launoy）和助手比安弗尼（Bienvenu）制作的直升飞行模型**

依靠弓的弹力驱动。

1793 年 1 月 9 日，最早在美国飞行的气球

由让-皮埃尔 · 布朗夏尔乘坐。

1796 年，英国，乔治 · 凯利爵士（Sir George Cayley）制作的直升飞行模型

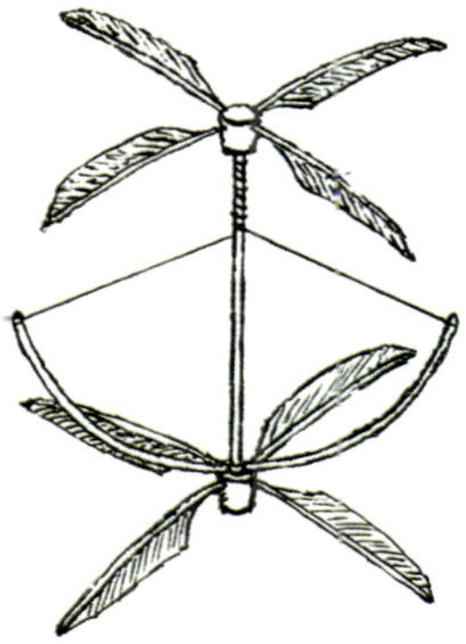

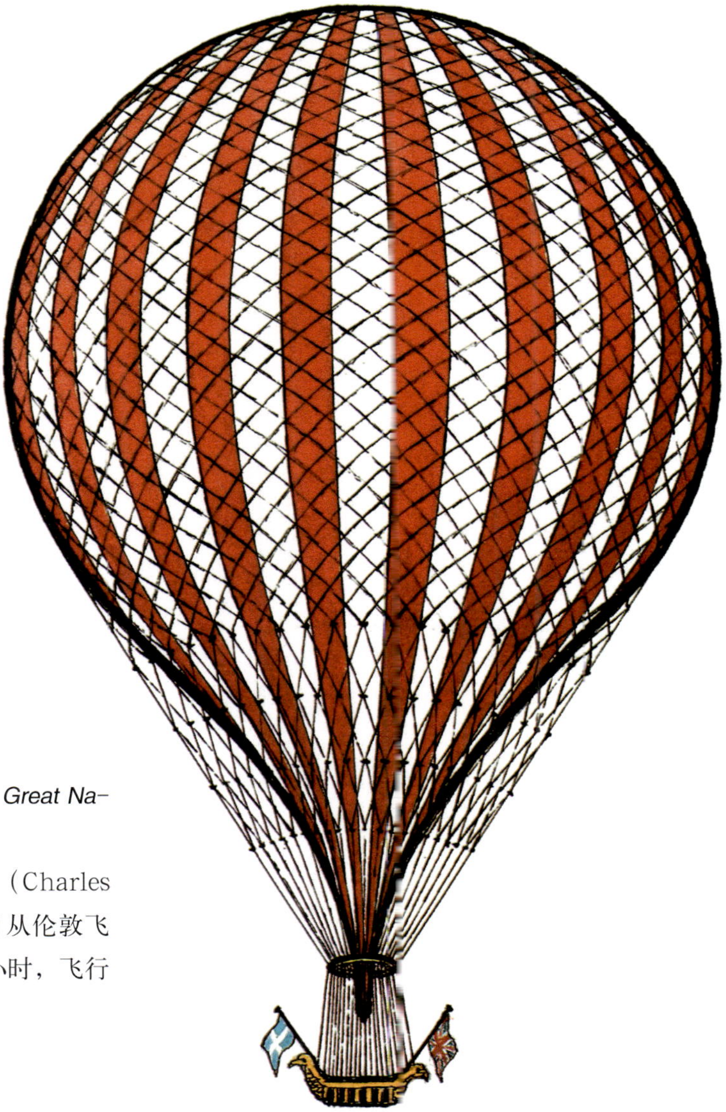

1836 年，“巨大拿骚号气球（*The Great Nassau Balloon*）”

这个气球由英国人查尔斯 · 格林（Charles Green）用绸布制造，11 月 7—8 日从伦敦飞到了德国的威尔堡，飞行时间 18 小时，飞行距离 772 km，容积 70,000 $m^3$。

## 寻找驱动和操纵方法

自蒙戈尔菲耶热气球升空以后，各种各样的气球开始在空中随风飘行。同时，有很多人反复摸索实验，寻找在天空中自由飞行所需的操控方法和动力装置（1804年，英国人特里维西克将蒸汽机当作动力装置，制造了世界上第一辆蒸汽机车，动力装置的应用有了先例）。其中，英国的凯利爵士和德国的滑翔之王奥托·李林塔尔（Otto Lilienthal）留下了珍贵的实验结果和研究资料。

**1797年10月22日，法国，气球和降落伞**

法国人安德烈-雅克·加纳兰（André-Jacques Garnerin）乘气球升上天空，然后切断了气球与降落伞之间的连接绳，用降落伞成功着陆。

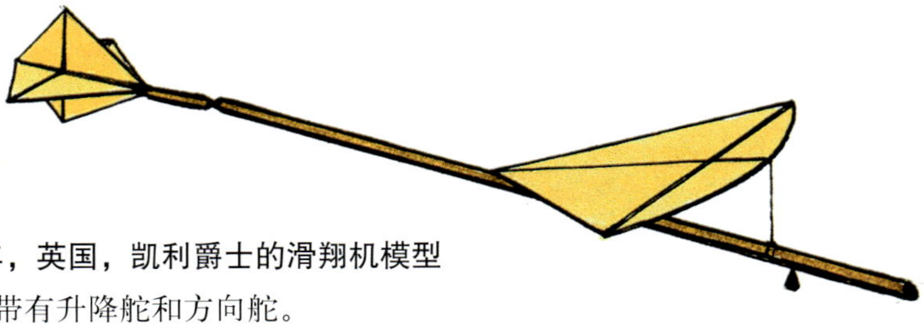

**1804年，英国，凯利爵士的滑翔机模型**

尾翼上带有升降舵和方向舵。

**1785年，日本，浮田幸吉的滑翔机**

冈山县的裱糊匠浮田幸吉为了制作滑翔机，捕捉了一只鸽子，然后测量了鸽子躯干与翅膀的重量和长度比例，再对比自己的体重，这样来确定滑翔机双翼的大小。用纸、布和竹子制成滑翔机之后，他从高处起飞，滑翔成功。可是因为违反了江户时代“禁止新事物”的封建律条，浮田幸吉被判罪。汉诗诗人菅茶山（1748—1827）的诗集《游笔》（筆のすさび）中有一首《机巧》专门记述了这件事。

**1809年，瑞士，钟表匠雅各布·德根（Jacob Degen）的带气球的滑翔机**

可以手动控制双翼姿态。

**1817 年，英国，凯利爵士的扑翼式“气球飞船”设计图**

以蒸汽机作为动力装置。

**1842 年，英国，威廉·塞缪尔·亨森（William Samuel Henson）设计的“空中蒸汽车”**

以25马力*的蒸汽机驱动2副6叶螺旋桨来推进飞行。

---

* 工程技术上常用的功率单位，1马力≈735.5瓦特。后文中使用的马力均为近似值。——编者注

**1843 年，凯利爵士的直升机模型**

拥有4副旋翼和2副水平推进螺旋桨。

**1849 年，凯利爵士的三翼滑翔机**

曾载着一名10岁的小孩，在斜坡上滑下来。

翼展3.3 m，长和高均为6.6 m。

**1853 年，凯利爵士的单翼滑翔机**

在约克郡，由凯利爵士的马车夫乘坐它飞越了一个山谷。

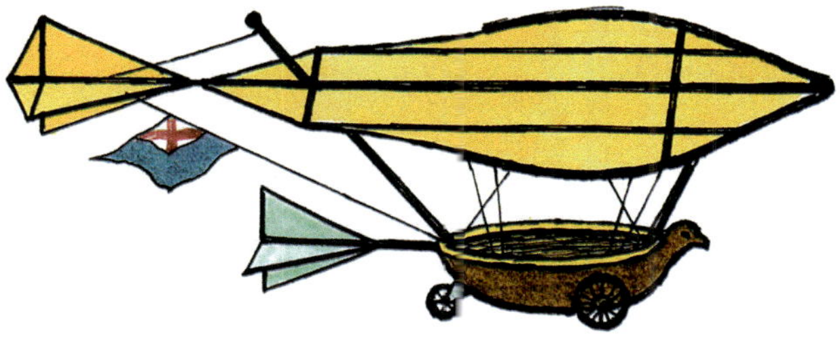

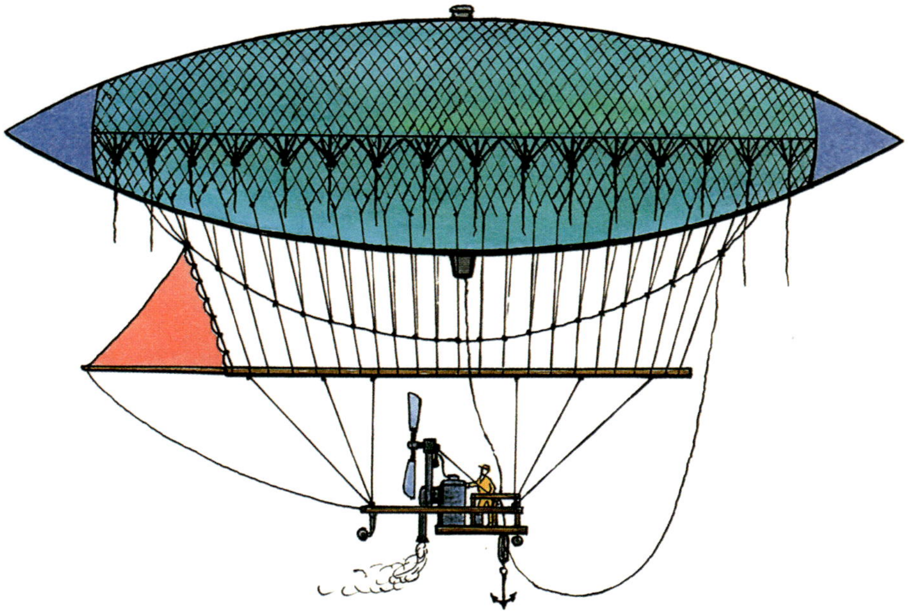

**1852 年，法国，吉法尔的蒸汽动力飞艇**
用3马力的蒸汽发动机驱动3叶螺旋桨，时速9 km，最大直径12 m，全长44 m。

## 飞艇的诞生

“气球＋推进动力＋操纵＝飞艇”——世界上第一艘接近实用的可操纵飞艇就这样在法国诞生了。

1852年9月24日，亨利·吉法尔（Henri Giffard）的飞艇由蒸汽发动机驱动着螺旋桨，从巴黎的跑马场起飞，飞到了27 km外的特拉普。但是发动机产生的热量有引起气囊内氢气爆炸的危险。

1884年8月9日，法国海军军官查理·勒纳尔（Charles Renard）和阿蒂尔·康斯坦丁·克雷布（Arthur Constantin Krebs）的电力飞艇“法兰西（*La France*）号”，从沙莱–默东起飞并成功返回原地，飞行距离8 km。

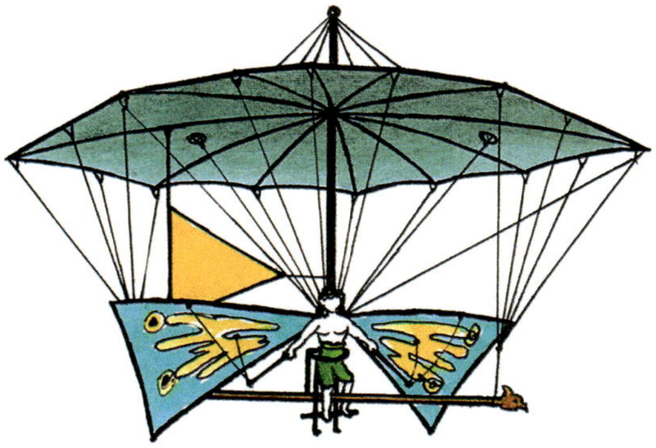

**1853 年，法国，勒蒂尔（L. C. Letur）的“降落伞－滑翔机”**
需系在气球上升空，与气球分离后滑翔降落。6月22日，勒蒂尔在伦敦进行试验，结果坠落身亡。

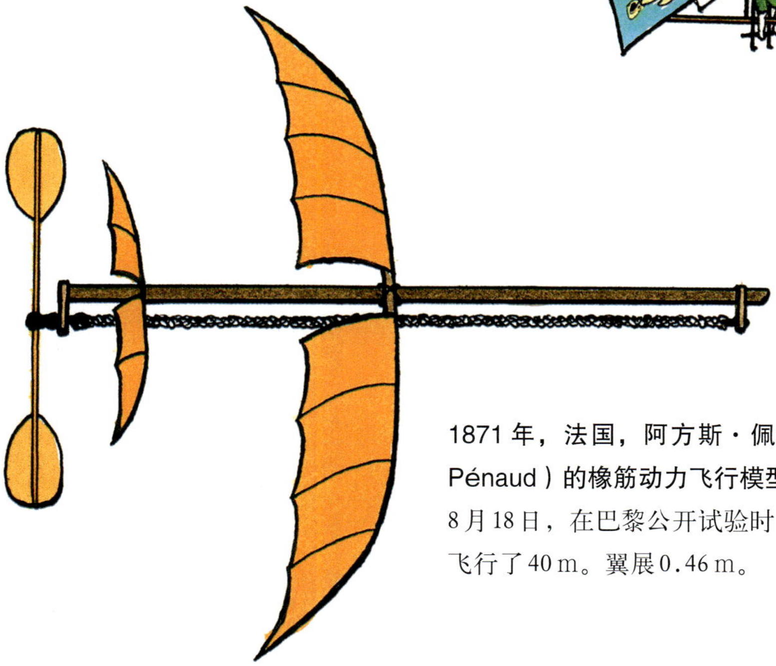

**1871 年，法国，阿方斯·佩诺（Alphonse Pénaud）的橡筋动力飞行模型**
8月18日，在巴黎公开试验时，它在11秒内飞行了40 m。翼展0.46 m。

**1868 年，英国，约翰·斯特林费洛（John Stringfellow）设计的蒸汽动力三翼飞机模型**

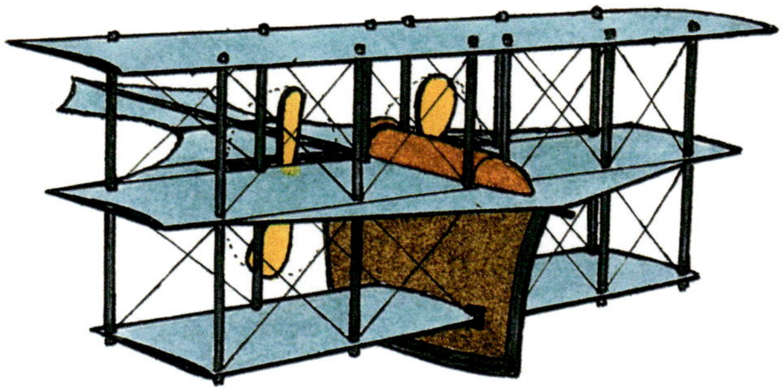

**1884 年，法国，勒纳尔的“法兰西号”飞艇**
动力装置是8.5马力的电动机(由电池供电)。时速22 km，最大直径8.4 m，全长50 m，容积1,864 $m^3$。

**1868 年，法国，让－马里・勒・布里斯（Jean-Marie Le Bris）的滑翔机**
起飞时从马车上弹出。

**1874 年，法国，海军军官费利克斯・杜・唐普勒（Félix du Temple）和弟弟路易制造的单翼飞机**
动力装置是蒸汽机。在斜坡上滑下助跑后能升空滑行一小段时间。

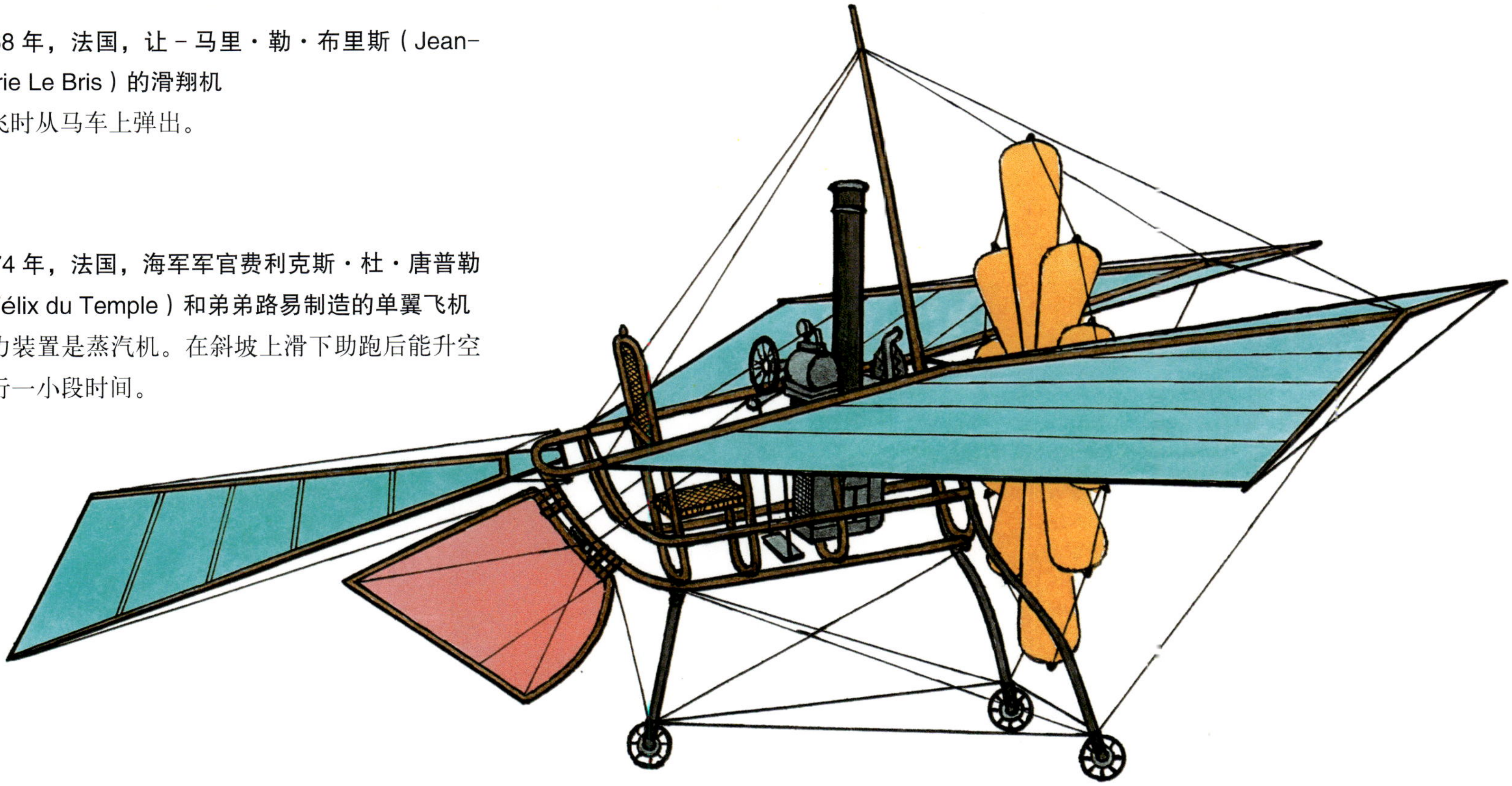

## 新动力装置诞生，飞机呼之欲出

当时，蒸汽发动机是唯一强劲、可靠的动力装置，但要作为飞机的动力源，它有个缺点，就是推重比太小。使用电池的电力发动机也一样。这时，在刚建立的德意志帝国，1876年，尼古拉斯·奥托（Nikolaus Otto）发明了四冲程内燃机，1885年，卡尔·本茨（Karl Benz）和戈特利布·戴姆勒（Gottlieb Daimler）各自将其改良成轻且强劲的汽油发动机，汽车随之诞生。

另一方面，许多人用滑翔机试验飞行，试图解决飞行的稳定性和操纵性问题，如李林塔尔及其追随者珀西·皮尔彻（Percy Pilcher）和奥克塔夫·沙尼特（Octave Chanute），以及威尔伯·莱特（Wilbur Wright）和奥维尔·莱特（Orville Wright）兄弟。直到有一天，滑翔机与汽油发动机结合，飞机诞生！

在此之前，桑托斯-杜蒙（Alberto Santos-Dumont）和齐柏林（Ferdinand von Zeppelin）分别制造出了以汽油发动机为动力装置、能稳定操纵的实用飞艇。

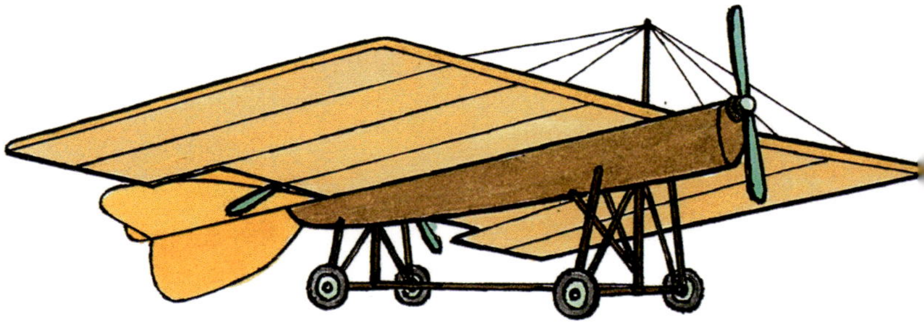

**1884年，俄罗斯，亚历山大·莫扎伊斯基（Алексáндр Можáйский，英译 Alexander Mozhaysky*）的巨翼（22.8 m）蒸汽动力飞机**
据说这架飞机从一个斜坡上滑下助跑，中途跃起了几次，并未持续飞行。动力装置是英国制造的两台蒸汽发动机，总功率30马力。

* 除特殊情况外，后文中使用斯拉夫语的人名、飞机飞船卫星名、发动机厂家名均直接注英译。——编者注

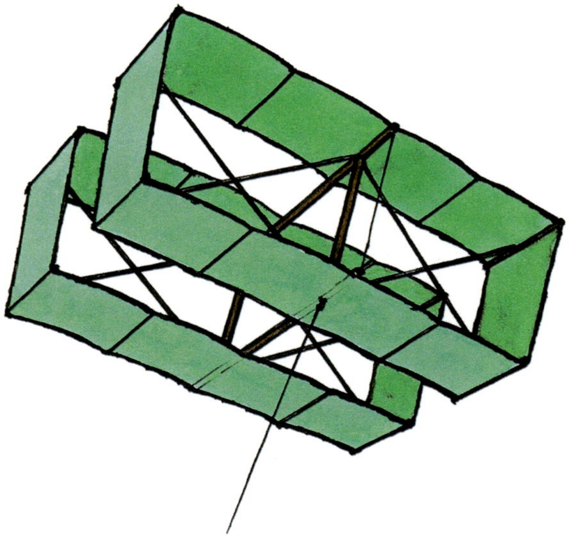

**1893年，澳大利亚，劳伦斯·哈格雷夫（Lawrence Hargrave）制作的用于验证飞行稳定性的箱形风筝**

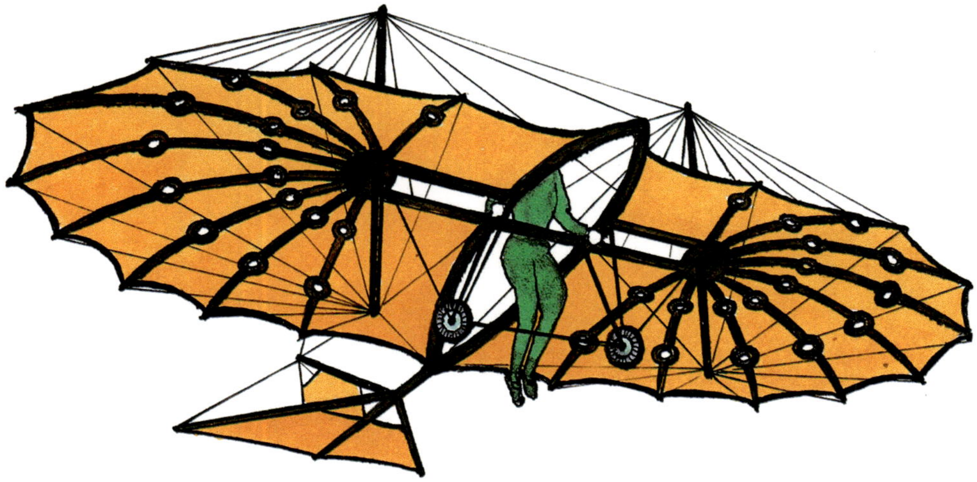

**1897年，英国，悬挂式滑翔机“鹰（*The Hawk*）”**
由珀西·皮尔彻制造，能滑翔250 m。1899年9月30日，珀西驾驶“鹰”演示飞行时，从空中跌落，受到重伤，2天后去世。

1897 年，阿代尔的蒸汽动力飞机“飞机 3 号（*Avion III*）”在法国陆军的资助下制造完成。动力装置是两台30马力的蒸汽发动机。据说“风神”和“飞机3号”都曾飞起来过。

1890 年，法国，克莱蒙·阿代尔（Clément Ader）的蒸汽动力飞机“风神（*Éole*）”动力装置是20马力的蒸汽发动机。

## 奥托·李林塔尔（1848—1896）

1894 年，李林塔尔的 11 号滑翔机“标准设备（*Normalsegelapparat*）”

1895 年，李林塔尔的 13 号滑翔机“双层甲板（*Doppeldecker*）”

李林塔尔被称为德国的滑翔之王。他从1891年正式开始研究滑翔飞行，到1896年为止飞行了2,000次以上，留下了宝贵的研究资料。他的滑翔机用棉布、竹片、藤条和柳木制成，最长飞行时间1分钟，最远飞行距离达到了250 m。1896年8月10日，他在飞行实验中失速坠落，次日离世。

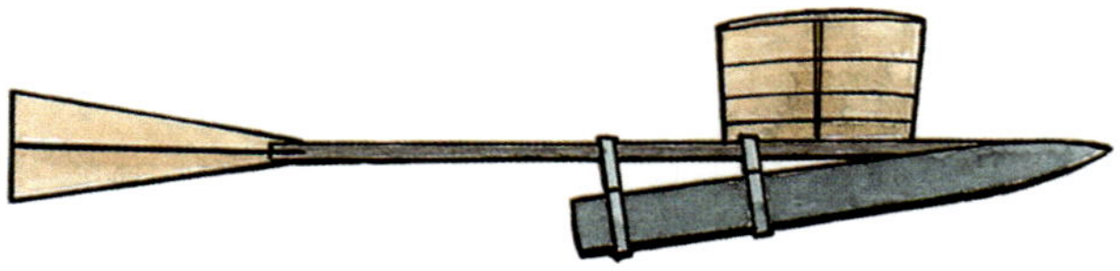

1893 年，加拿大，亚历山大 · 贝尔（Alexander Bell）的“火箭飞机”模型

**1895 年，日本，二宫忠八制作的以发条为动力装置的彩虹吉丁虫形飞机模型**

早在1891年，二宫忠八就制作了以橡筋为动力装置的飞机模型，并进行了试飞。

1896 年，美国，奥克塔夫 · 沙尼特的滑翔机

**1903 年，美国，采用串翼布局的“空中旅行者（*Aerodrome*）”**

由塞缪尔 · 皮尔庞特 · 兰利（Samuel Pierpont Langley）教授在政府的资助下制造完成。10月和12月，这架飞机在波托马克河的船屋平台上弹射试飞，但都失败了。

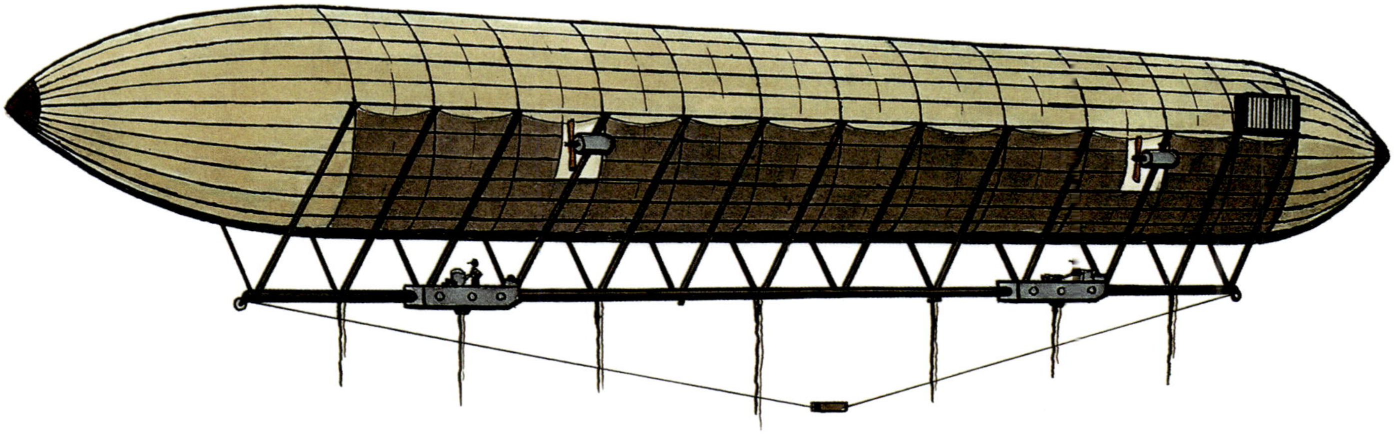

**1900 年，德国，齐柏林的 LZ-1 硬式飞艇**

由斐迪南·冯·齐柏林伯爵制造，7月2日在博登湖上进行了首次飞行。装配2台16马力戴姆勒发动机，全长128 m，直径11.7 m，容积11,300 $m^3$。

硬式飞艇的外形由刚性骨架保持，随后主流的大型飞艇都采用这种结构。

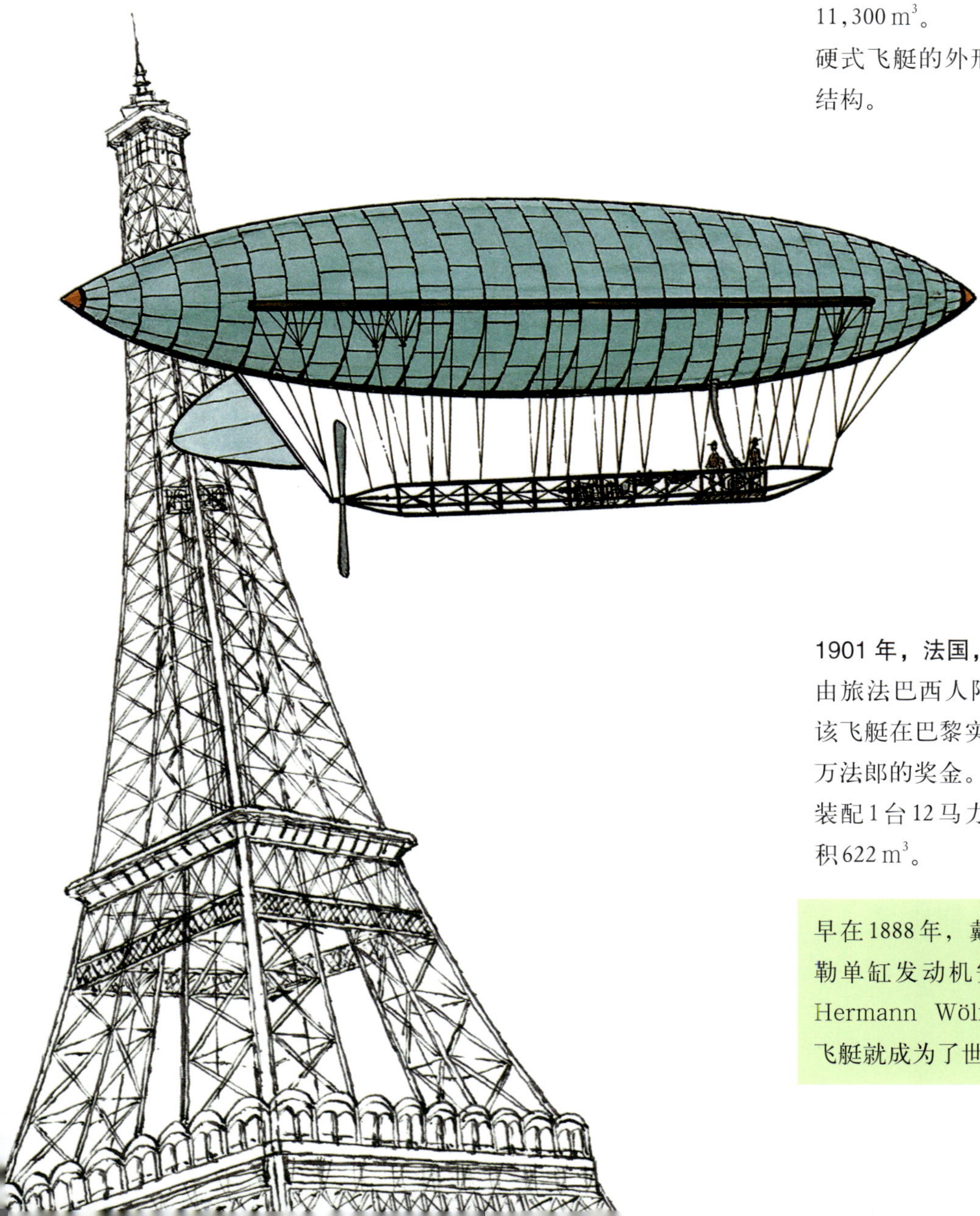

**1901 年，法国，桑托斯－杜蒙的 6 号飞艇**

由旅法巴西人阿尔贝托·桑托斯-杜蒙制造。10月19日，杜蒙乘坐该飞艇在巴黎实现了绕艾菲尔铁塔飞行一周的壮举，因此获得了12.5万法郎的奖金。6号飞艇艇囊下部增加了刚性龙骨，属于半硬式飞艇。装配1台12马力巴切特（Buchet）发动机，全长22 m，直径6 m，容积622 $m^3$。

早在1888年，戴姆勒和迈巴赫（Wilhelm Maybach）将2马力戴姆勒单缸发动机安装到弗里德里希·赫尔曼·沃尔弗特（Friedrich Hermann Wölfert）设计的飞艇上，替换了原来的人力发动机，这艘飞艇就成为了世界上第一艘使用汽油发动机的飞艇。

# Ⅱ 螺旋桨转动，天空

翱翔的时代

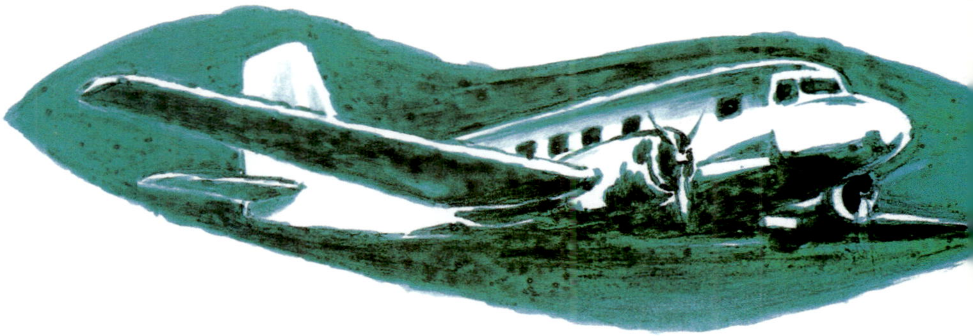

# 1 进入飞机时代

1783年11月21日，借助蒙戈尔菲耶兄弟的热气球，人类实现了第一次升空。那趟旅程持续了约25分钟，飞行了约10 km。120年后，1903年12月17日，美国莱特兄弟制造的飞机“飞行者（*Flyer*）”1号进行了有动力载人飞行，留下了持续飞行59秒、飞行距离260 m的记录。从此，人类进入了飞机时代。

有趣的是，这两对改变时代的兄弟都是航空学外行人。热气球是造纸商兄弟在生活和工作中无意间想到的；飞机则是自行车制造商兄弟不断学习和研究先辈积累的飞行资料，通过反复实验而制造出来的。

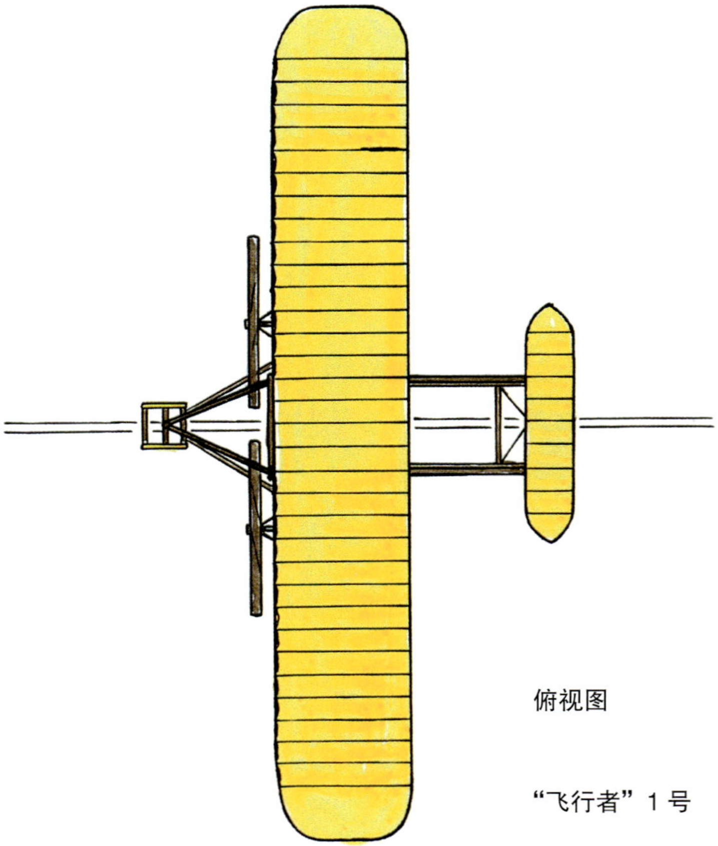

俯视图

“飞行者”1号

侧面图

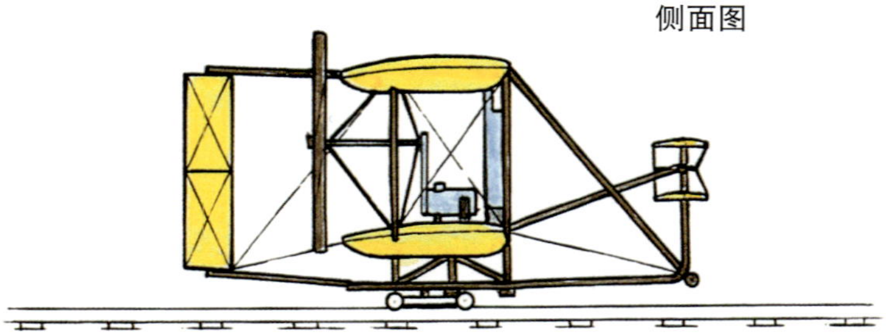

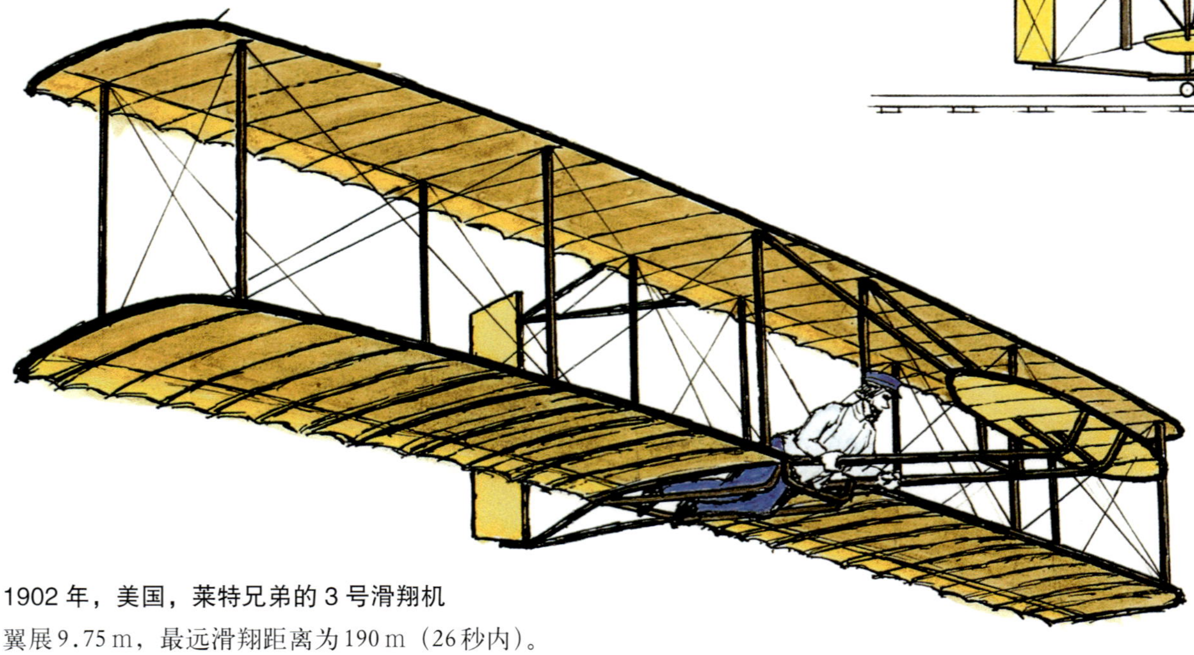

1902年，美国，莱特兄弟的3号滑翔机
翼展9.75 m，最远滑翔距离为190 m（26秒内）。

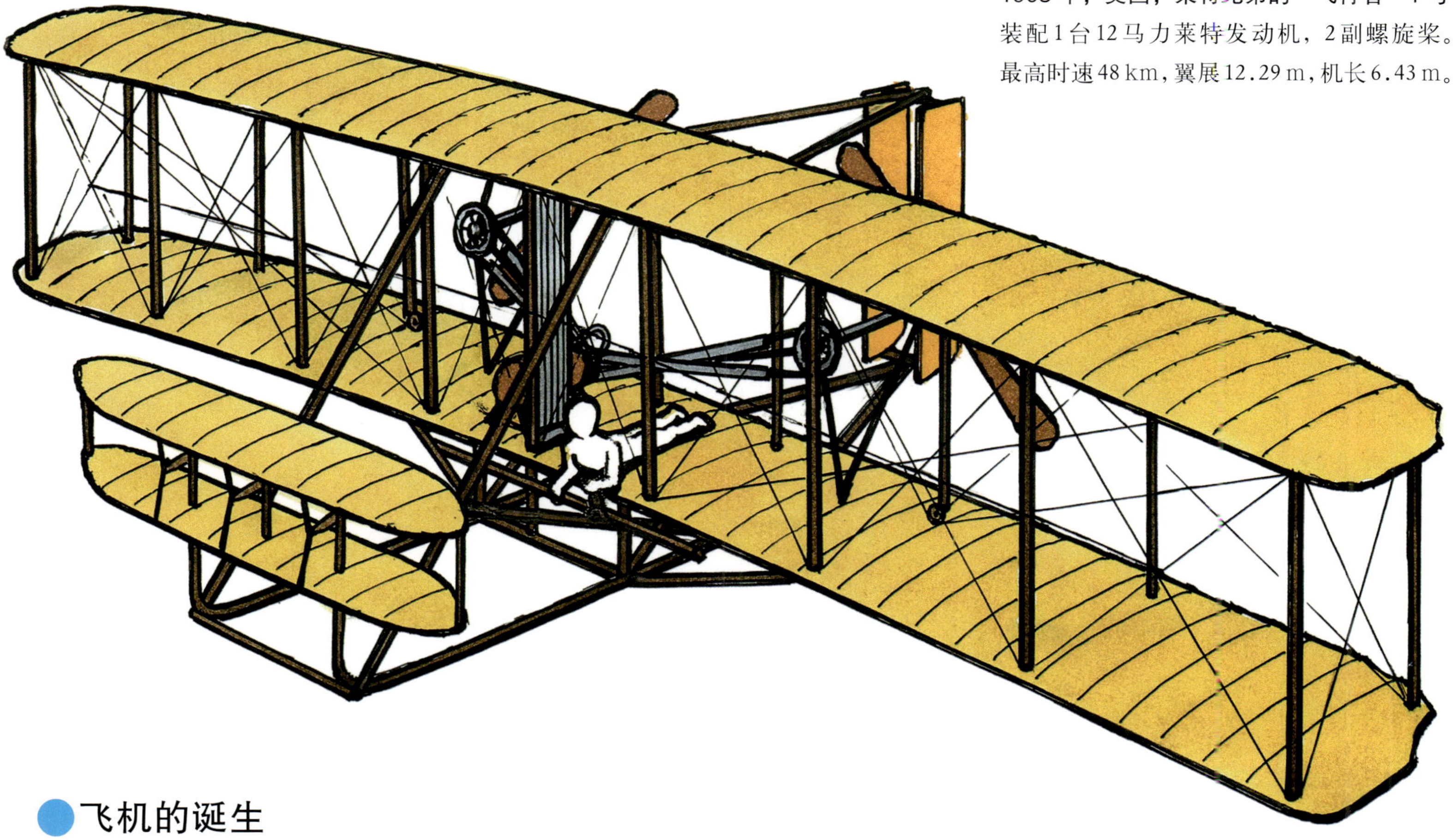

1903 年，美国，莱特兄弟的“飞行者”1 号

装配1台12马力莱特发动机，2副螺旋桨。最高时速48 km，翼展12.29 m，机长6.43 m。

## 飞机的诞生

美国的莱特兄弟（哥哥威尔伯，弟弟奥维尔）一边经营着自行车商店，一边在1899年正式开始研究飞行知识，进行飞行实验。到1903年为止，他们制造了3架滑翔机并进行了上千次滑翔飞行，取得了190 m滑翔距离的最好成绩。此后，他们决定给滑翔机增加动力，安装汽油发动机和螺旋桨，因此动手制造了飞机“飞行者”1号。当时，汽车上的发动机虽然已经很先进了，但对飞机来说还是太重了，于是兄弟俩自己制造了轻型的12马力4缸发动机和高效螺旋桨，安装在“飞行者”1号上。

1903年12月17日，在基蒂霍克镇一处叫“屠魔山”的沙丘上，威尔伯操纵“飞行者”1号进行了第4次试飞，这次飞行持续了59秒，飞行距离260 m。“飞行者”1号就此成为世界公认的第一架飞机*，人类数千年来的梦想实现了！

得知这个消息后，欧洲的航空先驱们紧跟莱特兄弟的步伐，以杜蒙的“14 bis”为首，航空先驱们自制的飞机接连登场。

---

* 实际上，一些人认为1890年阿代尔制作的“风神”是世界上第一架飞机。还有一些人认为1906年杜蒙制作的“14 bis”是世界上第一架飞机，因为“14 bis”完全凭借自身力量起飞，没有借助弹射器；而1904和1905年莱特兄弟制作的飞机大都是依靠弹射器来帮助起飞的，至于1903年“飞行者”1号起飞时有没有使用弹射器一直是个疑问，直到后来的研究表明，当时“飞行者”1号是在逆风中滑行起飞的，并没有使用弹射器。——编者注

**1903年，美国，人类实现千年夙愿的一瞬间——飞行中的“飞行者”1号**

遗憾的是，在北卡罗来纳州基蒂霍克海岸的沙丘上，仅有5人亲眼目睹了这个场景，而且公众对此并不关心，大多数报纸都没有报道此事。

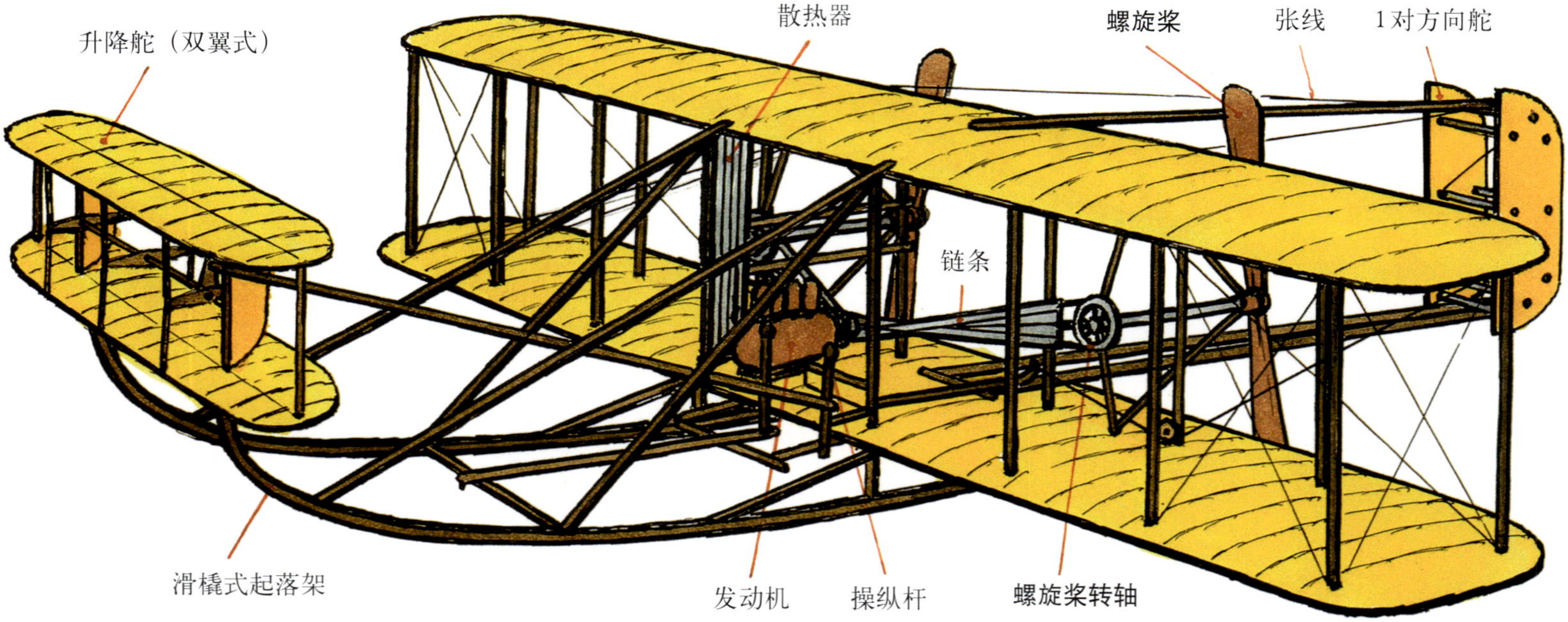

飞行中的“飞行者”3号

**1905年，美国，莱特兄弟的“飞行者”3号**

建造之初，操纵方式与“飞行者”1号和2号相同，为俯卧式，不过很快就安装了座位，可以坐着驾驶了。1908年威尔伯带着“飞行者”3号前往欧洲，在法国勒芒举行公开飞行时，创下了140分钟完成125 km闭环飞行的纪录。

装配1台20马力莱特发动机，2副螺旋桨。最高时速56 km，翼展12.34 m，机长8.53 m。（1904年“飞行者”2号的发动机是16马力。）

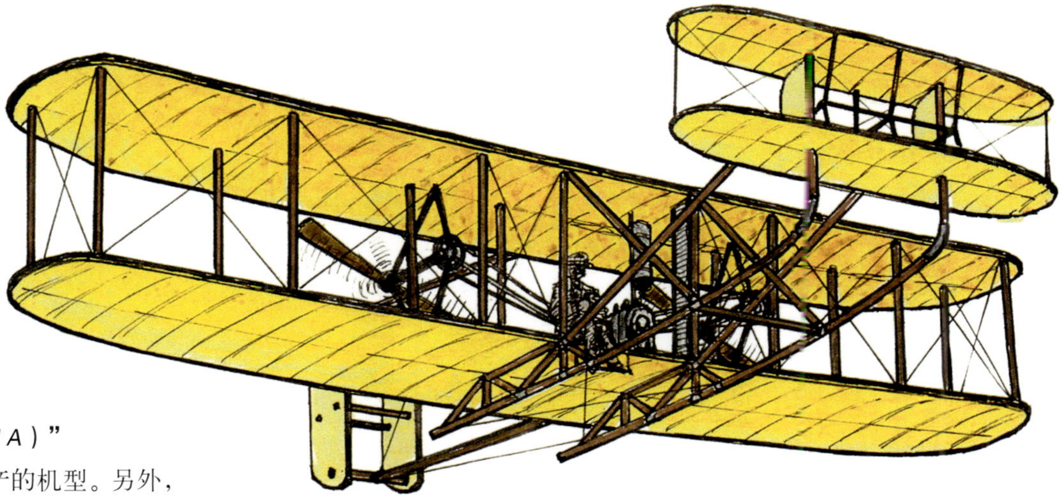

**1908 年，美国，“莱特 A 型（*Wright Model A*）”**

“飞行者”3号的改进型号，也是最早投入量产的机型。另外，“莱特 A 型”还是最早的双座飞机，它能搭载1名乘客。从此以后，飞机的座位数不断增加：3人、5人……客机随之诞生。

装配1台30马力莱特发动机，最高时速71 km，翼展11.07 m，机长8.53 m。

**1910 年，美国，“莱特 R 型”**

被戏称为“莱特宝贝（*Baby Wright*）”。它用轮式起落架代替了之前一直使用的滑橇式起落架。

装配1台30马力莱特发动机。最高时速80 km，翼展8.07 m，机长5.94 m。

**1910 年，美国，“莱特 B 型”**

装配1台30马力莱特发动机。最高时速75 km，翼展11.89 m，机长9.45 m。起落架左右两侧各有一对轮子。

1912年，威尔伯去世后，莱特的飞机不知不觉地消失了。

**1906 年，丹麦，埃勒哈默的飞机**

由钟表匠雅各布 · 埃勒哈默（Jacob Ellehammer）制造，9月12日在林德霍尔姆岛试飞，飞行高度0.5 m，飞行距离42 m。

**1906 年，法国，桑托斯 – 杜蒙的“14 bis”**

1905年年底，住在巴黎的巴西航空先驱桑托斯–杜蒙开始研制飞机。1906年11月12日，他驾驶着自制的飞机“14 bis”在巴黎市郊进行公开试飞，在很多人的注视下，飞行了220 m（21秒内）。这是欧洲首次公开的飞机飞行。

装配1台50马力安托瓦内特（Antoinette）发动机。最高时速40 km，翼展11.2 m，机长9.7 m。

1910 年，日本首次飞机飞行

**1909 年，德国，格拉德单翼机（Grade monoplane）**

早在1907年10月，汉斯 · 格拉德（Hans Grade）就改良了埃勒哈默的飞机，并在德国进行了首次飞行，这也是德国首次飞机飞行。1909年，他独自设计制作了“格拉德单翼机”。1910年12月14日，日本陆军大尉日野熊藏在东京代代木练兵场驾驶“格拉德单翼机”进行了试飞，这是日本首次飞机飞行。

装配1台25马力格拉德发动机。最高时速57.6 km，翼展10.5 m，机长7.5 m。

**1905 年，法国，瓦赞的箱型翼水上滑翔机**

由加布里埃尔 · 瓦赞（Gabriel Voisin）制作。6月8日，他驾驶着这架滑翔机，由汽艇牵引着从水面起飞。

**1907 年，法国，瓦赞箱型翼飞机**

由加布里埃尔 · 瓦赞和他的弟弟查理 · 瓦赞（Charles Voisin）制作。10月26日，亨利 · 法尔曼（Henri Farman）驾驶这架飞机飞行了771 m（51秒内）。

装配1台50马力安托瓦内特发动机。最高时速52.7 km，翼展10.2 m，机长10.5 m。生产了26架。

**1908 年，改良后的瓦赞 – 法尔曼双翼机**

1月13日，法尔曼驾驶这架飞机赢得了欧洲最早的圆形航线（1 km）比赛大奖。

**1907 年，法国，德・皮朔夫双翼机**

由阿尔弗雷德・德・皮朔夫（Alfred de Pischoff）制作。在12月的试飞中，飞行了500 m。后来欧洲的双翼机基本都沿袭了这种下翼小于上翼的结构。

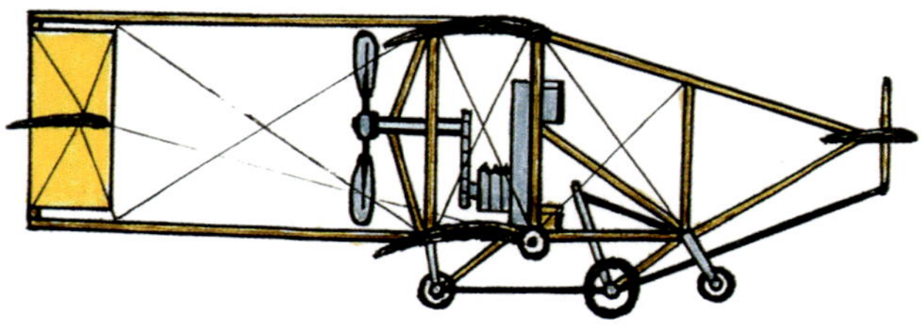

**1908 年，塞缪尔・富兰克林・科迪（Samuel Franklin Cody）的双翼机**

它被认为是英国最早的飞机。

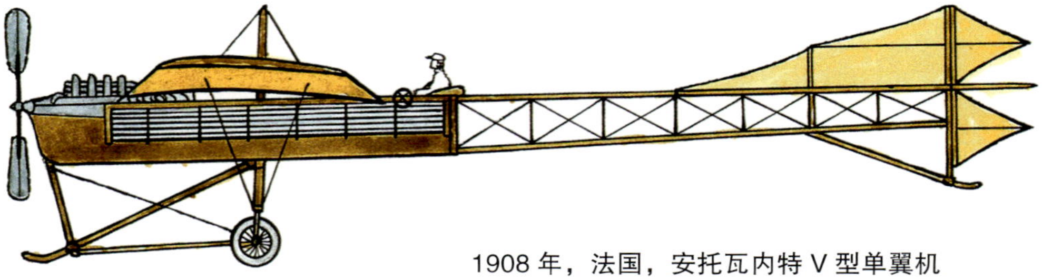

**1908 年，法国，安托瓦内特 V 型单翼机**

装配1台50马力安托瓦内特发动机。最高时速70 km，翼展12.8 m，机长11.5 m。

**1909 年，法国，法尔曼Ⅲ双翼机**

日本也曾进口该型飞机，1910年12月19日，在代代木练兵场进行了试飞。

装配1台50马力土地神（Gnome）发动机。最高时速60 km，翼展10.5 m，机长12 m。

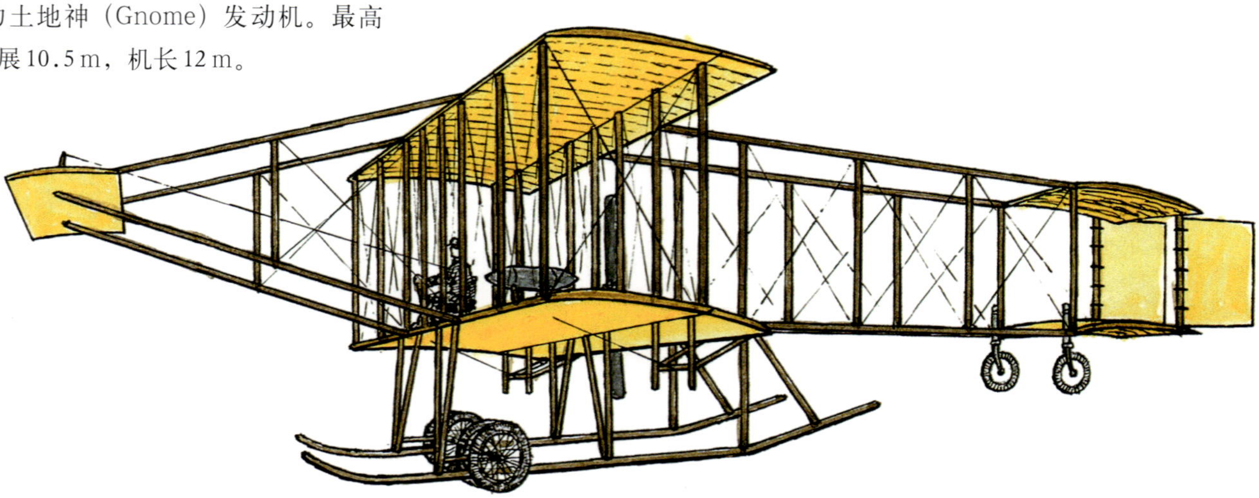

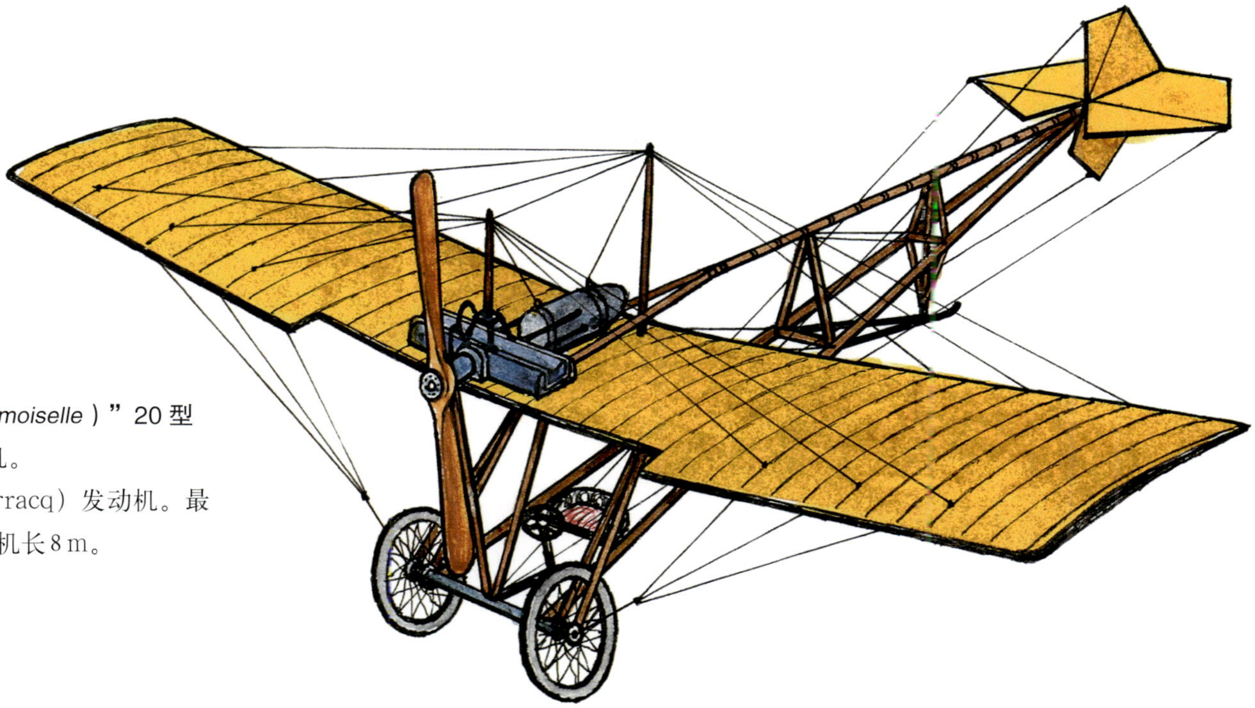

**1909 年，法国，“豆娘（*Demoiselle*）”20 型**
桑托斯-杜蒙制造的运动飞机。
装配1台35马力达拉克（Darracq）发动机。最高时速90 km，翼展5.1 m，机长8 m。

**1909 年，美国，“柯蒂斯金色飞行者（*Curtiss Golden Flyer*）”**
由格伦·柯蒂斯（Glenn Curtiss）独立制作。
装配1台25马力柯蒂斯发动机。时速72 km，翼展8.76 m，机长10.21 m。

**1908 年，AEA 的“六月虫（*June Bug*）”**
柯蒂斯加入AEA（Aerial Experiment Association，航空试验协会，1907年由亚历山大·贝尔博士组建）后设计的，是AEA制作的第3架飞机。
装配1台40马力柯蒂斯发动机。最高时速63 km，翼展12.95 m，机长8.38 m。

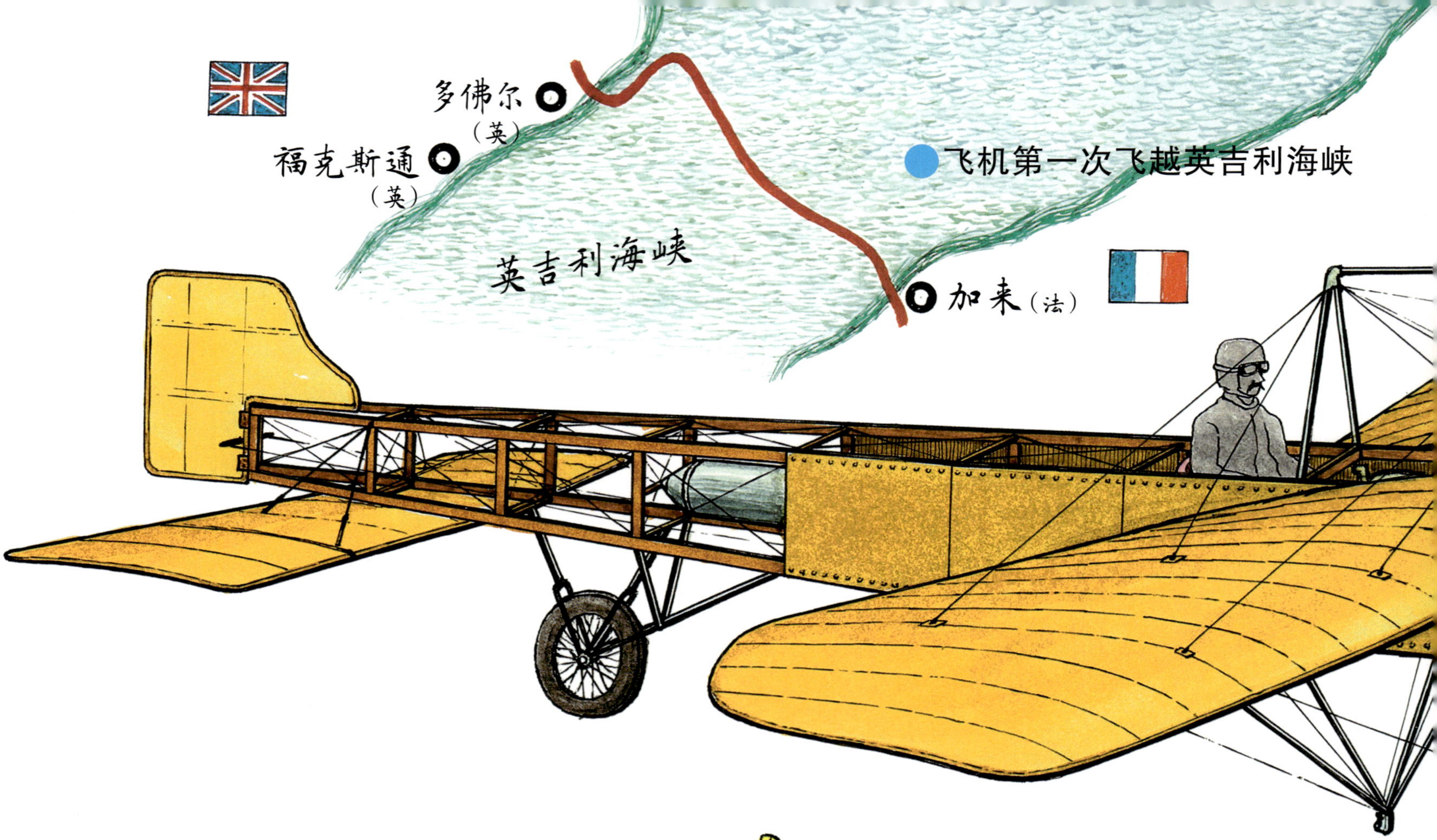

**1907 年，法国，布莱里奥Ⅶ单翼机**

由路易 · 布莱里奥（Louis Blériot）制作。

装配1台50马力安托瓦内特发动机。时速80 km，翼展11 m，机长8 m。

**1909 年，英国，罗（Roe）Ⅰ三翼机，也被称为“阿弗罗（*Avro*）”三翼机**

由阿利奥特 · 弗登 · 罗（Alliott Verdon Roe）制作。

装配1台9马力JAP发动机。最高时速40 km，翼展6.1 m，机长7.01 m。

# 2　飞机的成长期（1910—1919 年）

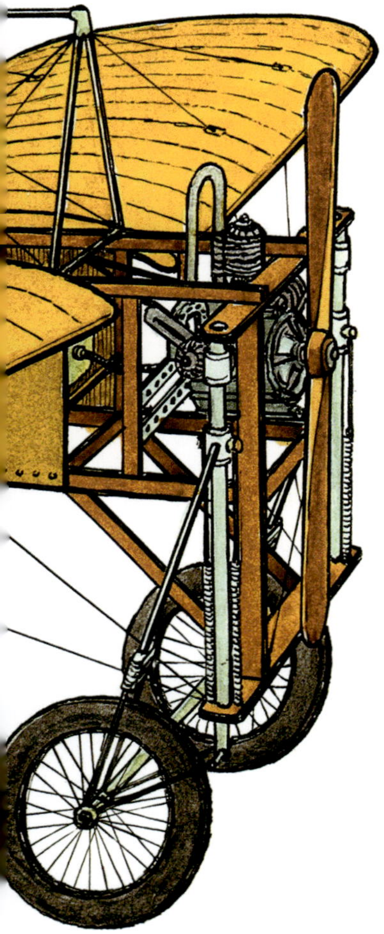

20 世纪最初 10 年里，从莱特到瓦赞，再到法尔曼和布莱里奥，经过这些先驱的研究和试验，能稳定飞行、自由操纵的飞机已经基本成形。到了第 2 个 10 年，飞机已经不是古怪的玩意儿了，它开始作为航空工业的主要产品而不断成长。同时，几乎每天都有各种各样的飞行纪录诞生。

**1909 年，法国，布莱里奥Ⅺ单翼机**

装配 1 台 25 马力安扎尼（Anzani）发动机。时速 76 km，翼展 7.8 m，机长 7.6 m。（数据取自 1909 年的型号）

7 月 25 日，布莱里奥驾驶着这架由他自己制作的飞机，从法国加来飞到英国多佛尔，穿越了英吉利海峡，全程 38 km，用时 36.5 分钟。这是历史上第一次重于空气的飞行器飞越英吉利海峡。

经过这次历史性飞行后，购机订单纷至沓来，改用更强劲发动机的布莱里奥Ⅺ bis 开始批量生产，供世界多国使用。1910 年 9 月 23 日，秘鲁飞行员豪尔赫 · 查韦斯（Jorge Chávez）驾驶布莱里奥Ⅺ飞越阿尔卑斯山，飞机在着陆时坠毁，查韦斯因此丧生。

**第一次筋斗！**

1913 年 9 月 21 日，法国飞行员阿道夫 · 珀古（Adolphe Pégoud）驾驶布莱里奥飞机完成了一次筋斗飞行（在铅垂面内旋转 360°，也称环形翻转），被广为传播。实际上，世界上第一次筋斗飞行，是在 12 天前的 9 月 9 日，由俄罗斯陆军中尉彼得 · 涅斯捷罗夫（Pyotr Nesterov）驾驶着法国的纽波特（Nieuport）单翼机在基辅上空完成（因此这个动作也被称为“涅斯捷罗夫筋斗”）。

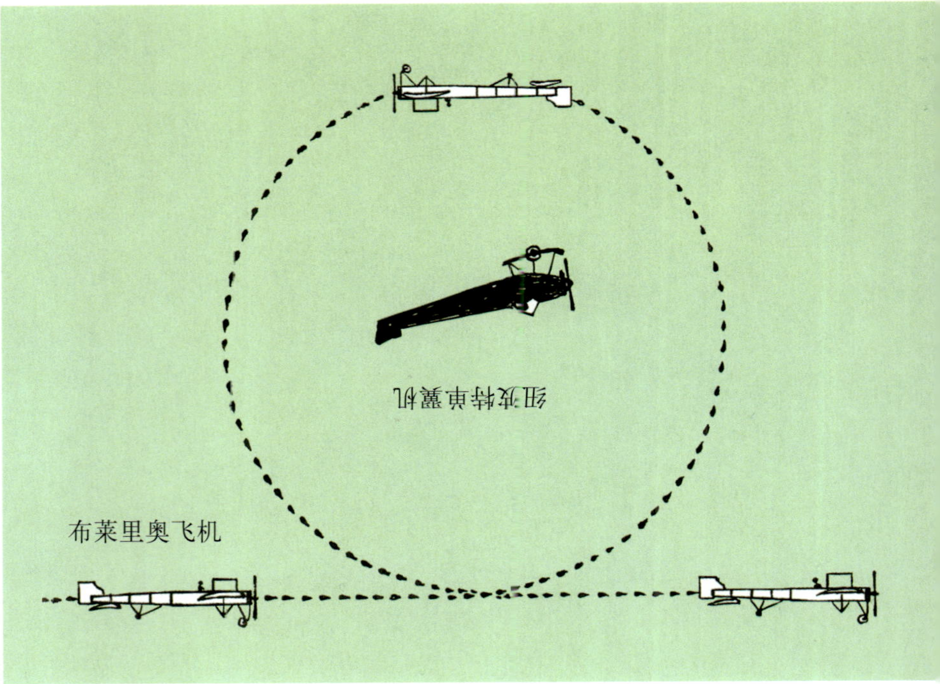

**1910 年，奥匈帝国（今奥地利），埃特里希“鸽（*Taube*）”单翼机**
由伊格 · 埃特里希（Igo Etrich）制作。在第一次世界大战中，“鸽”作为德国的主力侦察机被大量生产。
装配 1 台 120 马力奥地利 · 戴姆勒发动机。最高时速 115 km，翼展 14.35 m，机长 9.85 m。双座。

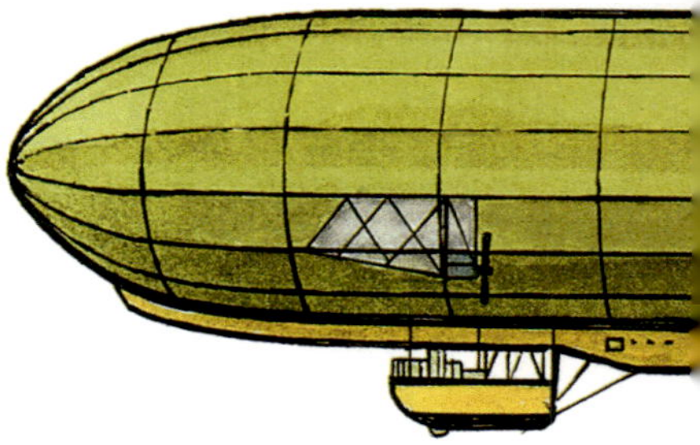

## 水上飞机的诞生

水上飞机是能在水面起降和停泊的飞机，它用浮筒代替了起落架。

1910 年 3 月 28 日，法国人亨利 · 法布雷（Henri Fabre）驾驶自制的鸭式布局水上飞机飞行了约 500 m，飞行高度 2 m。这是世界公认的最早的水上飞机。而最早的实用型水上飞机，是美国的柯蒂斯 A-1。

**1910 年，法国，法布雷水上飞机（Fabre Hydravion）**
装配 1 台 50 马力土地神发动机。最高时速 89 km，翼展 14 m，机长 8.5 m。

**1910年，德国，齐柏林LZ-10硬式飞艇**

世界上第一艘成功运营的客运飞艇，到1914年为止，完成了218次飞行，飞行时间共计480小时，运送乘客4,354人。这艘飞艇有力地展现了硬式飞艇的优越性，成为此后的大型飞艇的原型。

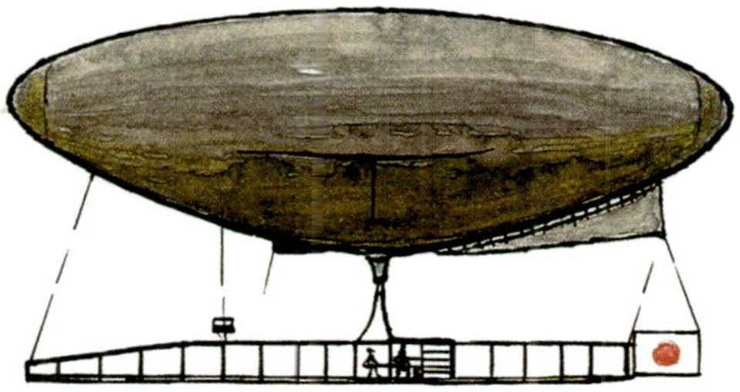

**1910年，日本，山田式1号软式飞艇，日本最早的国产飞艇**

由山田猪三郎制作。

装配1台12马力美国制汽车发动机。艇囊全长33 m，宽11 m，高8 m，容积1,500 $m^3$。

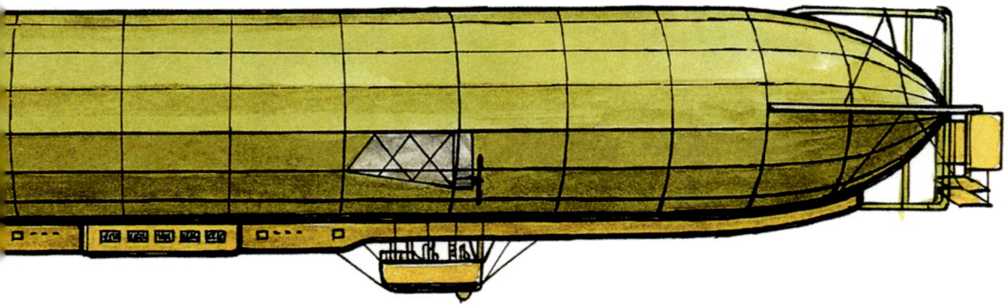

装配3台150马力迈巴赫发动机。最高时速76 km，全长140 m，直径14 m，容积17,800 $m^3$。

**1911年，美国，柯蒂斯A-1水上飞机**

由格伦·柯蒂斯制作。

装配1台75马力柯蒂斯发动机。最高时速105 km，翼展11.28 m，机长8.51 m。

**1911 年，日本，奈良原式 2 号双翼机**

由海军工程师奈良原三次制作。5月5日，在所泽飞机场首次试飞时飞行了66 m。装配1台50马力土地神发动机。翼展10 m，机长10 m。单座。

**1912 年，英国，阿弗罗 F 单翼机，世界上第一架拥有封闭驾驶舱的飞机**

由阿弗罗公司制作。

装配1台35马力维亚莱（Viale）发动机。最高时速105 km，翼展8.53 m，机长7.01 m。

**1912 年，法国，“布雷盖 3 型（*Breguet Type III*）”双翼机**

由路易 · 布雷盖（Louis Breguet）制造。

装配1台60马力R.E.P.发动机。时速100 km，上翼翼展13.2 m，下翼翼展9.9 m，机长9.2 m。双座或3座。

**1912 年，英国，肖特 S.41 水上飞机**

装配1台100马力土地神发动机。最高时速96 km，翼展15.24 m，机长11.88 m。由霍勒斯 · 肖特（Horace Short）、尤斯塔斯 · 肖特（Eustace Short）和奥斯瓦尔德 · 肖特（Oswald Short）三兄弟制造。

1912 年，法国，德珀杜辛“硬壳”（Deperdussin *Mono-coque*）竞赛飞机

装配1台160马力土地神发动机。最高时速209 km，翼展6.65 m，机长6.1 m。机身为木制流线型飞机的始祖。1913年9月，该机夺得法国高登·本内特飞行大奖。

1912 年，英国，皇家飞机制造厂（Royal Aircraft Factory，RAF）B.E.2c 双翼机

由英国皇家飞机制造厂生产的高性能飞机。在第一次世界大战中，作为战斗机生产了约3,500架。装配1台90马力RAF发动机。

## 为速度而生，竞赛飞机登场

1913 年，德珀杜辛水上竞赛飞机

装配1台160马力土地神发动机。最高时速120 km，翼展13.49 m，机长9.98 m。结构与陆基型的“硬壳”相同。1913年4月，该机夺得第1届“施耐德杯（Schneider Trophy）”水上飞机竞赛的冠军。

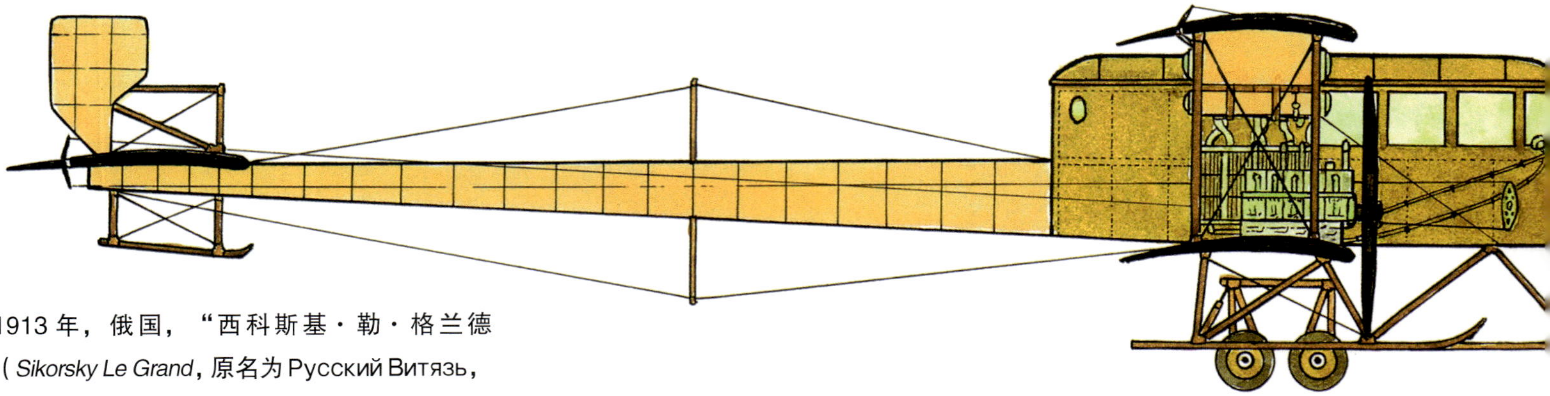

1913 年，俄国，“西科斯基·勒·格兰德（*Sikorsky Le Grand*，原名为 Русский Витязь，‘俄罗斯骑士’）”

## 世界最早的 4 发大型客机

1913 年，俄国人伊戈尔·伊万诺维奇·西科斯基（Igor Ivanovich Sikorsky，➡ 69 页）制作了 4 发大型飞机“西科斯基·勒·格兰德”。该机并排装配了 4 台德国制造的 100 马力阿格斯（Argus）发动机，载客量 8 人，机身头部还有一个瞭望台。第二年，该机改进型号“伊利亚·穆洛梅茨（*Ilya Muromets*）”开始运输旅客。在第一次世界大战中，“伊利亚·穆洛梅茨”制造了 73 架，作为轰炸机使用。

1914 年，英国，索普韦斯“快报”（Sopwith *Tabloid*）陆基型

**1914 年，英国，索普韦斯“快报”水上型**
装配 1 台 100 马力土地神发动机。最高时速 148 km，翼展 7.83 m，机长 6.96 m。该机夺得 1914 年第 2 届“施耐德杯”水上飞机竞赛的冠军。

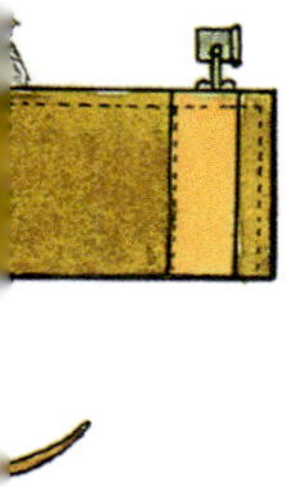

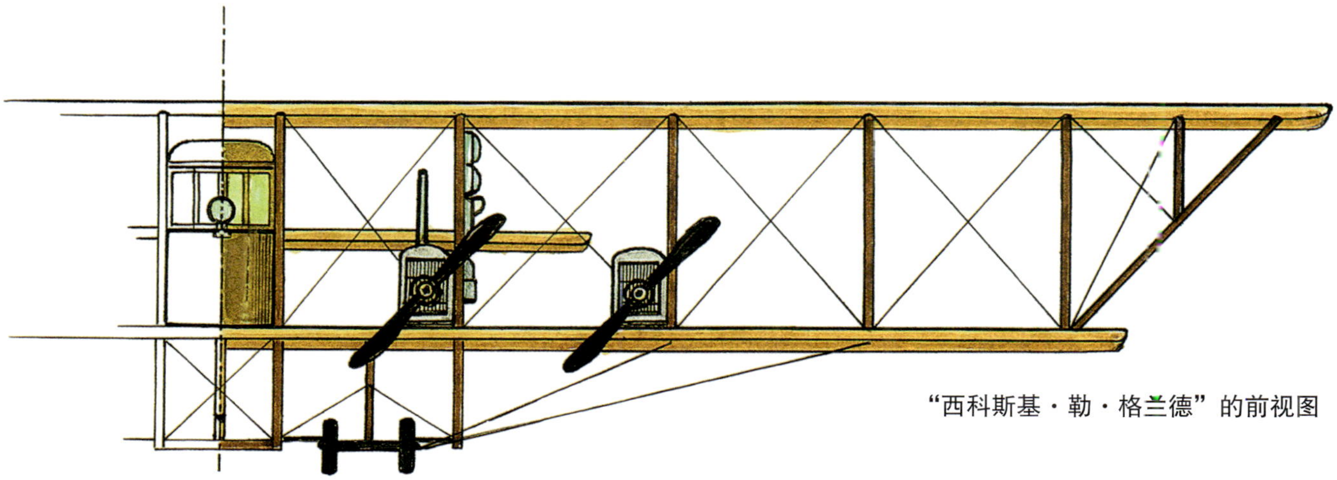

“西科斯基·勒·格兰德”的前视图

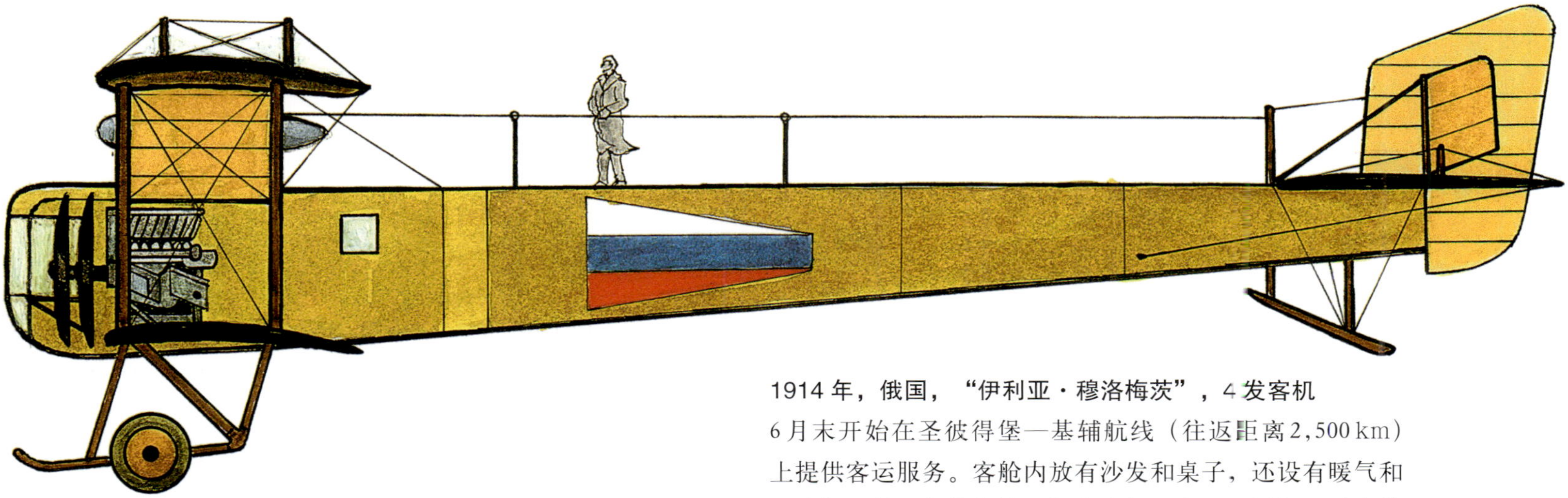

**1914年，俄国，“伊利亚·穆洛梅茨”，4发客机**

6月末开始在圣彼得堡—基辅航线（往返距离2,500 km）上提供客运服务。客舱内放有沙发和桌子，还设有暖气和卫生间，并且提供餐饮。机身上部还有一层甲板，乘客甚至可以在飞机飞行时登上甲板。

装配4台发动机，外侧2台为125马力，内侧2台为145马力。最高时速100 km，翼展34.5 m，机长19 m。机组成员2人，载客量7人。

**1913年，美国，贝努瓦（Benoist）XIV小型水上飞机**

1914年开始在佛罗里达州的坦帕市和圣彼得斯堡市之间运送旅客，这是世界首个定期航班，航程35 km，1天2次往返。票价取决于乘客体重。

装配1台75马力罗伯茨（Roberts）发动机。最高时速103 km，翼展13.72 m，机长7.92 m。飞行员1人，载客量1人。

## 第一次世界大战期间的飞机

1914年6月28日，奥匈帝国皇储斐迪南大公（Archduke Franz Ferdinand of Austria）及其妻子在萨拉热窝被塞尔维亚人加夫里洛·普林齐普（Gavrilo Princip）刺杀，该事件成为了第一次世界大战的导火索。第一次世界大战爆发后，飞机也被投入战争，而且很快就出现了各种各样的军用飞机：侦察敌区的侦察机、投掷炸弹的轰炸机、击落敌机的歼击机。俄国的4发大型飞机“伊利亚·穆洛梅茨”改造为重型轰炸机后，参战各国受其启发，一时间出现了多种多发大型飞机，如德国的哥达（Gotha）G.V、法国的法尔曼“歌利亚（*Goliath*）”、英国的汉德利·佩季（Handley Page）O/400、意大利的卡普罗尼（Caproni）Ca.42等。1915年，德国的战斗机福克（Fokker）E.Ⅲ安装了可以让机枪子弹从螺旋桨桨叶间隙穿过的机枪射击协调器，于是，“福克灾难”降临到了协约国头上。此后，参战各国纷纷效仿，直到第二次世界大战时，机枪射击协调器都是战斗机的标配。除了这些飞机外，德国的齐柏林飞艇也用来进行夜间轰炸，因此被称作“空中魔王”。

战争是愚蠢的、不可原谅的！但是因为战争，飞机的机体结构技术和动力技术，以及飞机设计技术得到飞速发展。

1918年11月11日，德国宣布投降，第一次世界大战结束。战后幸存的飞行员和军用飞机有力地推动了民用航空的发展。

**1915年，英国，维克斯（Vickers）F.B.5“机枪车（*Gunbus*）”**

**1917年，英国，皇家飞机制造厂S.E.5a，英国的主力战斗机**

翼展8.11 m，机长6.38 m。总产量5,205架。

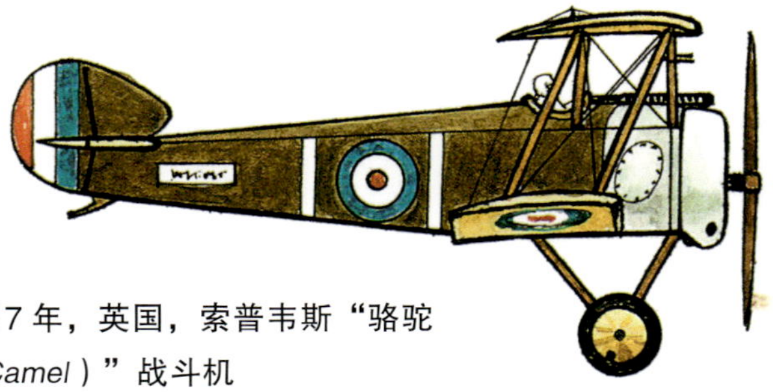

**1917年，英国，索普韦斯“骆驼（*Camel*）”战斗机**

翼展8.53 m，机长5.72 m。

**1917年，德国，容克斯（Junkers）J9战斗机**

全金属（硬铝合金）悬臂式单翼（没有支柱的主翼结构）双座战斗机。从容克斯J1（主要使用钢质材料）起，容克斯公司就开始制造全金属飞机。

1915年，德国，福克 E Ⅲ战斗机
世界上最早装备机枪射击协调器的飞机。翼展9.52 m，机长7.2 m。

1916年，德国，信天翁（Albatros）D. Ⅲ战斗机
翼展9.03 m，机长7.33 m。

1917年，法国，斯帕德（SPAD）S. XⅢ
法国最具代表性的战斗机。翼展8.2 m，机长6.3 m。

1918年，英国，艾尔科（Airco）DH.9A 小型轰炸机
翼展12.92 m，机长9.6 m。

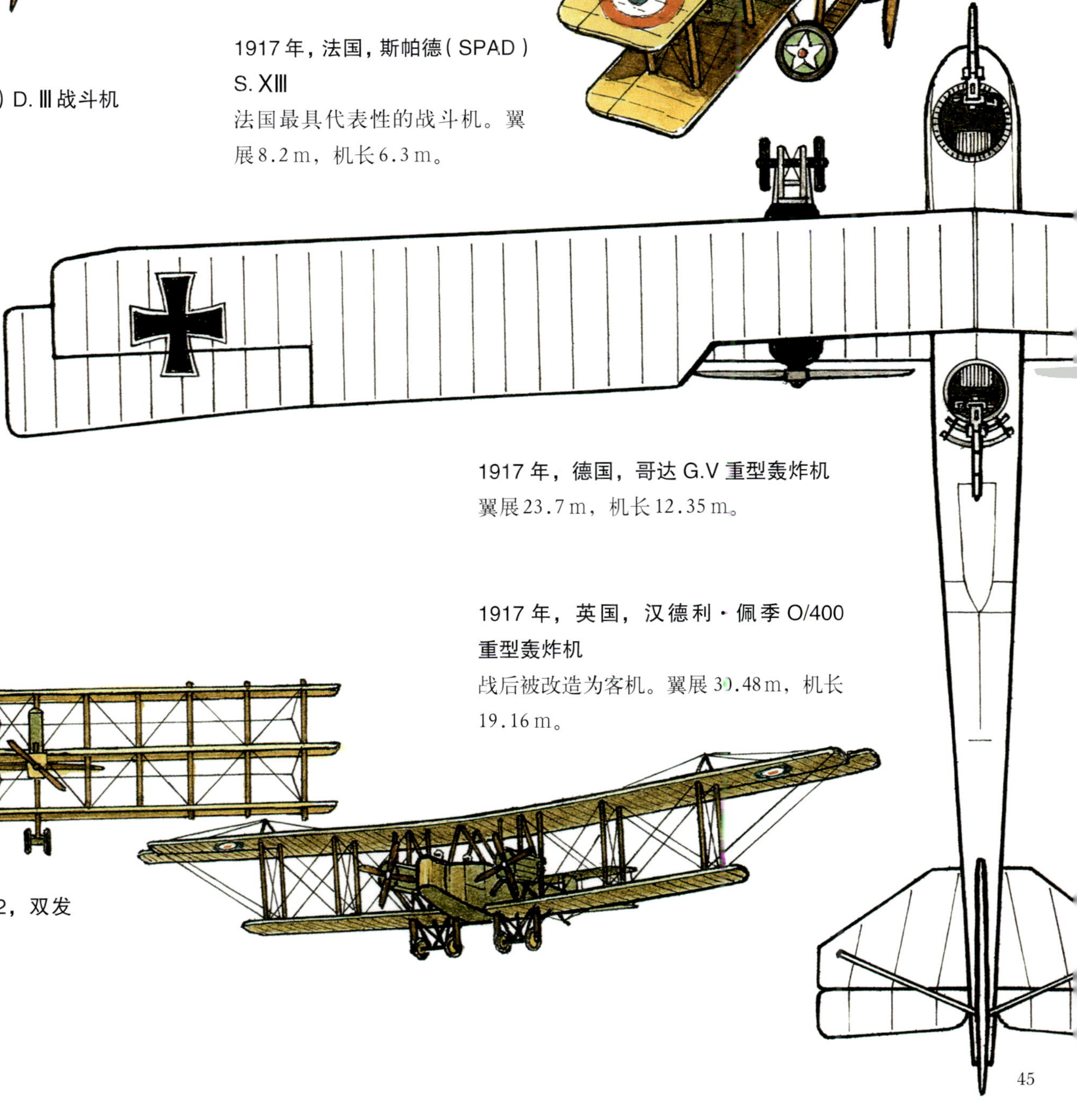

1917年，德国，哥达 G.V 重型轰炸机
翼展23.7 m，机长12.35 m。

1917年，英国，汉德利·佩季 O/400 重型轰炸机
战后被改造为客机。翼展30.48 m，机长19.16 m。

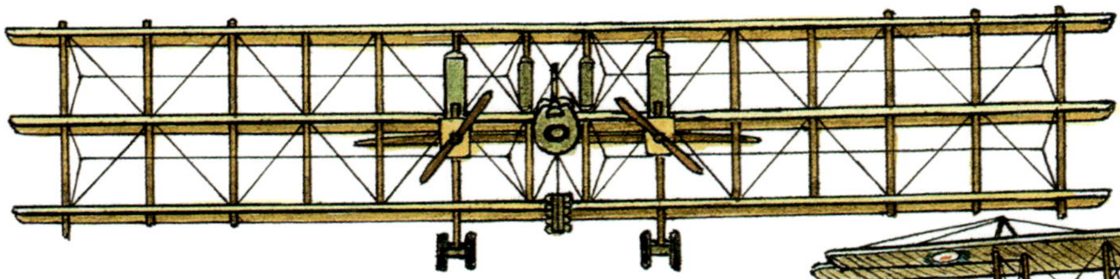

1918年，意大利，卡普罗尼 Ca.42，双发三翼重型轰炸机
翼展29.9 m，机长13.1 m。

# 3 民用航空的开端

第一次世界大战爆发之前，已有一些航空器开始进行旅客运输，如齐柏林飞艇、“伊利亚·穆洛梅茨”、贝努瓦XIV等。但战争中断了所有的客运服务。

战后，德国的铁路和公路损毁严重，德国人率先想到发展空中航线，于是LVG C.VI侦察机和AEG对地攻击机都被改造来运送邮件和旅客。

**1919年，法国，布雷盖14T**

原型为布雷盖14轻型轰炸机兼侦察机，战后改造为民用运输机。3月开始在图卢兹与巴塞罗那之间承担客货运输，4月又服役于新开通的巴黎—里尔航线。

装配1台300马力雷诺（Renault）发动机。最高时速177km，航程460km，翼展14.36m，机长9m。飞行员1人，载客量2人。

**1919年，德国，AEG J.Ⅱ**

原型为AEG J.I对地攻击机，战后改造为运输机。在柏林与魏玛之间运送旅客、邮件或货物。

装配1台200马力奔驰发动机。最高时速150km，航程565km，翼展13.46m，机长7.9m。飞行员1人，载客量2人。

**1919年，德国，兰普勒（Rumpler）C.Ⅰ**

原为侦察机，战后改造为客机。数据与AEG J.Ⅱ相近。

## 军用飞机变身成客机

1919 年，英国，艾尔科 DH.4A

原型为艾尔科DH.4轻型轰炸机兼侦察机，战后改造为客机。执飞巴黎—伦敦的每日定期国际航班。20世纪20年代，比利时的航空公司购入了艾尔科DH.4A，用于伦敦—布鲁塞尔航线。装配1台350马力罗罗“鹰”（Rolls-Royce *Eagle*）Ⅷ发动机。最高时速195 km，航程770 km，翼展12.93 m，机长9.29 m。飞行员1人，载客量2人。

1919 年，法国，法尔曼 F.60“歌利亚”

由轰炸机改造的双发客机，执飞定期国际航班。装配2台260马力萨尔姆森（Salmson）发动机。巡航时速120 km，航程400 km，翼展26.5 m，机长14.33 m。机组成员2人，载客量12人。

## 长距离飞行的开始

1919年5月16日，美国海军的3架柯蒂斯NC系列水上飞机从加拿大的纽芬兰岛出发，尝试飞越大西洋。途中NC-1和NC-3出现了故障，只有艾伯特·库欣·里德（Albert Cushing Read）等4人驾驶的NC-4抵达了葡萄牙的亚速尔群岛。27日NC-4从亚速尔群岛飞抵里斯本，31日又从里斯本飞到英国的普利茅斯。两周后的6月14日，英国皇家空军的维克斯“维梅（*Vimy*）”远程机也从纽芬兰岛出发，于15日抵达爱尔兰的戈尔韦郡，这是世界首次不着陆飞越大西洋，用时15小时57分钟。除了这些纪录外，11月12日至12月10日，由英国伦敦到澳大利亚达尔文市的环半球飞行成功；1920年，跨越非洲（从埃及到南非）的飞行也取得了成功。

1919年7月2日，英国皇家海军的R34飞艇载着约30人，从英国出发，不着陆飞越大西洋，历时108小时12分钟抵达美国。10日返程，历时74小时56分钟回到英国。

20世纪二三十年代堪称航空史上的“黄金时代”，各种雄心勃勃的飞行接连展开，不断有新制造的飞机进行友好访问飞行、环球飞行，以及远程航线的开辟飞行等。

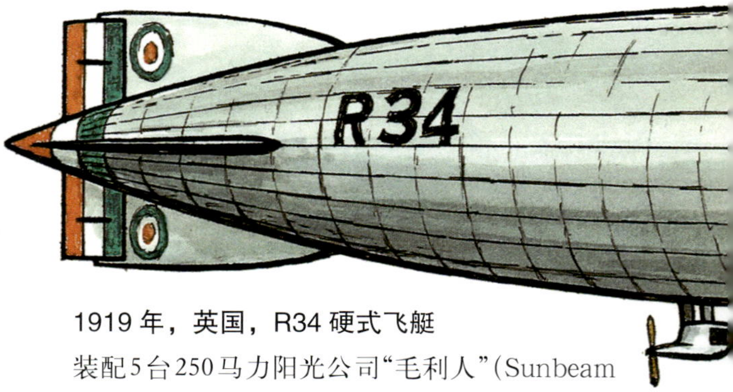


**1919年，英国，R34硬式飞艇**

装配5台250马力阳光公司“毛利人”（Sunbeam *Maori*）发动机。最高时速100 km，航程7,750 km，容积55,217 $m^3$，全长196 m，直径24 m。载客量22人。

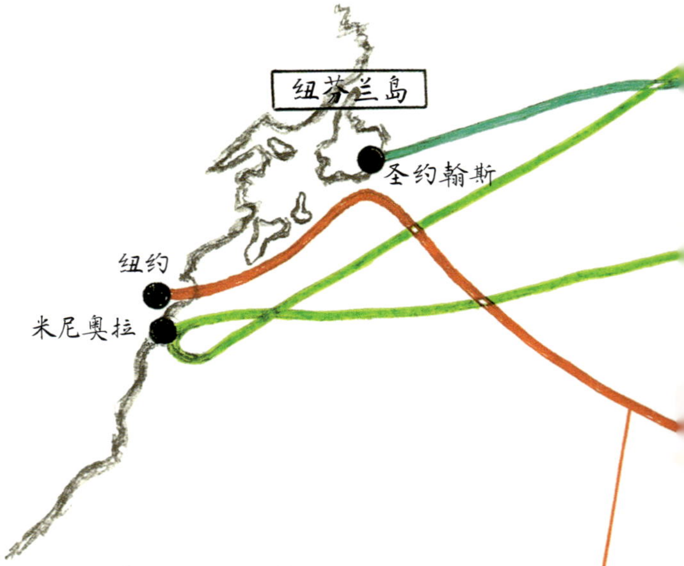


**1919年，美国，柯蒂斯NC-4水上飞机**

装配4台400马力“自由（*Liberty*）”L-12发动机。最高时速146 km，航程2,366 km，翼展38.4 m，机长20.77 m。机组成员6人。

**1920 年，意大利，安萨尔多（Ansaldo）SVA.9 小型飞机**

2 月 14 日，意大利飞行员阿尔图罗·费拉林（Arturo Ferrarin）等 4 人驾驶两架安萨尔多 SVA.9 从罗马出发，5 月 13 日飞抵东京。其中一架被赠予日本。这是第一次飞机飞到日本进行友好访问。

装配 1 台 220 马力 SPA 发动机。最高时速 215 km，翼展 9.2 m，机长 8.1 m。

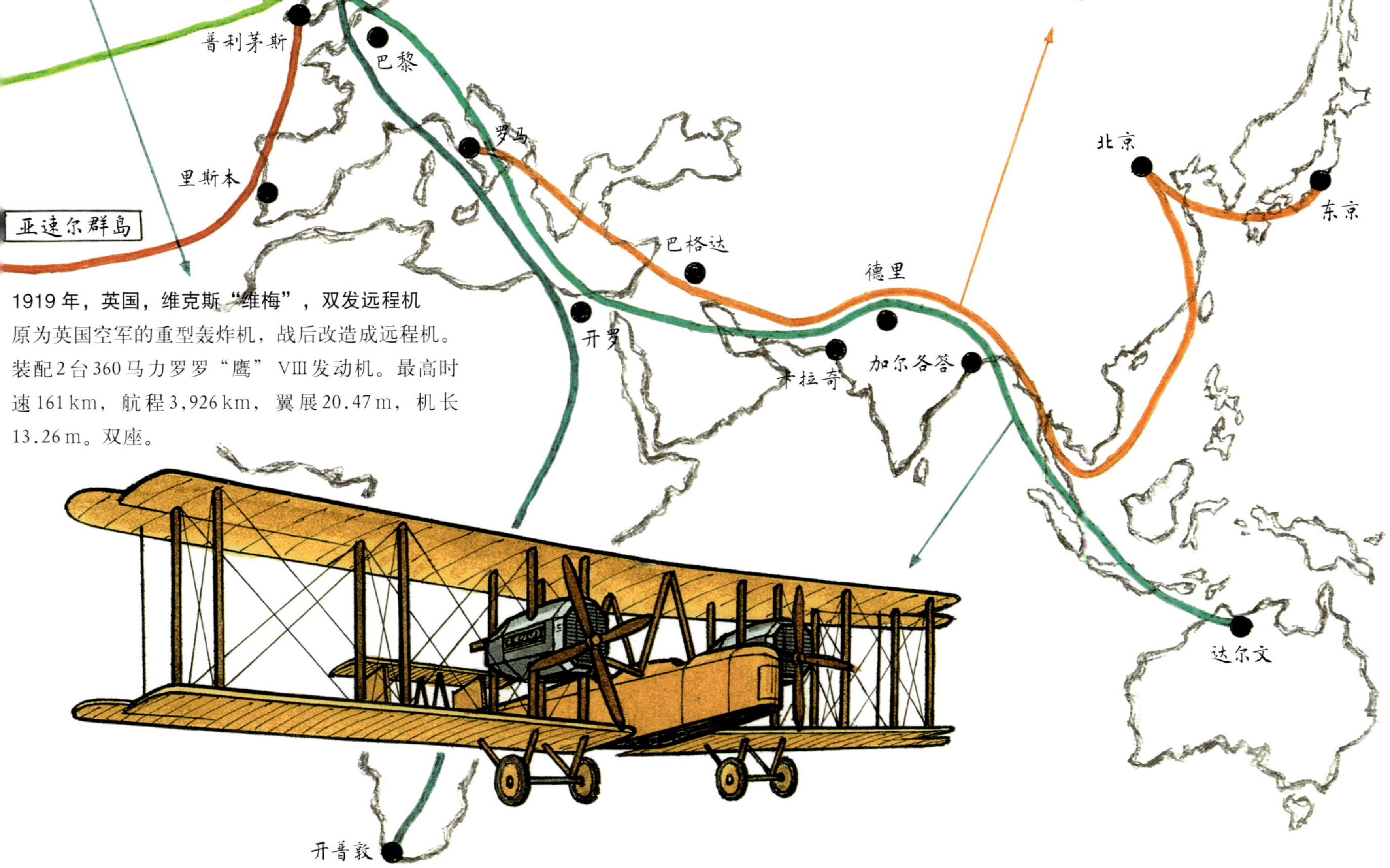


**1919 年，英国，维克斯“维梅”，双发远程机**

原为英国空军的重型轰炸机，战后改造成远程机。装配 2 台 360 马力罗罗“鹰”VIII 发动机。最高时速 161 km，航程 3,926 km，翼展 20.47 m，机长 13.26 m。双座。

## 从双翼机到单翼机

第一次世界大战前的飞机几乎都是双翼机，战后，随着铝合金等轻型金属材料的出现，以及飞机制造技术的提高，可以减少空气阻力的悬臂式单翼机逐渐成为了主流。

铁路和公路损毁严重的战败国德国很重视航空运输，早早就建立了民用航线，并专门制造了客机。

1919 年，德国，容克斯 F.13 客机
（上图是水上型，下图是陆基型）全金属（铝合金）制，采用悬臂式下单翼。20 世纪 20 年代活跃在世界各国的航线上。共生产了 322 架。日本三菱重工也曾获得制造许可。原型机装配 1 台 158 马力梅赛德斯（Mercedes）D.Ⅲa 发动机。最高时速 170 km，航程 1,400 km，翼展 14.8 m，机长 9.6 m。机组成员 2 人，载客量 4 人。

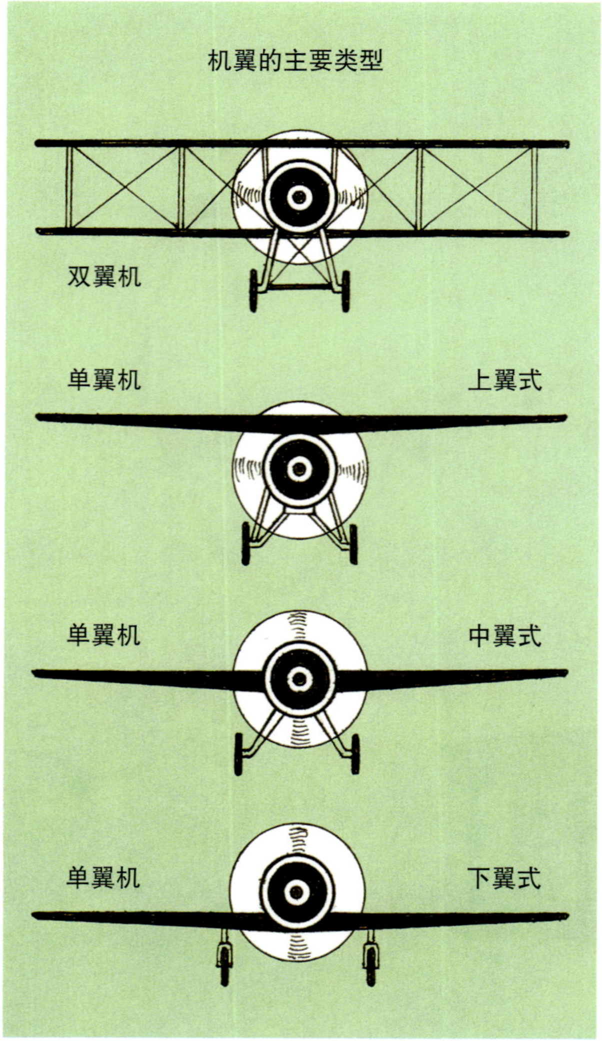


1919 年，荷兰，福克 F.Ⅱ 客机
原型机装配 1 台 185 马力 BMW Ⅲa 发动机。最高时速 150 km，航程 1,200 km，翼展 16.1 m，机长 11.65 m。机组成员 2 人，载客量 4 ～ 5 人。特征是上单翼。

**1921 年，荷兰，福克 T-2 客机**

原型为军用运输机。装配1台400马力“自由”L-12发动机。最高时速155 km，航程3,975 km，翼展24.79 m，机长14.79 m。机组成员2人，载客量10人。

**1922 年，德国，道尼尔（Dornier）Do J“沃尔（*Wal*）”，全金属制双发水上飞机**

在世界多条航线上一直服役到20世纪30年代。装配2台360马力罗罗“鹰”Ⅸ发动机。巡航时速140 km，航程2,200 km，翼展22.5 m，机长17.25 m。机组成员2人，载客量8～10人。1932年，德国飞行员沃尔夫冈·冯·格罗瑙（Wolfgang von Gronau）驾驶一架道尼尔“沃尔”完成了环球飞行。

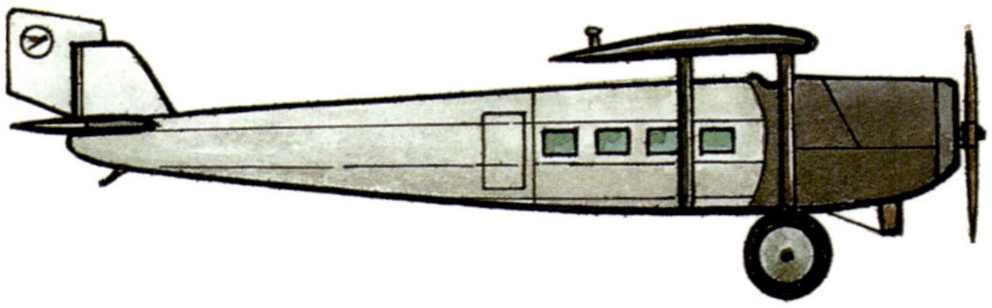

**1924 年，德国，道尼尔“彗星（*Komet*）”Ⅲ**

装配1台450马力奈皮尔“狮”（Napier *Lion*）发动机。时速155 km，航程1,050 km，翼展19 m，机长12 m。机组成员2人，载客量6人。“彗星”系列是道尼尔开发的第一批单翼客机。

**1923 年，意大利，萨伏亚（Savoia）S.16ter 水上飞机**

装配1台400马力洛林（Lorraine）发动机。最高时速190 km，航程1,000 km，翼展15.5 m，机长11 m。机组成员2人，载客量4人。

1925年4月21日，一架萨伏亚S.16ter从罗马出发，9月26日飞到日本霞浦湖进行友好访问。

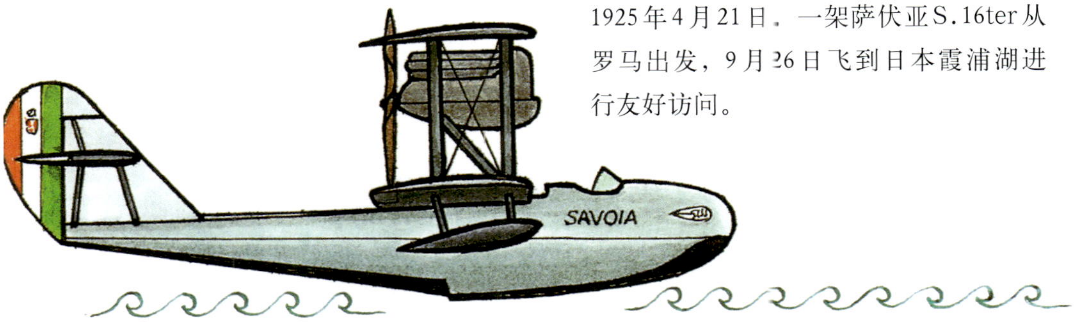


**1917年俄国爆发十月革命，建立了俄罗斯苏维埃联邦社会主义共和国。1922年苏维埃社会主义共和国联盟（苏联）正式成立。**

# 4 民用航空的绽放

道格拉斯“世界漫游者”水上型

20世纪20年代到30年代初，出现了能飞越大洋甚至环球飞行的远程机，还有竞赛飞机、邮政飞机、旋翼机、直升机，以及大型硬式飞艇、水上飞机——各种飞行器如雨后春笋般涌现。同时，客机也向着近代化和大型化发展……

## 最早进行环球友好访问的飞机

**1923年，美国，道格拉斯“世界漫游者”（Douglas *World Cruiser*）**

原型为道格拉斯DT-2鱼雷轰炸机。世界上第一次环球飞行就是由3架“世界漫游者”完成的。1924年4月，4架“世界漫游者”从美国西雅图出发，飞越阿拉斯加（其中1架在这里坠毁）以及日本、印度、法国、英国、加拿大等地区和国家，9月回到西雅图，行程共计44,342 km，实际飞行时间371小时11分钟。

装配1台420马力“自由”L-12发动机。最高时速166 km（水上型为161 km），航程3,701 km（水上型为2,655 km），翼展15.24 m，机长10.82 m（水上型为11.89 m）。双座。

**1925年，英国，德哈维兰“蛾”（de Havilland *Moth*）**

深受世界各国飞行俱乐部喜爱的轻型飞机系列。装配1台100马力德哈维兰“吉普赛（*Gipsy*）”Ⅰ发动机。最高时速164 km，翼展9.14 m，机长7.29 m。双座。*

---

* 该系列飞机有许多型号，此处数据取自DH.60“吉普赛蛾”。——编者注

**1925年，英国，谢尔瓦 C.6A 旋翼机**

装配1台110马力罗纳（Le Rhône）9 Ja发动机。最高时速100 km，旋翼直径10 m。飞行员1人，载客量1人。

**1930年，英国，谢尔瓦 C.19 旋翼机**

装配1台105马力阿姆斯特朗·西德利“大麝猫”（Armstrong Siddeley *Genet Major*）发动机。最高时速153 km，旋翼直径9.15 m。飞行员1人，载客量1人。

## 旋翼机登场

旋翼机是介于飞机与直升机之间的飞行器。旋翼机先驱人物是西班牙人胡安·德·拉·谢尔瓦（Juan de la Cierva），1923年他制造了谢尔瓦C.4旋翼机并试飞成功，在4分钟内飞行了4 km。1925年，谢尔瓦在英国制造的谢尔瓦C.6A旋翼机开始实用化。

旋翼机不能像直升机那样垂直起降和悬停，它起降时需要一段较短的滑跑距离，飞行时依靠前方气流吹动旋翼旋转产生升力。旋翼机的原理对直升机的诞生起到了重要的推动作用。

**1925年，法国，布雷盖19“初风”“东风”**

布雷盖19原为1922年法国制造的轰炸机兼侦察机。1925年，日本朝日新闻社购入2架布雷盖19，命名为“初风”和“东风”，7月25日这2架飞机从东京出发，8月23日抵达莫斯科，之后又飞往巴黎、伦敦、罗马。

1926年，波兰一架布雷盖19访日。1927年，法国一架布雷盖19完成环球飞行。

装配1台450马力洛林发动机。最高时速200 km，翼展14.83 m，机长9.51 m。双座。

## 3 发飞机的流行

**1925 年，德国，容克斯 G 24，3 发水上飞机**
全金属制客机，在国际航线上一直服役到 30 时代。装配 3 台 310 马力容克斯 L5 发动机。时速 182 km，航程 1,300 km，翼展 29.9 m，机长 15.69 m。机组成员 3 人，载客量 9 人。

陆基型容克斯 G 24 的前视图

**1926 年，美国，福特（Ford）4-AT“三发（*Trimotor*）”，3 发客机**
装配 3 台 200 马力莱特 J-4“旋风(*Whirlwind*)”发动机。巡航时速 172 km，航程 920 km，翼展 22.56 m，机长 15.19 m。机组成员 2 人，载客量 10 ～ 11 人。

**1925 年，荷兰，福克 F.Ⅶ a/3m，3 发远程客机**
装配 3 台 200 马力莱特“旋风”发动机。最高时速 185 km，航程 2,600 km，翼展 19.31 m，机长 14.57 m。机组成员 2 人，载客量 8 人。1926 年，美国海军军官理查德 · E. 伯德（Richard E. Byrd）驾驶该型飞机完成了最早的跨越北极飞行。1928 年，澳大利亚的查尔斯 · 金斯福德 · 史密斯爵士（Sir Charles Kingsford Smith）驾驶该机改进型号 F.Ⅶ b/3m 完成了首次跨南太平洋飞行。

**1926 年，英国，阿姆斯特朗·韦特沃思“阿戈西”（Armstrong Whitworth *Argosy*），3 发客机**

装配3台385马力阿姆斯特朗·西德利“捷豹(*Jaguar*)”ⅢA发动机。巡航时速145 km，航程531 km，翼展27.63 m，机长20.07 m。机组成员2人，载客量18～20人。

**1927 年，美国，福克 C-2，3 发军用运输机**

装配3台220马力莱特J-5“旋风”发动机。巡航时速177 km，翼展21.7 m，机长14.8 m。机组成员3人。

**1926 年，英国，德哈维兰 DH.66“赫拉克勒斯（*Hercules*）”，3 发客机**

装配3台420马力布里斯托尔“朱庇特”(Bristol *Jupiter*) Ⅵ发动机。巡航时速177 km，航程643 km，翼展24.23 m，机长16.91 m。机组成员3人，载客量8人。

**1927 年，意大利，萨伏亚－马切蒂（Savoia-Marchetti）S.55，双机身水上飞机**

装配2台500马力伊索塔（Isotta）FA500发动机（直线排列）。时速165 km，翼展24 m，机长16.5 m。机组成员4人，最大载重1,700 kg。

S.55 俯视图

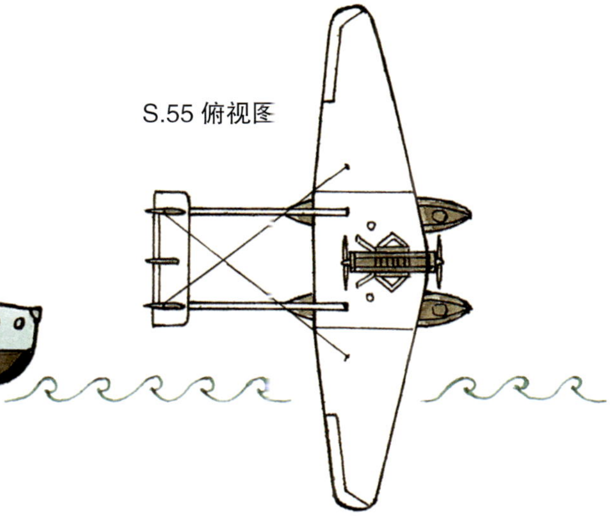

## 空中女王——大型飞艇的命运

德国的齐柏林飞艇制造技术可谓举世无双。第一次世界大战后，战胜国都要求德国交出剩余的所有齐柏林飞艇，英国将这些飞艇用于客运航线开拓，而美国则改为军用。1937年5月，德国的巨型飞艇“兴登堡号（*Hindenburg*）”在美国着陆时发生爆炸，这次事件直接导致了空中女王时代的结束。虽然“兴登堡号”的姊妹艇LZ-130“齐柏林伯爵2号（*Graf Zeppelin II*）”最终于1938年建成，但第二次世界大战爆发后，德国担心它容易成为被轰炸的目标，1940年将其报废——大型飞艇时代正式终结。

**1923年，美国海军，USS“谢南多厄号（*Shenandoah*）”硬式飞艇，代号ZR-1**

以1917年在法国俘获的齐柏林L-49飞艇为设计基础，由美国制造。填充气体由氢气换成了不可燃的氦气。1925年9月，该飞艇遇到风暴而失事坠毁，艇上43人中有14人遇难。

装配5台300马力帕卡德（Packard）发动机。最高时速97 km，全长206 m，直径24 m，容积60,000 m³。机组成员43人。

**1924年，美国海军，USS“洛杉矶号（*Los Angeles*）”硬式飞艇，代号ZR-3**

装配5台400马力迈巴赫发动机。最高时速122 km，全长200 m，直径27.64 m，容积70,000 m³。机组成员30人。这艘飞艇是由德国齐柏林公司制造，作为战争赔偿交付给美国的。1939年该飞艇报废。

**1926年，意大利，诺比莱N-1“挪威号（*Norge*）”半硬式飞艇**

装配3台260马力迈巴赫发动机。最高时速115 km，全长106 m，直径26 m，容积18,500 m³。机组成员10人。N系列飞艇还有诺比莱N-4“意大利号（*Italia*）”和诺比莱N-3（出口到日本）。

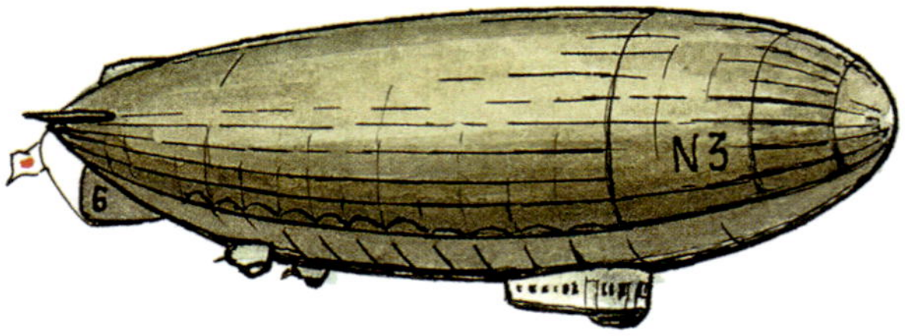


**1929年，日本海军，三式8号半硬式飞艇**

以意大利的诺比莱（Nobile）N-3飞艇为设计基础的日本国产飞艇。装配2台150马力三式发动机。最高时速100 km，全长80.1 m，直径15 m，容积8,193 m³。机组成员9人。

“齐柏林伯爵号”吊舱内部图

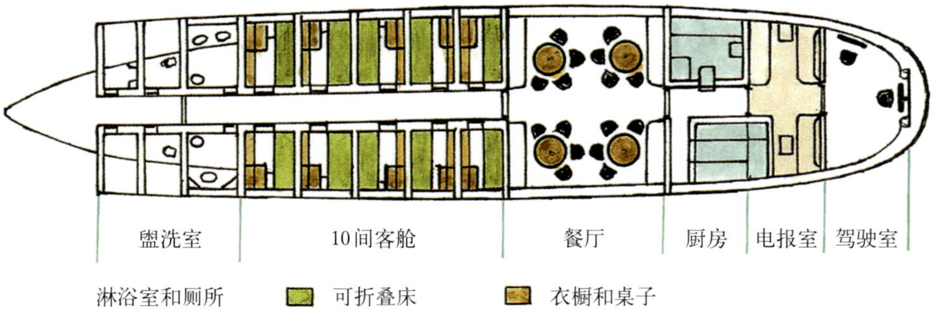


**1927年，德国，LZ-127“齐柏林伯爵号”硬式飞艇**

豪华的巨型客运飞艇。1929年8月8日，该飞艇从美国新泽西州莱克赫斯特出发，经过丹麦腓特烈港、日本霞浦湖、美国洛杉矶，于29日飞回莱克赫斯特，全程33,632 km，环游世界一周。此后，世界各地都掀起了齐柏林飞艇热潮。

装配5台550马力迈巴赫发动机。最高时速128 km，航程15,000 km，全长236 m，直径30.48 m，容积105,000 $m^3$。机组成员45 ~ 50人，载客量20人。第二次世界大战爆发后，该飞艇于1940年和“齐柏林伯爵2号”一起报废。

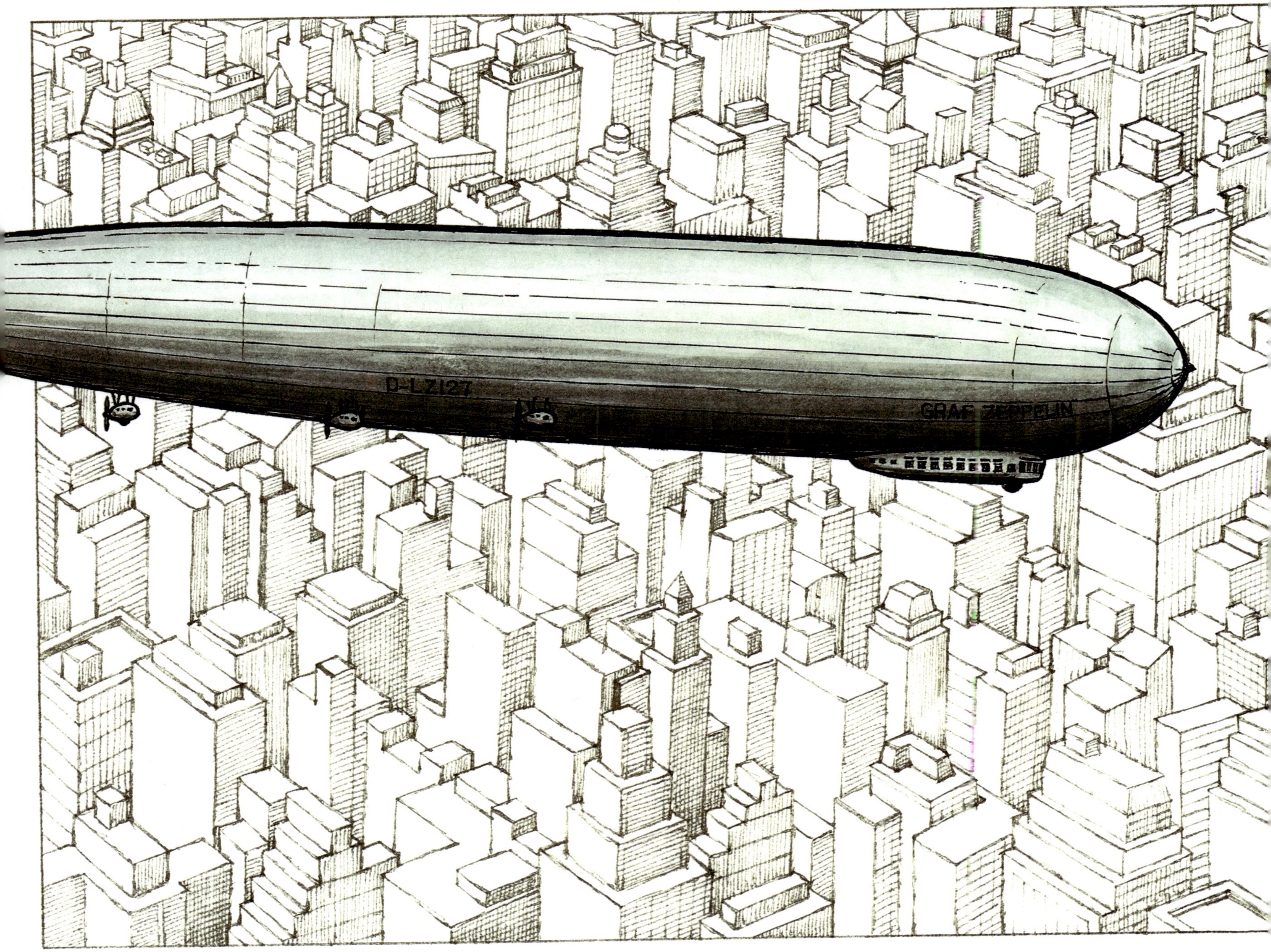

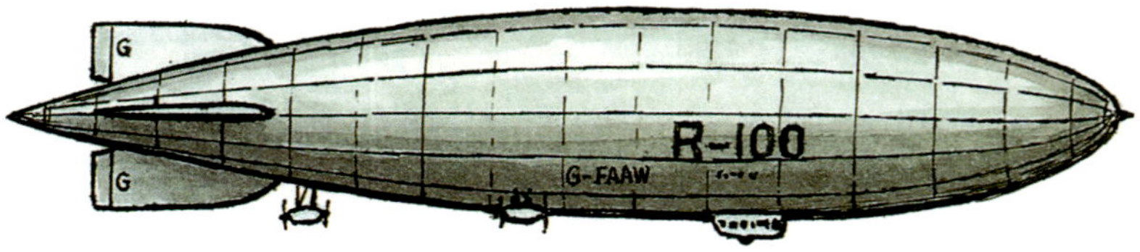


**1929 年，英国，计划用于殖民地固定航线的 R100 硬式飞艇**

装配6台（每个吊舱2台，驱动一对推拉螺旋桨）650马力罗罗“秃鹰（*Condor*）”ⅢB发动机。最高时速130 km，航程8,000 km，全长219 m，直径40.64 m，容积147,248 m$^3$。机组成员数量与载客量共计100人。

因姊妹艇R101的爆炸事故，1930年该飞艇报废。

**1929 年，英国，R101 硬式飞艇**

装配5台585马力比德莫尔“龙卷风”（Beardmore *Tornado*）发动机。最高时速120 km，全长223 m，直径40.54 m，容积155,743 m$^3$。由政府主导制造，艇体骨架主要由不锈钢构成。1930年10月，该飞艇在法国坠毁爆炸，艇上54人中有48人遇难，6人受伤。

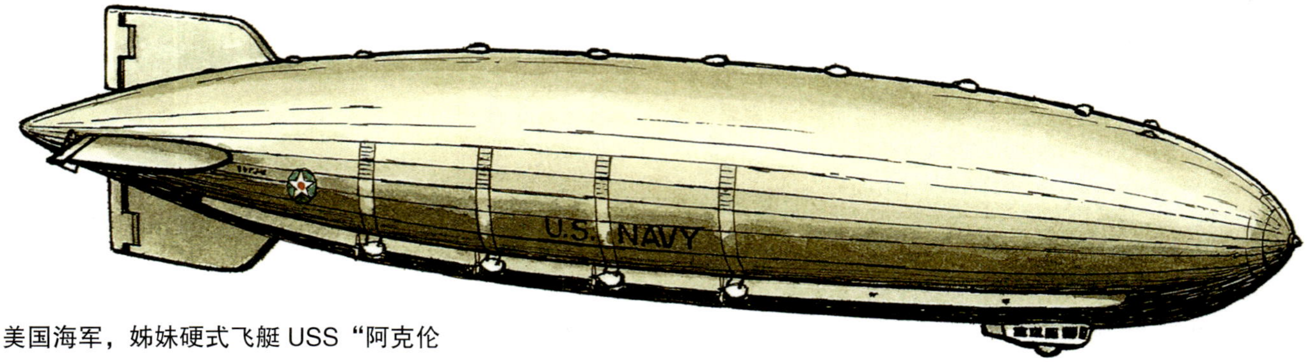


**1931 年和 1933 年，美国海军，姊妹硬式飞艇 USS“阿克伦号（*Akron*）”和“梅肯号（*Macon*）”，代号分别为 ZRS-4 和 ZRS-5**

由美国的固特异-齐柏林公司（Goodyear-Zeppelin Company，由固特异公司与齐柏林公司合资成立，一批德国飞艇技术专家也来到该公司工作）制造。“航空母舰”式超大型飞艇，艇中可停靠5架小型战斗机。填充气体由氢气换成了不可燃的氦气。

装配8台560马力迈巴赫发动机。最高时速134 km，航程17,000 km，全长240 m，直径40.5 m，容积184,000 m$^3$。

1933年4月，“阿克伦号”在雷雨中坠入大西洋，艇上76人中有73人遇难。1935年2月，“梅肯号”在风暴中坠入大海，83人中有2人遇难*。

**1936 年，德国，豪华客运飞艇——齐柏林 LZ-129“兴登堡号”硬式飞艇**

在9个月内进行了63次飞行，共计运送旅客2,057人。

装配4台1,200马力戴姆勒-奔驰发动机。最高时速135 km，航程14,000 km，全长245 m，直径41.2 m，容积200,000 m$^3$。机组成员40～61人，载客量50～72人。

---

* 因为吸取了“阿克伦号”的惨痛教训，“梅肯号”配备了充足的救生衣和救生艇。——编者注

1937年5月6日，“兴登堡号”在美国莱克赫斯特海军航空总站着陆时突然爆炸燃烧，艇上97人中35人遇难*。

* 当时，包括记者和摄影师在内的一千多人目睹了这一惨景，整个悲剧过程都被拍摄下来并通过电台向世界现场直播。——编者注

**大型飞艇时代的结束**

接连不断的飞艇事故，促使各国逐渐淘汰大型飞艇。最后因为“兴登堡号”的爆炸，在世界舞台上，大型飞艇时代的帷幕就此落下。

## 各式飞机涌现（1927—1932 年）

在这个时期，机舱密闭增压的客机以及刷新远程往返纪录、速度纪录、高度纪录、环球飞行纪录的各种各具特色的飞机争相涌现。

**1927 年，美国，洛克希德“织女星”（Lockheed *Vega*）1**

装配 1 台 225 马力莱特 J-5“旋风”发动机。巡航时速 190 km，航程 1,450 km，翼展 12.49 m，机长 8.38 m。飞行员 1 人，载客量 4 人。改造为远程机后，刷新了环球飞行最快纪录。

**1927 年，美国，莱特 - 贝兰卡（*Wright-Bellanca*）WB-2**

装配 1 台 220 马力莱特 J-5“旋风”发动机。巡航时速 170 km，翼展 14.12 m，机长 8.23 m。双座。改造为远程机后，创下多项世界纪录。

**1927 年，美国，波音（Boeing）40A 邮政飞机**

由 1925 年生产的波音 40 型邮政飞机改造而成的远程邮政飞机，1927 年 7 月开始在美国提供航空邮件服务。1928 年生产的波音 40B 和 40C 也是邮政飞机。

装配 1 台 420 马力普惠“黄蜂”（Pratt & Whitney *Wasp*）发动机。巡航时速 169 km，航程 1,050 km，翼展 13.46 m，机长 10.11 m。飞行员 1 人，载客量 2 人，最大载重 540 kg。

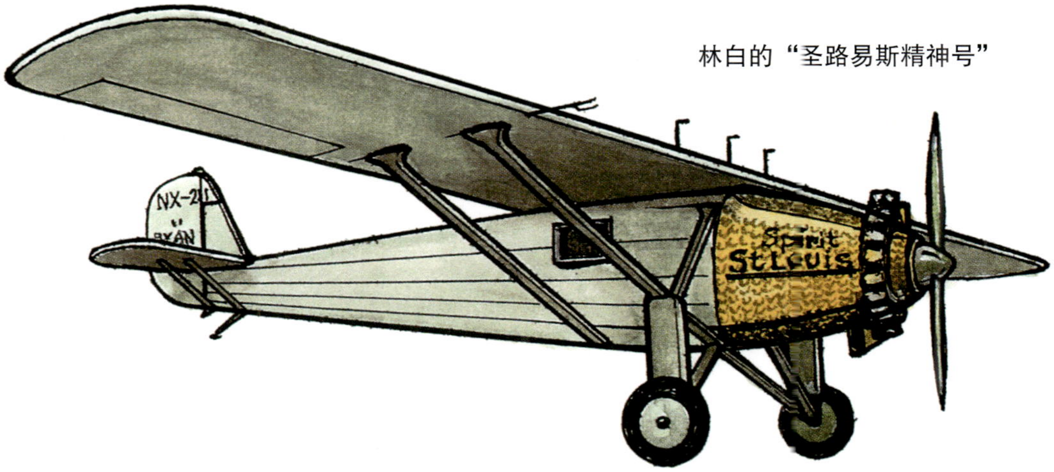


林白的“圣路易斯精神号”

**1927 年，美国，瑞安（Ryan）NYP 远程机**

美国航空邮政飞行员查尔斯·林白（Charles Lindbergh）从瑞安航空公司订购了这架飞机，命名为“圣路易斯精神号（*Spirit of St. Louis*）”。1927 年 5 月，林白单人驾驶该机无着陆地从纽约飞到了巴黎。

装配 1 台 223 马力莱特 J-5C“旋风”发动机。巡航时速 180 km，航程 6,600 km，翼展 14.02 m，机长 8.36 m。飞行员 1 人。

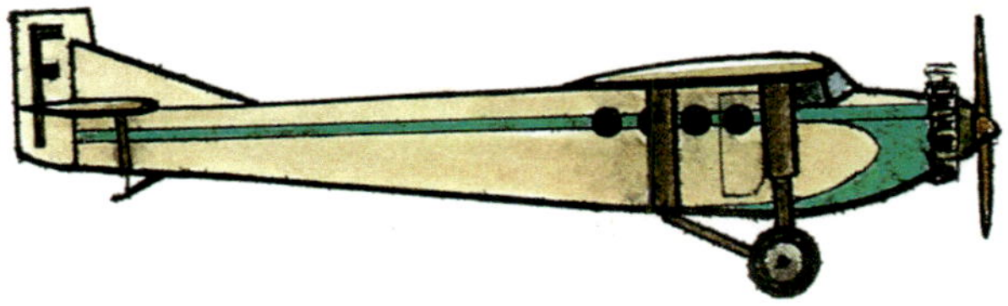


**1928 年，法国，法尔曼 F.190 小型飞机**

装配 1 台 230 马力土地神－罗纳（Gnome-Rhône）发动机。巡航时速 160 km，航程 850 km，翼展 14.4 m　机长 10.45 m。飞行员 1 人，载客量 4 人。

1933 年 4 月，一架法尔曼 F.190 从巴黎飞到日本进行访问。

**1928 年，美国，波音 80A，3 发客机**

波音公司的第一款大型客机。装配 3 台 525 马力普惠“胡蜂（*Hornet*）”发动机。巡航时速 201 km，航程 740 km，翼展 24.38 m，机长 17.22 m。机组成员 2 ~ 3 人，载客量 18 人。原型机波音 80 载客量为 12 人。

波音 80A 上的空姐

**空姐的诞生**

据说在 1930 年 5 月，波音航空运输公司（今美国联合航空公司）招募了一批护士，让她们在波音 80A 上安抚乘客的紧张情绪，空姐就这样诞生了。

**1928年，日本，川崎KDC-2小型客机**

由川崎造船所制造，服役于东西定期航空会的东京—大阪固定航线（1927—1929年）。装配1台500马力BMW Ⅵ发动机，时速220 km，翼展14.3 m，机长11.18 m。飞行员1人，载客量4人。

**1928年，法国，利奥雷和奥利维耶公司（Lioré et Olivier）的LeO 213双发客机**

装配2台450马力雷诺12Ja发动机。巡航时速175 km，航程560 km，翼展23.43 m，机长15.95 m。机组成员2～3人，载客量12人。

**1929年，法国，库齐内（Couzinet）70“彩虹（*Arc-en-Ciel*）”，3发远程邮政飞机**

装配3台650马力希斯帕诺-苏萨（Hispano-Suiza）12Nb发动机。巡航时速236 km，航程6,800 km，翼展30 m，机长16.15 m。机组成员4人，最大载重600 kg。

库齐内70“彩虹”的前视图

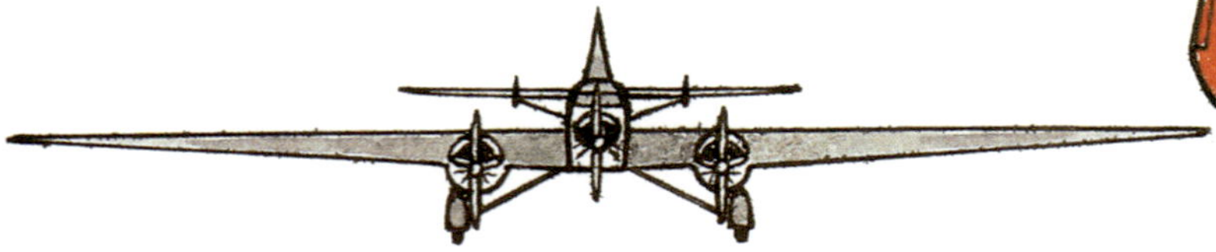

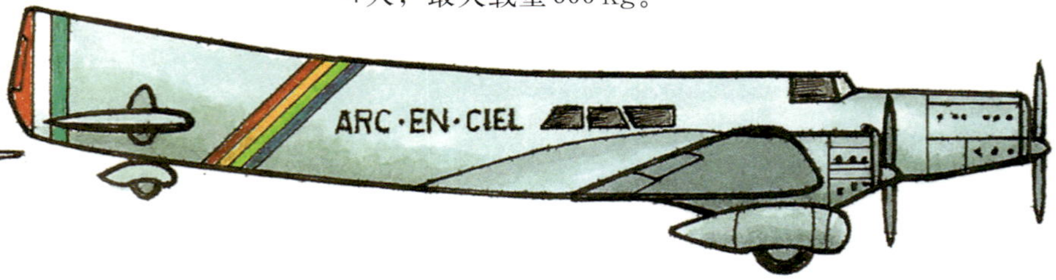

**1929年，日本，石川岛R-3轻型教练机**

由石川岛飞机制作所制造了5架。1931年5月29日，日本学生航空联盟的学生和教官驾驶其中一架“青年日本号”，从羽田出发，经莫斯科、柏林、伦敦、巴黎，最后到达罗马，这次访欧飞行历时95天（飞行距离13,671 km，实际飞行时间126小时53分钟）。装配1台115马力西锐-赫米斯（Cirrus-Hermes）发动机。最高时速150 km，翼展9.8 m，机长7.5 m。双座。

**1929年，法国，拉泰科埃尔（Latécoère）28.1客机**

童话《小王子》（*Le Petit Prince*）的作者、飞行家圣埃克絮佩里（Antoine de Saint-Exupéry）也曾担任该机飞行员。

装配1台500马力希斯帕诺-苏萨12Hbxr发动机。巡航时速200 km，航程1,000 km，翼展19.25 m，机长13.5 m。机组成员2人，载客量8人。

飞机外形漂亮，很受欢迎。

**1929年，德国，罗尔巴赫公司（Rohrbach）的“罗兰（*Roland*）”Ⅱ，3发客机**

装配3台320马力BMW Va发动机。巡航时速177 km，航程1,300 km，翼展26.3 m，机长16.4 m。机组成员2人，载客量10人。

**1928年，意大利，菲亚特（Fiat）AS.1小型旅行飞机**

1930年7月14日，一架AS.1从都灵出发，经西伯利亚，于7月23日到达立川市。之后该机被赠予日本学生航空联盟。

装配1台90马力菲亚特A.50发动机。最高时速160km，航程1,000km，翼展10.4m，机长6.15m。双座。

**1930年，意大利，马基-卡斯托蒂（Macchi-Castoldi）MC-72水上竞赛飞机**

装配1台2,850马力菲亚特AS.6发动机。翼展9.48m，机长8.32m。单座。

1934年10月23日，该机飞行时速达到709km，创下了水上飞机的世界最高时速纪录[*]。

---

* 该纪录直到1961年6月7日才被苏联的别-10喷气式水上飞机以880km的时速打破，但该机至今仍保持着最快活塞式水上飞机的称号。——编者注

**1932年，美国，可爱的竞赛飞机吉比“超级运动者”（*Gee Bee Super Sportster*）R-1**

由格兰维尔兄弟飞机公司（Granville Brothers Aircraft）制造。

装配1台800马力普惠“黄蜂”发动机。最高时速477km，翼展7.62m，机长5.41m。单座。

**1931年，英国，超级马林（Supermarine）S.6B**

该机夺得最后一届（1931年）"施耐德杯"水上飞机竞赛的冠军。

装配1台2,350马力罗罗R发动机。最高时速655.79 km，翼展9.14 m，机长8.79 m。单座。

**1927年，英国，超级马林S.5**

S.6B的原型。该机夺得1927年第十届"施耐德杯"水上飞机竞赛的冠军。

装配1台875马力奈皮尔"狮"ⅦB发动机。最高时速514.29 km，翼展8.15 m，机长7.32 m。单座。

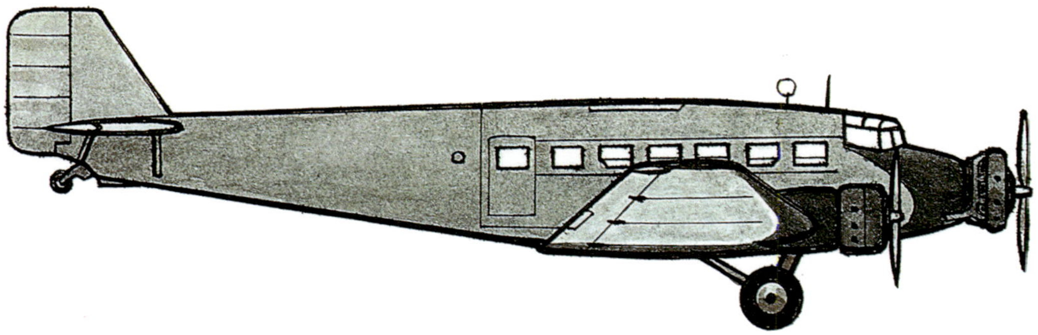

**1932年，德国，容克斯Ju 52/3m，德国极具代表性的3发高速客机**

因为性能卓越，该机型被许多国家订购，直到第二次世界大战结束后仍在服役。加上军用运输机，该机型共制造了4,838架。

装配3台770马力BMW 132发动机*。巡航时速245 km，航程915 km，翼展29.25 m，机长18.9 m。机组成员2人，载客量15～17人。

---

* 该机型有许多派生型号，采用不同发动机，其中BMW 132最常用。——编者注

**1929 年，德国，容克斯 G.38，4 发巨型客机**

为了展示国力，德国生产了2架容克斯G.38。

机翼前缘部分最大厚度达1.9 m，能给客舱留出空间。装配4台发动机（内侧2台为690马力容克斯L55发动机，外侧2台为413马力容克斯L8a发动机）。巡航时速180 km，航程3,500 km，翼展44 m，机长23.2 m。机组成员7人，载客量34人。

## 客机大型化

**1930 年，英国，汉德利・佩季 H.P.42，4 发大型客机**

装配4台490马力布里斯托尔“朱庇特”XIF发动机。巡航时速160 km，航程805 km，翼展39.62 m，机长28.1 m。机组成员4人，载客量24人。

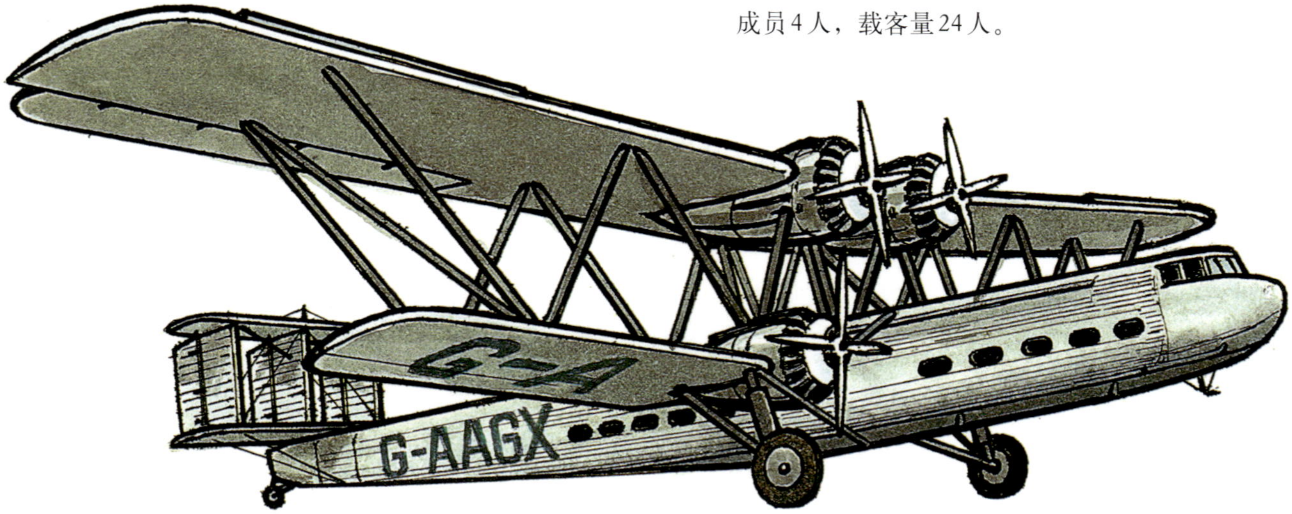

**1929 年，苏联，图波列夫（Tupolev）ANT-9，3 发客机**

俄罗斯本是航空业先进的国家，但革命延缓了航空业的发展速度。图波列夫 ANT-9 是苏联成立后最早的国产飞机。装配3台300马力莱特“旋风”发动机。巡航时速170 km，航程700 km，翼展23.8 m，机长16.65 m。机组成员2人，载客量9人。

**1932 年，苏联，图波列夫 ANT-9/M-17，双发客机**

ANT-9的改良机型，生产了至少80架。装配2台680马力米库林（Mikulin）M-17发动机。巡航时速175 km，航程700 km，翼展23.85 m，机长17.01 m。机组成员2人，载客量9人。

**1931 年，苏联，图波列夫 ANT-14，5 发大型客机**

装配5台480马力土地神-罗纳9Akx“朱庇特”发动机。巡航时速195 km，航程1,200 km，翼展40.4 m，机长26.49 m。机组成员6人，载客量36人。

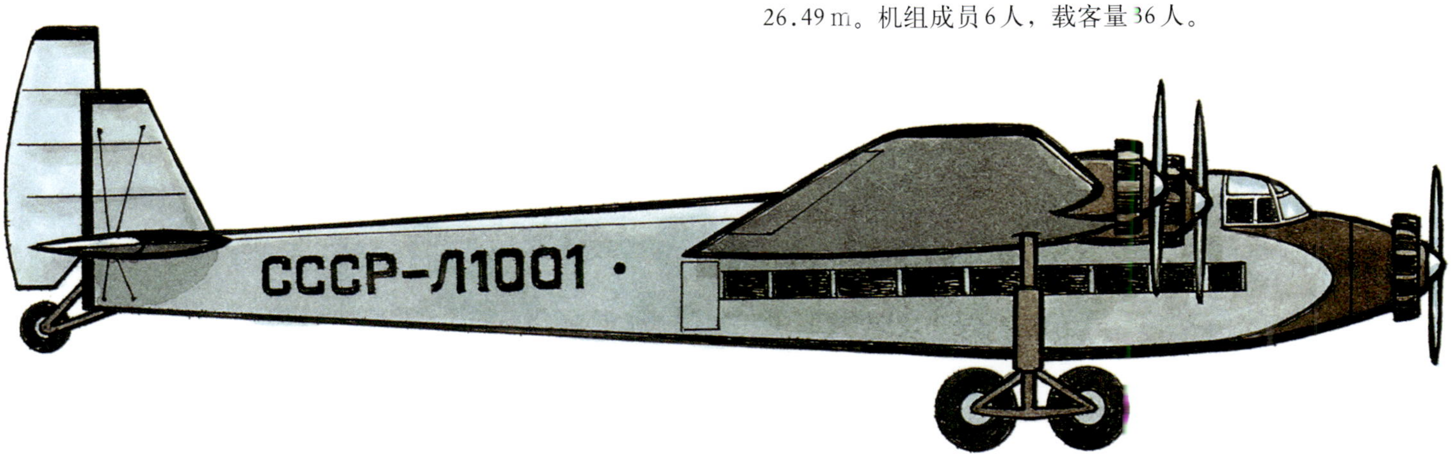

# 5　大型水上飞机时代

第一次世界大战后签署的《凡尔赛条约》禁止德国制造时速和航程超出限定范围的飞机，所以德国道尼尔公司将工厂设立在了瑞士境内。1929年，道尼尔公司开发出了划时代的实用型大型水上飞机道尼尔Do X。世界各国也相继制造出各种大型水上飞机。水上飞机将优势一直持续到20世纪50年代，期间运送了大量的人员和货物。

**1932 年，意大利，萨伏亚－马切蒂 S.66，双机身水上飞机**

装配3台750马力菲亚特A.24R发动机。巡航时速222 km，航程1,290 km，翼展33 m，机长16.63 m。机组成员3人，载客量14 ～ 18人。

**1929 年，德国，道尼尔 Do X，巨型水上飞机**

当时世界上最大的水上飞机。意大利订购了2架。

装配12台610马力柯蒂斯“征服者（*Conqueror*）”发动机。巡航时速175 km，航程1,700 km，翼展48 m，机长40 m。机组成员10人，载客量66 ～ 100人。机组成员在机舱上层工作，中层是客舱，下层是燃料舱。

**1931 年，法国，拉泰科埃尔 300，远程邮政水上飞机**

装配4台650马力希斯帕诺－苏萨12Nbr发动机。巡航时速160 km，航程4,800 km，翼展44.2 m，机长26.2 m。机组成员4人，最大载重1,000 kg。

**1933 年，法国，布莱里奥 5190“桑托斯－杜蒙号”，远程邮政水上飞机**

由法国政府订购，用来运送邮件到南美洲。装配4台650马力希斯帕诺－苏萨12Nbr发动机(中央两台为直线排列)。巡航时速190 km，航程5,000 km，翼展43 m，机长26 m。机组成员4人，最大载重600 kg。

**1934 年，美国，西科斯基 S-42，4 发水上飞机**

由西科斯基飞机公司为泛美航空公司（Pan American World Airways，Pan Am）的大西洋航线和南太平洋航线制造，被称为“飞剪（*Flying Clipper*）”。

装配4台750马力普惠“胡蜂”发动机。巡航时速273 km，航程1,930 km，翼展36.03 m，机长20.73 m。机组成员4人，载客量37人。

**1935 年，美国，西科斯基 S-43，两栖飞机**

装配2台750马力普惠R-1690“胡蜂”发动机。巡航时速267 km，航程1,250 km，翼展26.21 m，机长15.6 m。机组成员2～3人，载客量15人。

## 伊万诺维奇·西科斯基（1889—1972）

在1913年，俄罗斯人伊戈尔·伊万诺维奇·西科斯基就制造了世界上最早的4发大型客机“西科斯基·勒·格兰德”。1919年，西科斯基移民到美国，1923年他创建了西科斯基飞机公司。西科斯基先设计了一系列水上飞机，之后开发出了现代直升机的原型，进而大量制造直升机，为直升机的发展做出了重大贡献，因此他被称为“直升机之父”。

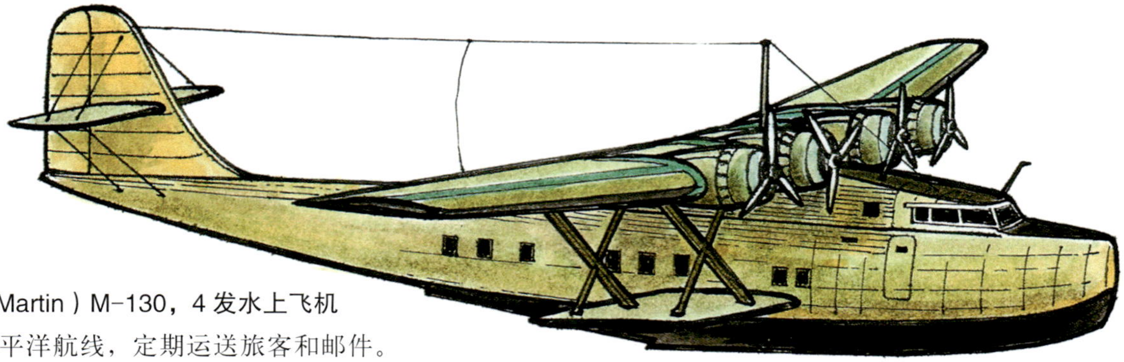

**1934年，美国，马丁（Martin）M-130，4发水上飞机**

服务于泛美航空公司太平洋航线，定期运送旅客和邮件。与西科斯基S-42一样，也被称为“飞剪”。

装配4台830马力普惠“双黄蜂（*Twin Wasp*）”发动机。巡航时速252 km，航程5,150 km，翼展39.62 m，机长27.69 m。机组成员5人，载客量18或36人（因夜间航班铺设卧铺，所以夜间航班载客量小，白天航班载客量大）。

**1935年，法国，拉泰科埃尔521，6发大型水上飞机**

装配6台860马力希斯帕诺－苏萨12Ydrs发动机（内侧4台分成两组，均呈直线排列）。巡航时速210 km，航程4,100 km，翼展49.3 m，机长31.62 m。机组成员8人，载客量30或70人（分夜间航班和白天航班）。

**1939年，意大利，马基M.C.100，3发水上飞机**

装配3台800马力阿尔法·罗密欧（Alfa Romeo）126发动机。巡航时速262 km，航程1,400 km，翼展24.34 m，机长17.4 m。机组成员3人，载客量26人。

马基M.C.100的前视图

**1936 年，日本，川西九七式，4 发水上飞机**

服务于大日本航空公司西南太平洋航线。日本海军也曾使用。装配 4 台 1,000 马力三菱金星发动机。最高时速 334 km，航程 4,330 km，翼展 40 m，机长 24.9 m。机组成员 8 人，载客量 18 人。

**1936 年，英国，肖特 S.23“帝国（*Empire*）”，4 发水上飞机**

主要服役于帝国航空公司（Imperial Airways）及其继任者英国海外航空公司（British Overseas Airways Corporation，BOAC）的海外航线。

装配 4 台 920 马力布里斯托尔“飞马座（*Pegasus*）”发动机。巡航时速 264 km，航程 1,223 km，翼展 34.75 m，机长 26.82 m。机组成员 5 人，载客量 24 人。

**1941 年，美国，波音 314A，4 发水上飞机**

原型为 1938 年制造的跨洋远程水上飞机波音 314，波音 314 先是用于邮政运输，后来改用于客运。1941 年它的性能、航程、舒适度等改进后，称为波音 314A。

装配 4 台 1,600 马力莱特 R-2600 发动机。巡航时速 294 km，航程 6,760 km，翼展 46.32 m，机长 32.3 m。机组成员 10 人，载客量 36 或 74 人（分夜间航班和白天航班）。

S.20“水星”

S.21“玛雅”

**1937 年，英国，肖特“梅欧复合体飞机（*Mayo Composite*）”**
由专用舰载机“玛雅（*Maia*）”和水上飞机“水星（*Mercury*）”组成。1938年10月，“水星”从“玛雅”上起飞，自英格兰邓迪市飞抵南非亚历山大贝，飞行距离9,652 km，飞行时间约42小时，创下了水上飞机的国际远程飞行纪录。

**肖特 S.20“水星”，水上邮政飞机**
装配4台365马力奈皮尔“剑（*Rapier*）”Ⅵ发动机。巡航时速314 km，航程6,275 km，翼展22.25 m，机长15.54 m。双座。

**肖特 S.21“玛雅”，水上运输飞机**
装配4台920马力布里斯托尔“飞马座”XC发动机。巡航时速265 km，航程1,368 km，翼展34.74 m，机长25.87 m。机组成员3人，载客量18人。

**1937 年，美国，格鲁曼（Grumman）G-21A，两栖飞机**
装配2台450马力普惠“黄蜂”发动机。巡航时速307 km，航程1,287 km，翼展14.93 m，机长11.68 m。机组成员1～2人，载客量4～6人。

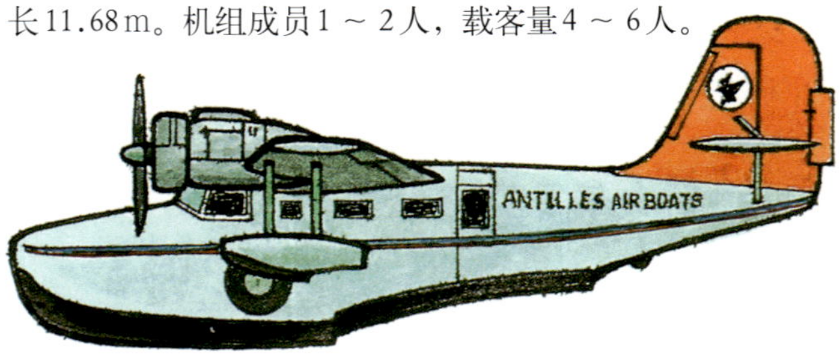


## 部分水上飞机的长度对比

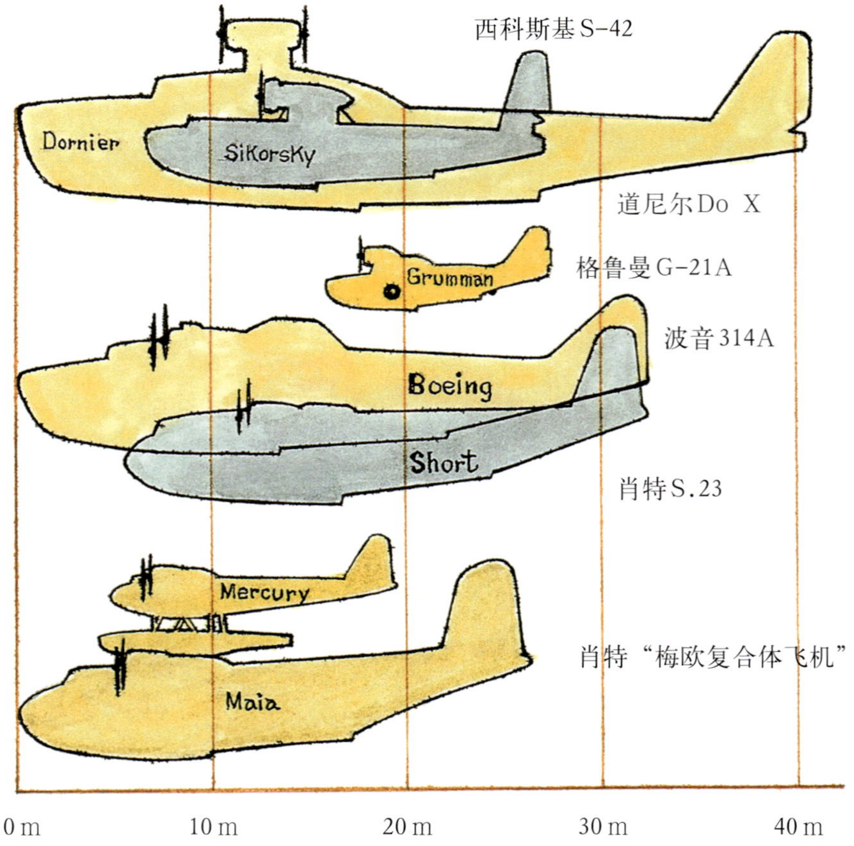

# 6 客机近代化

20世纪20年代末到30年代，随着航空技术的飞速发展，近代化客机诞生。而发动机性能的提高，使得3发大型机改用双发动机后也可以进行长距离高速飞行。因此，3发飞机渐渐地不再流行。

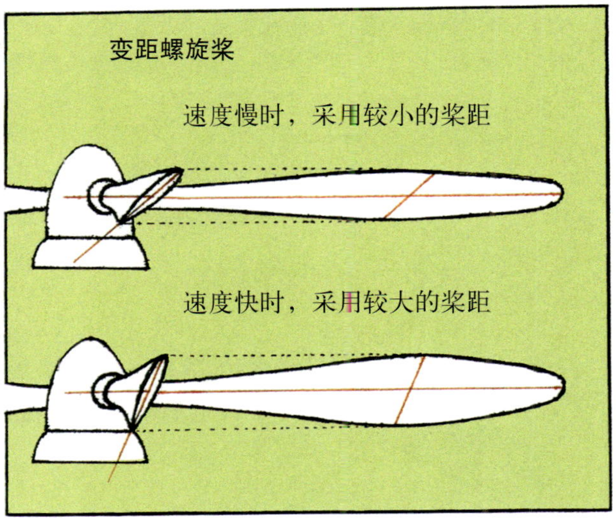


## 近代化客机的特点

除了具有高性能发动机外，近代化客机还具备以下特点。

第一，起落架可收放。飞行时起落架能收入飞机内部，这样可以大大减少空气阻力。

第二，桨距（螺旋桨桨叶的安装角）可变。不同的桨距可以适应不同的飞行速度。

第三，机翼上装有襟翼。襟翼可增加升力，缩短起降距离。

最早具备以上3个特点，且为全金属单翼机的近代化客机，是1933年首飞的道格拉斯DC-1。不过，在这架近代化客机诞生前，1930年首飞的波音单发邮政机（*Monomail*）就安装了可收放起落架*，随后出现的具有可收放起落架和变距螺旋桨的波音247等就可以说是准近代化客机了。

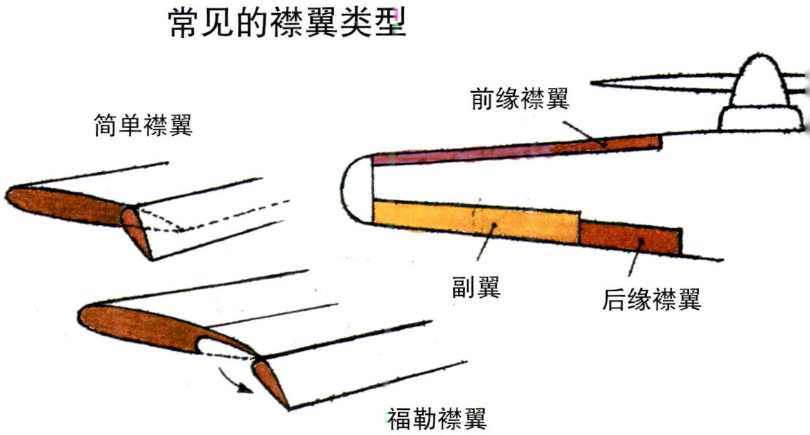


* 事实上，1920年出现的戴顿-莱特（Dayton-Wright）RB-1竞赛飞机和1922年出现的弗维尔-斯佩里（Verville-Sperry）R-3竞赛飞机上就已经出现了可收放起落架，但真正使可收放起落架得到推广的还是波音单发邮政机和洛克希德"猎户座（*Orion*）"邮政飞机。——编者注

## 可收放起落架出现

**1930 年，美国，波音单发邮政机**

装配1台575马力普惠“胡蜂”发动机。巡航时速217 km，航程925 km，翼展18 m，机长12.76 m。飞行员1人，存放邮件的空间也可以用来搭载6名乘客。

**1931 年，美国，洛克希德“猎户座”9D，邮政飞机**

该机速度超越了当时的战斗机。装配1台550马力普惠“黄蜂”发动机。巡航时速330 km，航程1,160 km，翼展13.04 m，机长8.64 m。飞行员1人，存放邮件的空间也可以用来搭载4名乘客。

**1933 年，德国，亨克尔（Heinkel）He 70，高速邮政飞机**

装配1台750马力BMW Ⅵ 7.3发动机。巡航时速305 km，航程1,000 km，翼展14.8 m，机长12 m。飞行员1人，存放邮件的空间也可以用来搭载4名乘客。

加上军用型号以及改进型号He 170和He 270，共计制造了300架左右。

**1933 年，美国，柯蒂斯 T-32“秃鹰 2（*Condor II*）”，准近代化双发客机**

装配2台720马力莱特“龙卷风（*Cyclone*）”发动机。巡航时速268 km，航程1,152 km，翼展24.99 m，机长14.81 m。机组成员2人，载客量12人。

**1933年，美国，波音247D，准近代化双发客机**

装配2台550马力普惠S1H1-G“黄蜂”发动机。巡航时速304 km，航程1,200 km，翼展22.56 m，机长15.72 m。机组成员2～3人，载客量10人。

**1933年，苏联，图波列夫ANT-25，具有可收放起落架的远程机**

1937年7月，一架ANT-25从莫斯科飞到洛杉矶，飞行距离11,500 km，飞行时间62小时17分钟。装配1台950马力米库林M-34R发动机。巡航时速165 km，最高时速246 km，翼展34 m，机长13.08 m。机组成员4人。

**1934年，英国，德哈维兰DH.88“彗星”，具有可收放起落架的双发竞赛飞机**

1934年10月，该机夺得“麦克罗伯逊杯”航空竞赛（MacRobertson Air Race，从伦敦飞往墨尔本）第一名（共20架飞机参加）。装配2台230马力德哈维兰“吉普赛”6R发动机。巡航时速354 km，航程4,707 km，翼展13.41 m，机长8.83 m。双座。

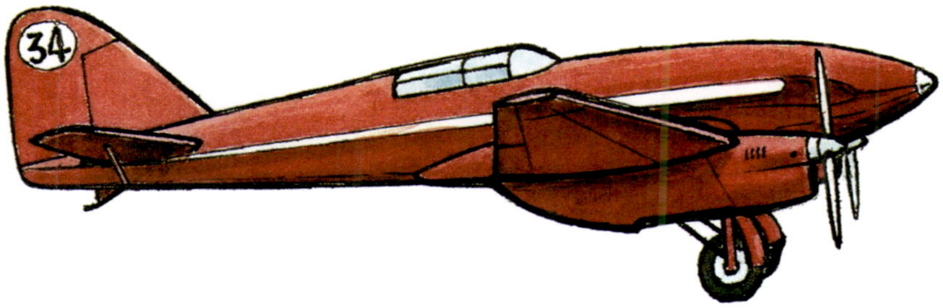

## 早期杰出的近代化客机

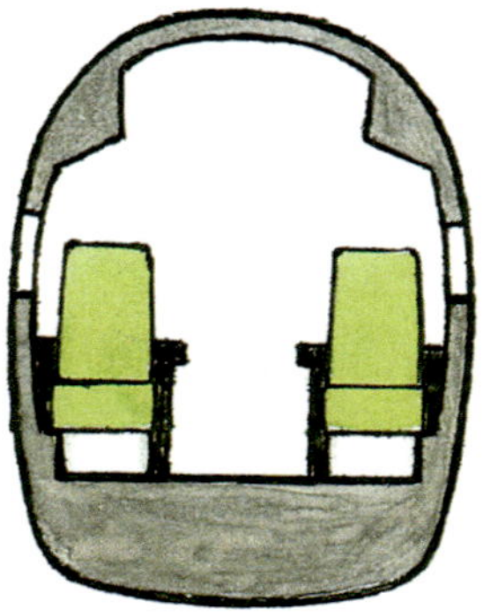

DC-1/2 的客舱横截面

**1933 年，美国，道格拉斯 DC-1，世界最早的近代化客机**

为了与波音247抗衡，道格拉斯公司制造了DC-1客机。

装配2台690马力莱特“龙卷风”发动机。巡航时速306 km，航程1,610 km，翼展25.9 m，机长18.29 m。机组成员2 ~ 3人，载客量12人。

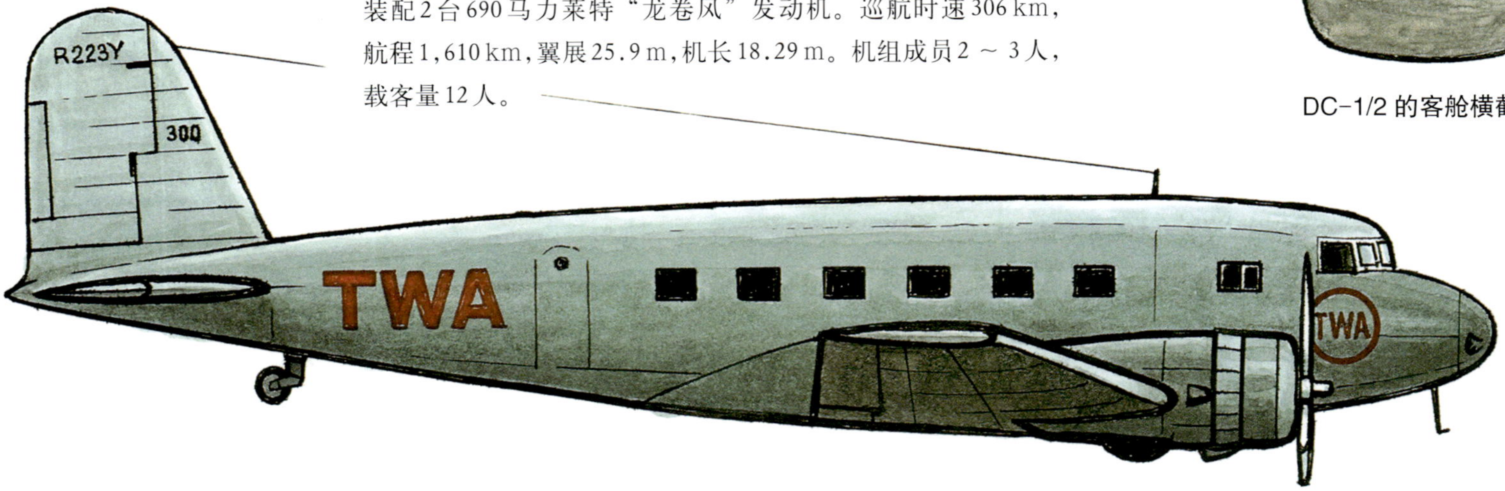


**1934 年，美国，道格拉斯 DC-2，双发客机**

DC-1的量产型，被许多国家订购。

装配2台730马力莱特GR-1820-F53“龙卷风”发动机。巡航时速278 km，航程1,750 km，翼展25.9 m，机长19.1 m。机组成员2 ~ 3人，载客量14人。

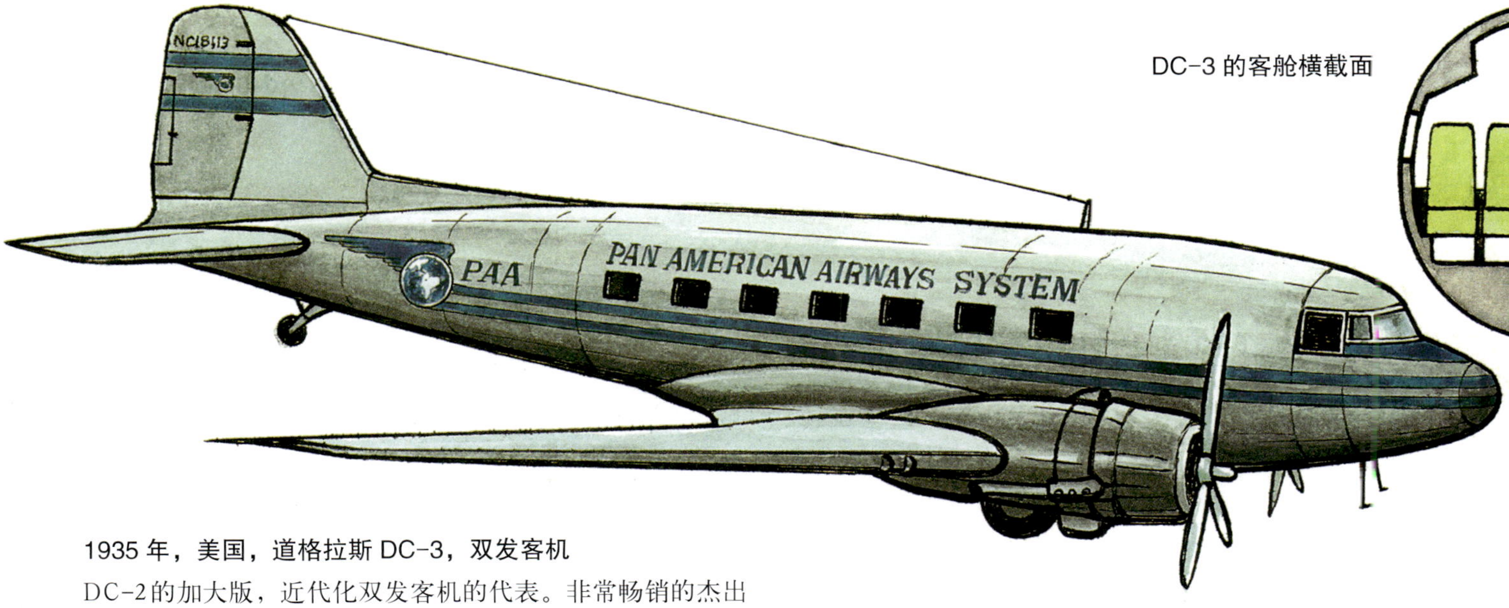


DC-3 的客舱横截面

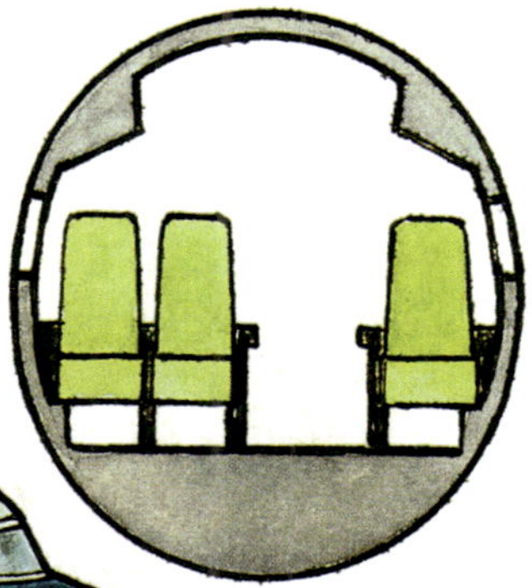

**1935 年，美国，道格拉斯 DC-3，双发客机**

DC-2的加大版，近代化双发客机的代表。非常畅销的杰出飞机，在世界许多国家服役了40年以上。包括军用机在内，共计制造10,000架以上。

装配2台1,100马力莱特“龙卷风”发动机。巡航时速309 km，航程1,760 km，翼展28.96 m，机长19.65 m。机组成员2人，载客量21人。

**1934 年，德国，容克斯 Ju 160，德国最早的近代化客机**

装配1台660马力BMW 132A发动机。巡航时速315 km，航程1,000 km，翼展14.32 m，机长12 m。机组成员2人，载客量6人。

**1934 年，美国，洛克希德“厄勒克特拉（*Electra*）”10-A，近代化双发客机**

装配2台450马力普惠“黄蜂”发动机。巡航时速306 km，航程1,305 km，翼展16.76 m，机长11.76 m。机组成员2～3人，载客量10人。

**1928 年，美国，福克“超级通用（*Super Universal*）”，小型客机**

1931 年，日本中岛飞机公司获得了该机的制造许可。

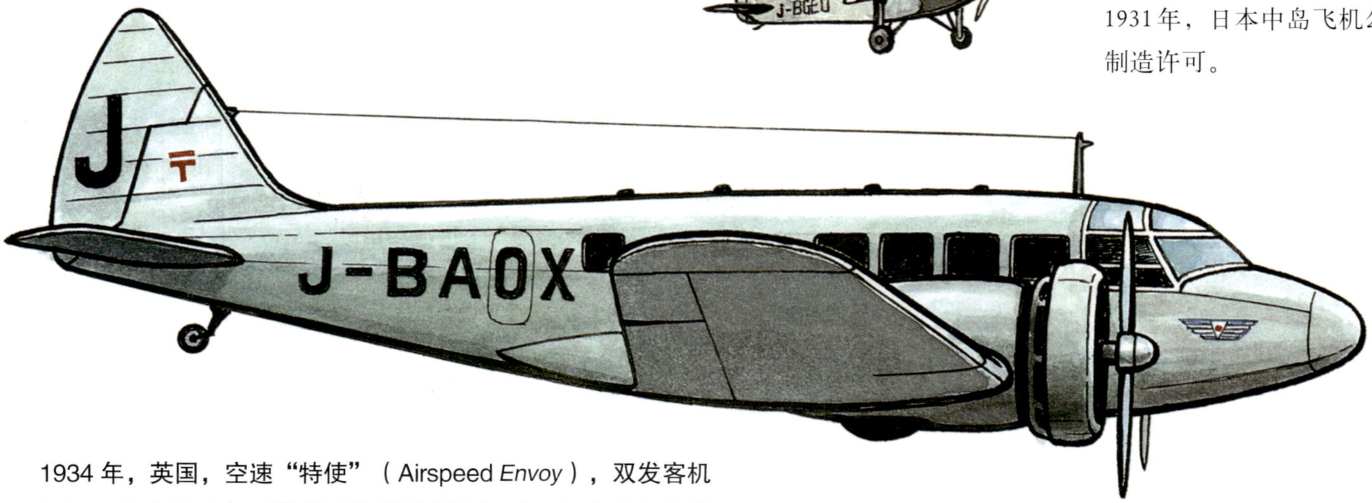


**1934 年，英国，空速“特使”（Airspeed *Envoy*），双发客机**

1934—1938 年日本三菱重工取得了制造许可，日本航空公司以之代替木质的小型客机“超级通用”。

装配 2 台 240 马力阿姆斯特朗 · 西德利“山猫（*Lynx*）” ⅣC 发动机。巡航时速 246 km，航程 1,045 km，翼展 15.94 m，机长 10.53 m。飞行员 1 人，载客量 6 ～ 8 人。

**1934 年，苏联，图波列夫 ANT-20“马克西姆 · 高尔基号（*Maksim Gorki*）”**

当时世界上最大的 8 发客机，苏联为展示国力而制造。装配 8 台 900 马力米库林 AM-34FRN 发动机。最高时速 220 km，航程 1,200 km，翼展 63 m，机长 32.9 m。机组成员 8 人，载客量 72 人。1935 年该机坠毁。

1940 年的改进型号（装配 6 台 1,200 马力发动机，机身上部不再安装发动机）共制造 16 架。

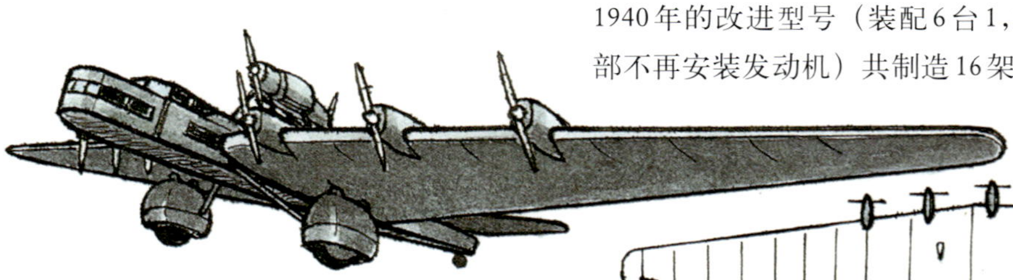

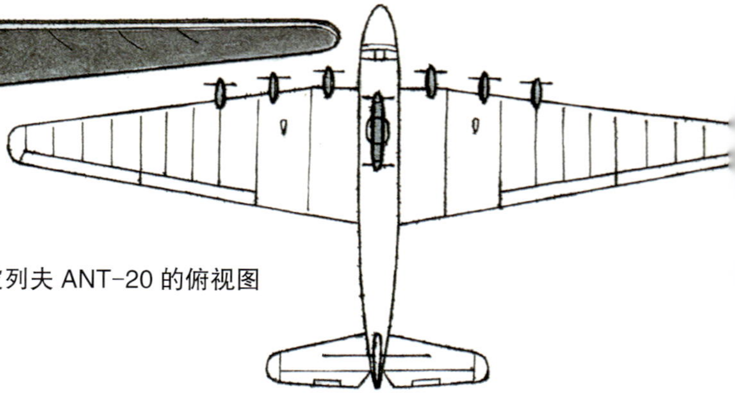

图波列夫 ANT-20 的俯视图

**1935 年，法国，米涅“飞行跳蚤”（Mignet *Pou-du-Ciel*），私人轻型飞机**

装配 1 台 22 马力奥比耶 - 邓恩（Aubier-Dunne）发动机。巡航时速 80 km，航程 322 km，翼展 5.18 m，机长 3.6 m。单座。1936 年日本进口了该机型，后来日本飞机公司也生产出了该型飞机。

1934 年，法国，高德隆（Caudron）C.635“西蒙（*Simoun*）”，小型客机

装配1台220马力雷诺发动机。巡航时速280 km，航程1,230 km，翼展10.4 m，机长8.7 m。飞行员1人，载客量3人。

1934 年，英国，德哈维兰 DH.89“速龙（*Dragon Rapide*）”，木制双翼双发客机

装配2台200马力德哈维兰“吉普赛”发动机。巡航时速212 km，航程930 km，翼展14.63 m，机长10.51 m。飞行员1人，载客量6 ～ 8人。

1936 年，法国，德沃丁（Dewoitine）D.338，3 发客机

装配3台650马力希斯帕诺－苏萨9V－16发动机。巡航时速260 km，航程1,950 km，翼展29.35 m，机长22.13 m。机组成员3人，载客量12 ～ 22人。该机型之后，3发飞机不再流行。

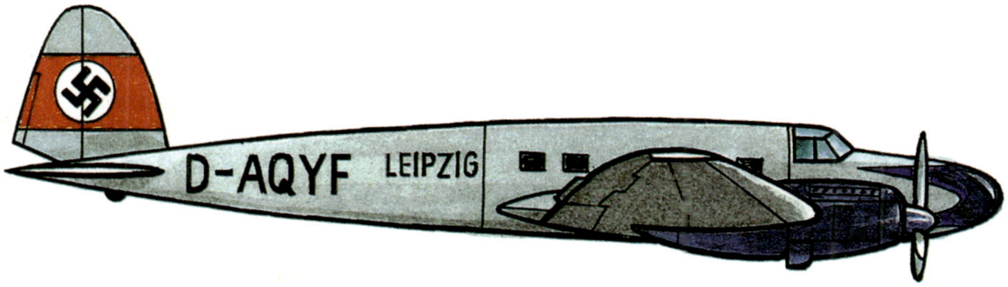


1935 年，德国，亨克尔 He 111C，双发客机

装配2台750马力BMW发动机。巡航时速305 km，航程1,000 km，翼展22.6 m，机长17.5 m。机组成员2人，载客量10人。

**1936 年，苏联，图波列夫 ANT-35，苏联最早的近代化双发客机**

装配2台850马力图曼斯基（Tumansky）M-85发动机，最高时速360 km，航程1,980 km，翼展20.8 m，机长15 m。机组成员2人，载客量10人。

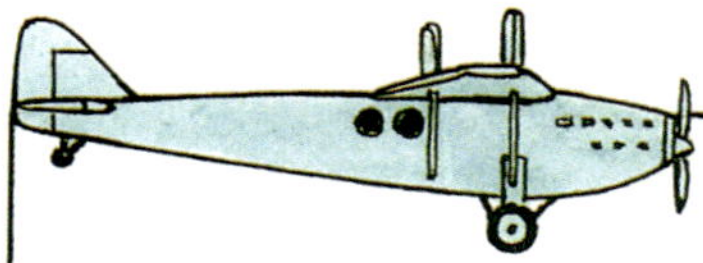

## 世界航程纪录

1932年，法国的布莱里奥110创造了10,601.48 km的航程纪录。

**1937 年，日本，航研远程单翼机**

由东京帝国大学航空研究所制造。1938年5月13—15日，该机沿铫子—太田—平塚线路飞行29圈，飞行时间62小时22分钟49秒，创造了11,100.11 km的世界航程纪录。

装配1台800马力川崎发动机。最高时速245 km，翼展27.93 m，机长15.06 m。机组成员3人。使用定距螺旋桨和手动式可收放起落架。

1939年，意大利的萨伏亚-马切蒂S.82PD创造了12,935.77 km的航程纪录。

**1936 年，日本，中岛 AT-2，双发客机**

日本最早具有可收放起落架的双发客机，由中岛飞机公司参照道格拉斯DC-2制造。

装配2台710马力中岛“寿”2型发动机。巡航时速310 km，航程1,200 km，翼展19.91 m，机长15.3 m。机组成员3人，载客量8人。

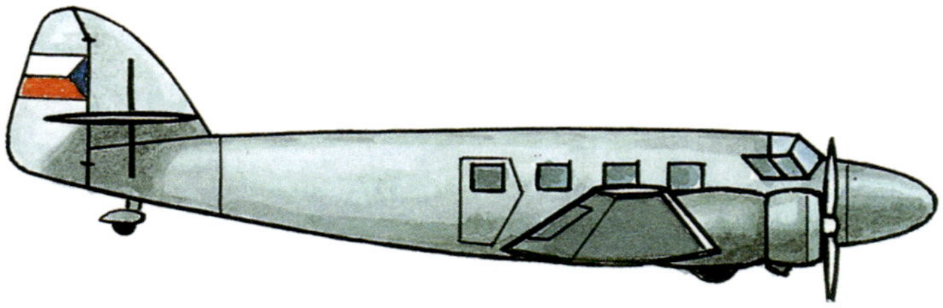

**1937 年，捷克斯洛伐克，艾罗（Aero）A.204，双发客机**

装配2台360马力瓦尔特“双子座”（Walter *Pollux*）ⅡR-2发动机。巡航时速286 km，航程900 km，翼展19 m，机长13 m。机组成员2人，载客量8人。

**1937 年，德国，亨克尔 He 116，4 发远程邮政飞机**

装配4台244马力赫斯（Hirth）HM 508C发动机。巡航时速300 km，航程3,500 km，翼展22 m，机长13.7 m。机组成员4人，最大载重550 kg。

**1937 年，日本，朝日新闻社的“神风号”**

原型是三菱Ki-15陆军侦察机。1937年4月6日，该机从立川出发，10日到达伦敦，创下了15,357 km的飞行距离纪录，实际飞行时间51小时19分钟23秒。

装配1台750马力中岛Ha-8发动机。最高时速480 km，航程2,400 km，翼展12.1 m，机长8.49 m。双座。

**1937 年，意大利，萨伏亚－马切蒂 SM.75，3 发大型客机**

装配3台750马力阿尔法·罗密欧126 R.C.34发动机。巡航时速325 km，航程2,280 km，翼展29.7 m，机长22.3 m。机组成员3人，载客量30人。

**1937 年，意大利，菲亚特 G.18V，双发客机**

装配2台1,000马力菲亚特A.80发动机。巡航时速340 km，航程1,675 km，翼展25 m，机长18.81 m。机组成员3人，载客量18人。

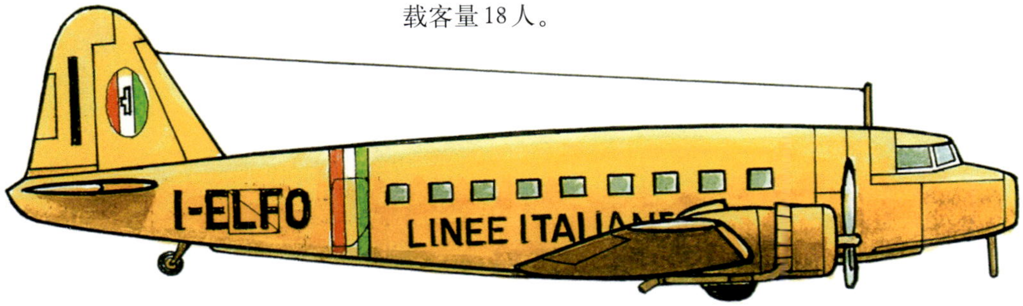

**1937 年，德国，福克－沃尔夫（Focke-Wulf）Fw 200A“秃鹰（*Condor*）”，4 发客机**

1938 年 11 月，一架“秃鹰”飞抵立川访问日本。

装配 4 台 720 马力 BMW 132G 发动机。巡航时速 325 km，航程 1,250 km，翼展 33 m，机长 23.85 m。机组成员 4 人，载客量 26 人。

**1937 年，英国，德哈维兰 DH.91“信天翁（*Albatross*）”，4 发客机**

最早的近代化 4 发客机，机身采用了德哈维兰公司擅长的木制结构。

装配 4 台 525 马力德哈维兰“吉普赛”XII发动机。巡航时速 338 km，航程 1,675 km，翼展 31.9 m，机长 21.34 m。机组成员 4 人，载客量 21 人。

**1938 年，英国，德哈维兰 DH.95“火烈鸟（*Flamingo*）”，全金属制双发客机**

装配 2 台 930 马力布里斯托尔“英仙座（*Perseus*）”发动机。巡航时速 328 km，航程 2,165 km，翼展 21.33 m，机长 15.72 m。机组成员 3 人，载客量 12 ～ 17 人。

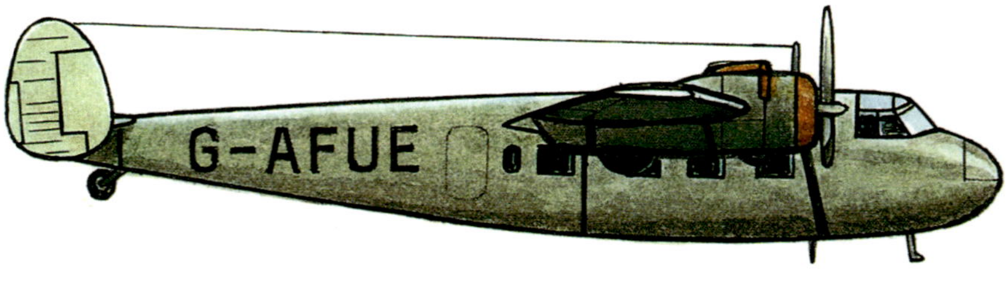

**1937 年，美国，洛克希德 14-WF62“超级厄勒克特拉（*Super Electra*）”，当时世界上速度最快的双发客机**

装配2台900马力莱特SGR-1820-F62“龙卷风”发动机。最高时速402 km，航程1,370 km，翼展19.96 m，机长13.51 m。机组成员2～3人，载客量12人。

1938年7月，美国富豪霍华德·休斯(Howard Hughes)驾驶一架“超级厄勒克特拉”创造了最快环球飞行纪录，飞行距离23,612 km，飞行时间3天19小时17分钟。

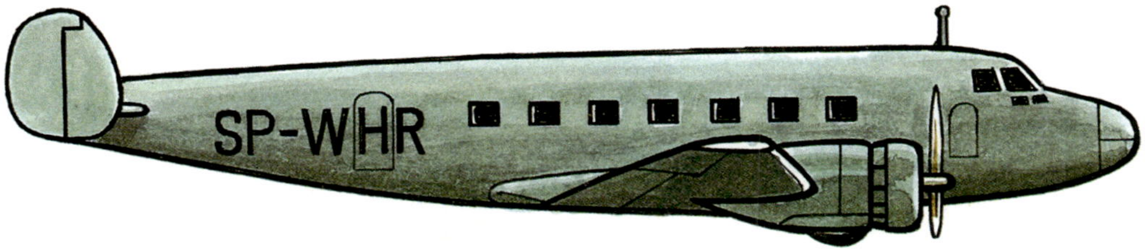


**1938 年，波兰，PZL.44“强风（*Wicher*）”，双发客机**

装配2台1,000马力莱特“龙卷风”GR-1820-G2发动机。巡航时速280 km，航程1,840 km，翼展23.8 m，机长18.45 m。机组成员4人，载客量14人。

**1938 年，德国，容克斯 Ju 90B，当时德国最大的 4 发客机**

装配4台820马力BMW 132 H-1发动机。巡航时速320 km，航程2,092 km，翼展35.02 m，机长26.3 m。机组成员4人，载客量40人。

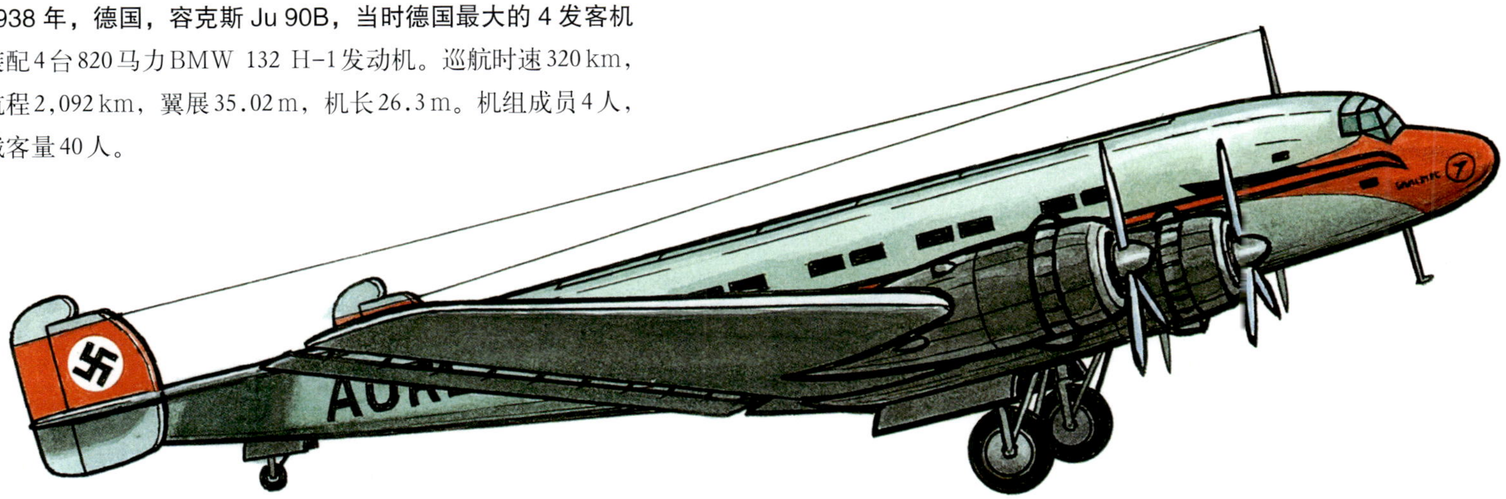

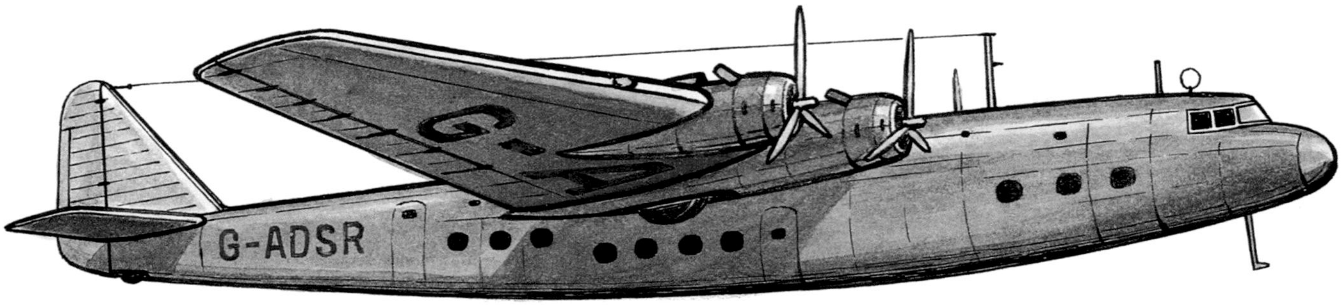


**1938 年，英国，阿姆斯特朗·韦特沃思 A.W.27“军旗（*Ensign*）”，4 发大型客机**

装配4台850马力阿姆斯特朗·西德利“虎（*Tiger*）”IXC发动机。巡航时速274 km，航程2,200 km，翼展37.49 m，机长33.83 m。机组成员5人，载客量27 ～ 40人。

**1938 年，日本，三菱 G3M2，双发客机**

由三菱重工制造，日本海军九六式对地攻击机的改进型号。1939年大阪的每日新闻社订购了一架三菱G3M2，命名为“日本号”，8月到10月该机完成了环球飞行，全程52,360 km。装配2台1,075马力三菱金星41/42型发动机。巡航时速278 km，航程3,500 km，翼展25 m，机长16.45 m。机组成员2人，载客量8人。

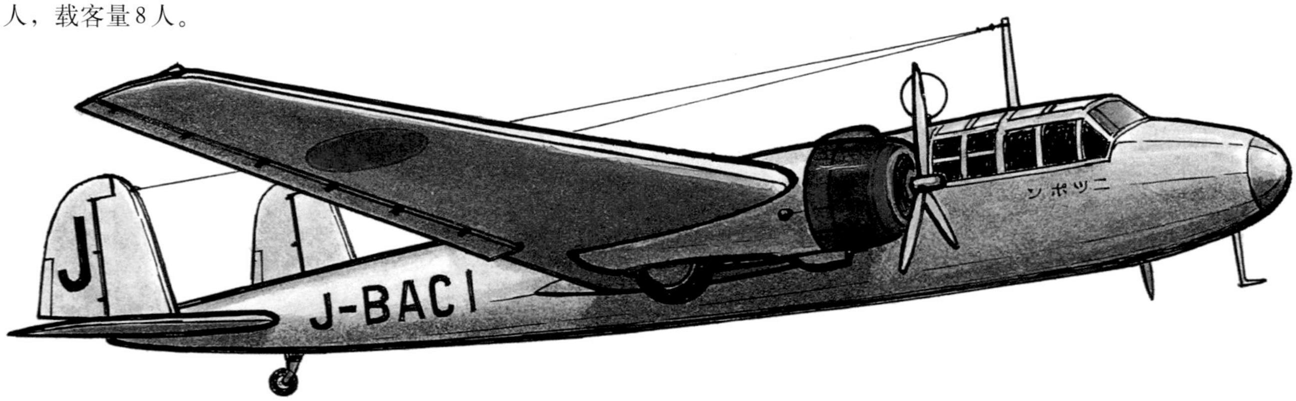


**1939 年，日本，三菱 MC-20，双发客机**

由三菱重工制造，日本海军九七式重型轰炸机的改进型号。装配2台890马力三菱Ha-5改发动机。最高时速430 km，翼展22.6 m，机长16.1 m。机组成员4人，载客量11人。

## 平流层（海拔 11,000 ~ 50,000 m）试验机

1937 年，美国，洛克希德 XC-35
原型是10型“厄勒克特拉”。
带增压座舱的高空试验机，试验目标为：能在海拔9,000 m的高度正常飞行。
装配2台550马力普惠“黄蜂”发动机（带增压器）。最高时速386 km，翼展16.76 m，机长11.8 m。总重量4,760 kg。

### 增压座舱和增压器

高空中空气稀薄，在海拔5,000 m以上时，人会感到呼吸十分困难。所以在高空中飞行的飞机，需要装配增压座舱（可保持接近地面的氧气含量、气压和温度的密封舱室）。

另外，为了保证发动机的稳定工作，需要向发动机气缸提供足量的空气。具备这项功能的设备是增压器。

在现代客机上，都必须装配这两种设备。

## 世界上最早具有增压座舱的大型客机

1938 年，美国，波音 307“平流层客机（*Stratoliner*）”
装配4台1,100马力莱特“龙卷风”发动机。巡航时速346 km，航程2,816 km，实用升限7,100 m，翼展32.69 m，机长22.66 m。机组成员5人，载客量33人。

1940 年该型飞机开始在横跨美国的航线上服役

## 直升机的诞生

与飞机一样，直升机很早就开始被研究了。在欧洲，人们制造了许多模型，但大都是不载人的升降机械。在倾斜盘（又称自动倾斜器）等辅助直升机升降和前后左右移动的装置发明出来以前，20世纪30年代，得到实用的是飞机与直升机的混合体——旋翼机。虽然1936年德国出现的双旋翼直升机福克-沃尔夫Fw 61创下了各种各样的纪录，但它并不实用，而最早实用化的直升机是西科斯基制造的VS-300。在VS-300基础上发展而来的西科斯基R-4B则是最早量产的直升机，它在第二次世界大战中作为反潜机大放异彩。

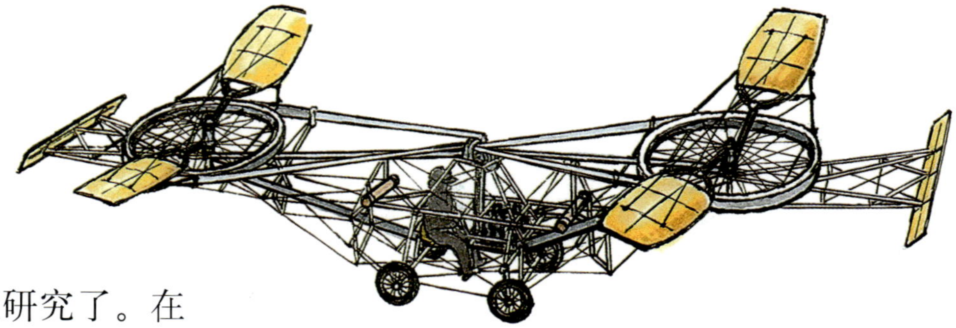

**1907年，法国，科尔尼直升机**

由保罗·科尔尼（Paul Cornu）制造的双旋翼直升机。1907年11月13日，科尼尔驾驶这架直升机在0.3 m高的空中停留了20秒，这是世界首次直升机载人飞行。

装配1台24马力安托瓦内特发动机。旋翼直径6 m。单座。

**1936年，德国，福克-沃尔夫Fw 61，双旋翼直升机**

该机在1937—1939年创下了直升机领域中的许多世界纪录，如飞行时间1小时20分钟49秒，飞行高度3,427 m等。

装配1台160马力布拉莫（Bramo）发动机。最高时速112 km，航程230 km，旋翼直径7 m，机长7.3 m。单座。

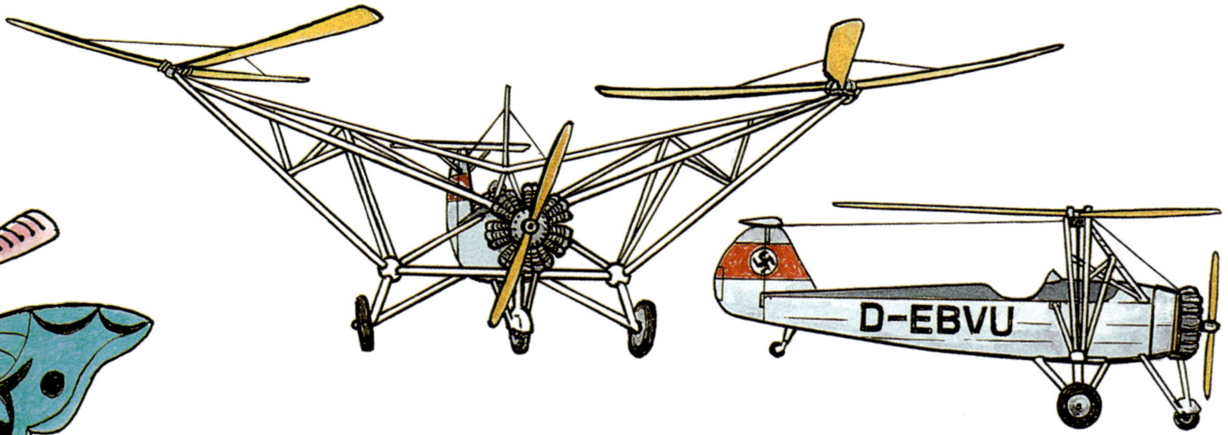


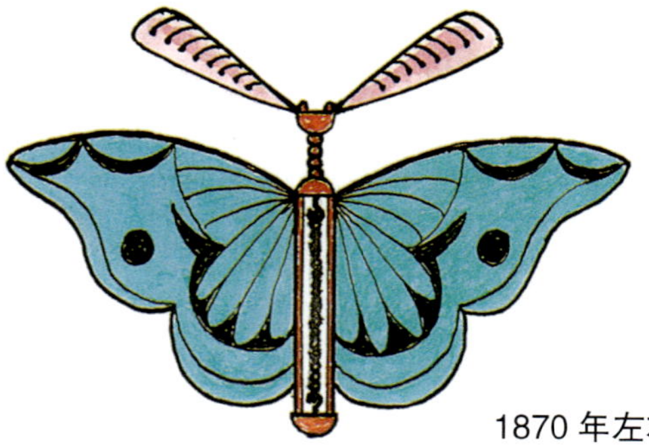

1870年左右，欧洲，以橡筋为动力装置的直升玩具

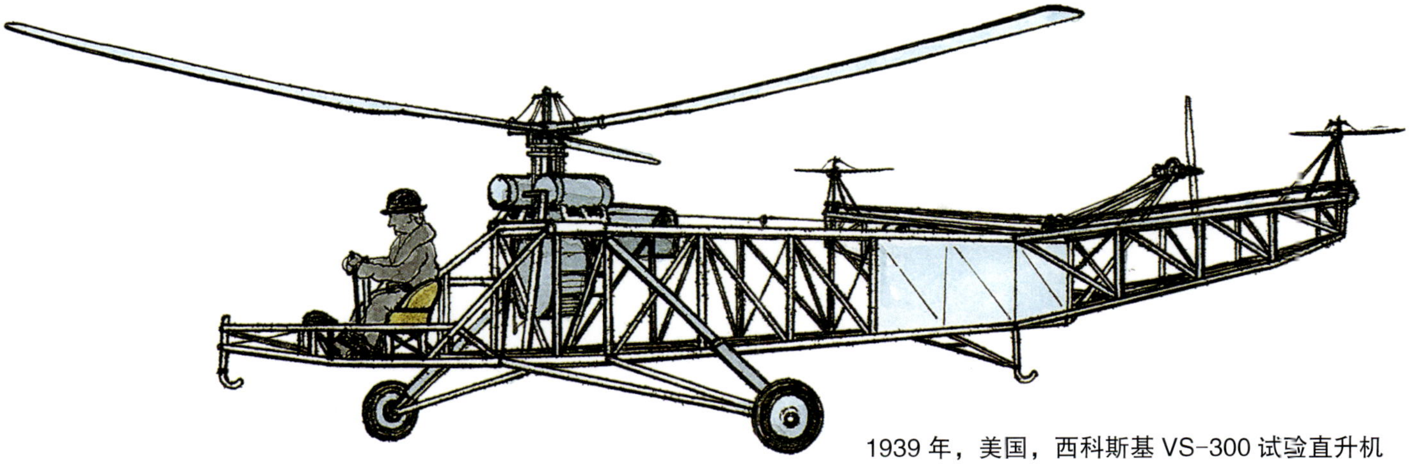

1939 年，美国，西科斯基 VS-300 试验直升机

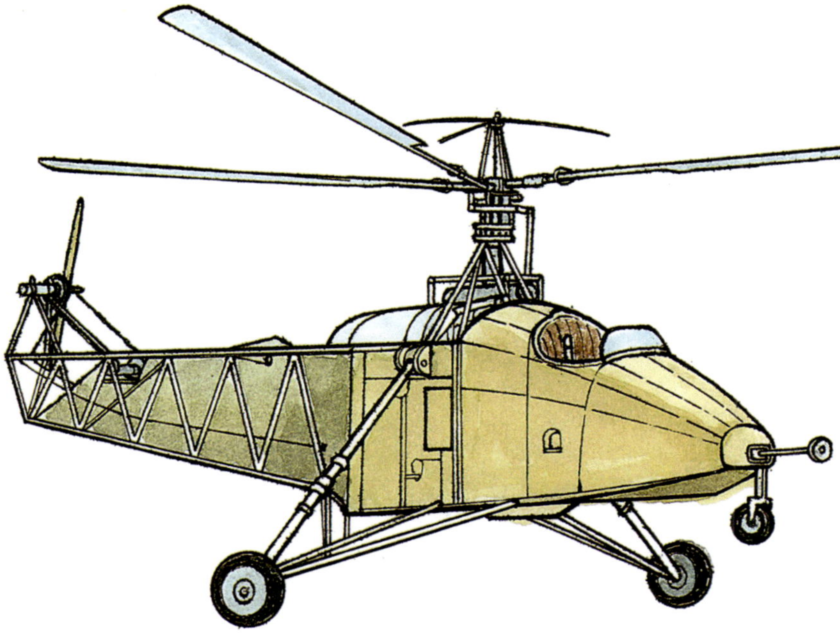

1940 年，美国，西科斯基 VS-300 直升机
实用型直升机的鼻祖，开创性地采用了单旋翼加反扭矩尾桨的组合方式，为成功的直升机制定了模板。
装配1台90或150马力富兰克林（Franklin）发动机。最高时速80 km，航程121 km，旋翼直径9.14 m，机长8.53 m。单座。

1945 年，美国，西科斯基 R-4B 水上直升机
世界上最早量产的直升机。装配1台200马力华纳(Warner) R-550发动机。最高时速121 km，航程210 km，旋翼直径11.5 m，机长10.2 m。双座。

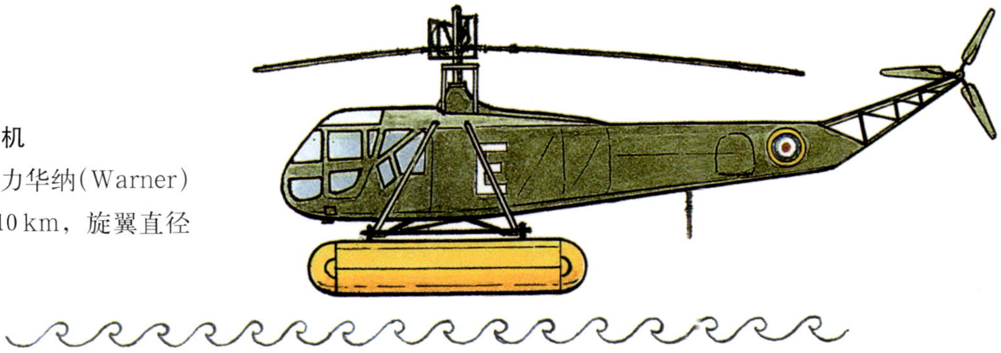

# 7 第二次世界大战：航空技术大发展

1939年9月1日，纳粹德国入侵波兰，第二次世界大战爆发。1945年8月，美国向日本投下原子弹，日本宣布无条件投降，第二次世界大战结束。这次全球规模的战争在客观上推动了科学技术的发展，尤其是航空技术水平得到极大提高。喷气式飞机和火箭式飞机的诞生给航空业带来了巨大的变化，为以后连接世界的诸多客运飞机以及航天飞机奠定了技术基础。但遗憾的是，这些发明原本是作为摧毁自然和文明的杀戮武器而出现的。

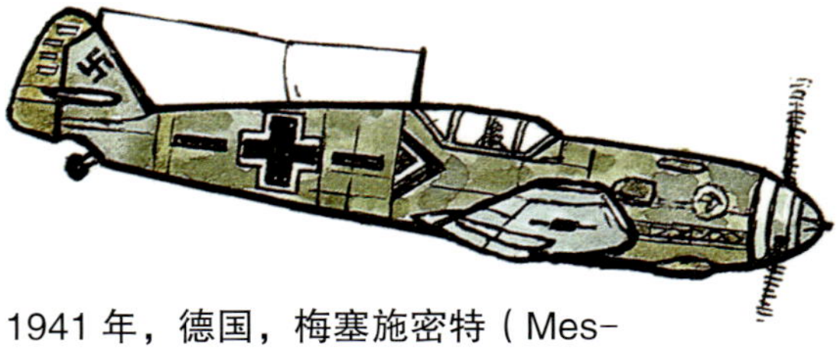

1941 年，德国，梅塞施密特（Messerschmitt）Bf 109F 战斗机
翼展10.06 m，机长8.95 m。

1940 年，美国，格鲁曼 F4F 战斗机
翼展11.58 m，机长8.8 m。

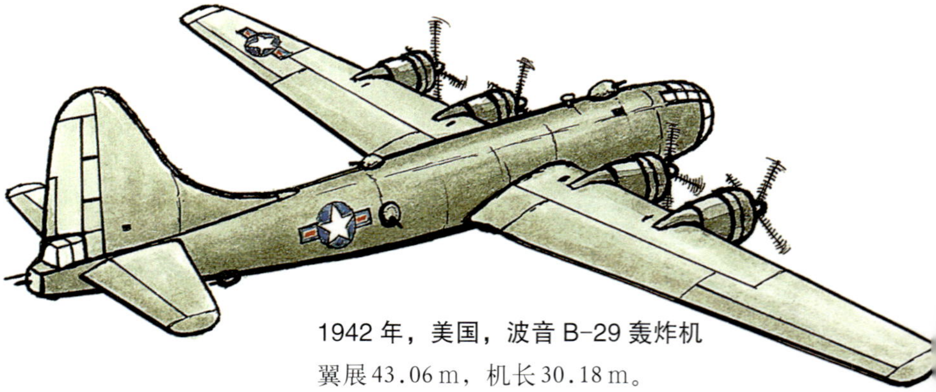

1942 年，美国，波音 B-29 轰炸机
翼展43.06 m，机长30.18 m。
1945年8月，美军使用B-29向日本广岛和长崎投掷了原子弹。

1940 年，英国，德哈维兰 DH.98“蚊（*Mosquito*）”轰炸机
全木制，翼展16.52 m，机长12.55 m。

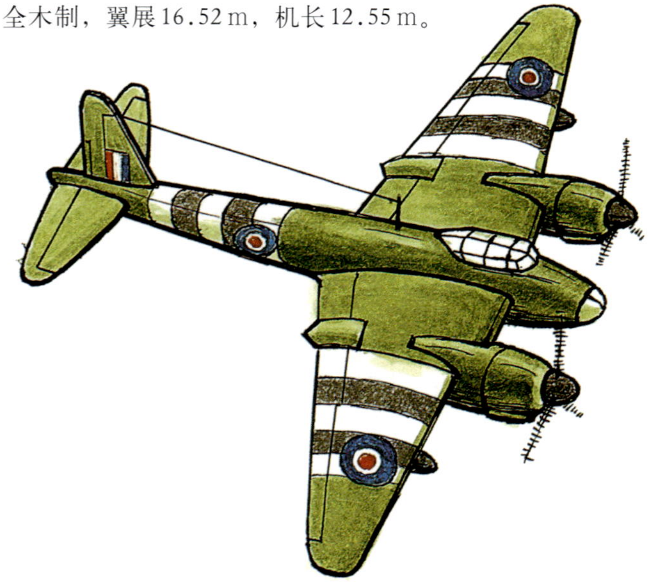

1940 年，意大利，萨伏亚 - 马切蒂 SM.79-Ⅱ轰炸机
翼展21.2 m，机长15.6 m。

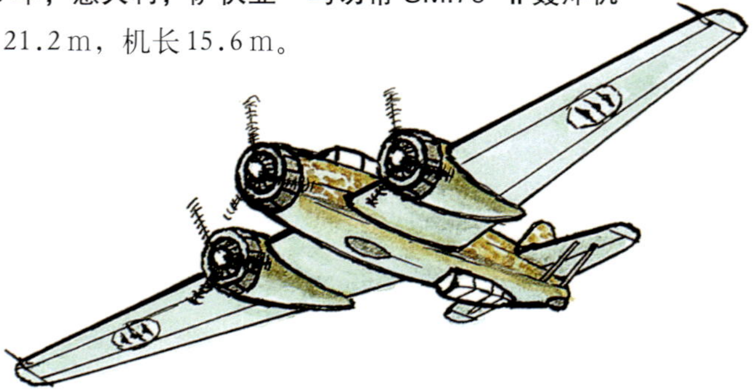

## 第二次世界大战中常见的军用飞机

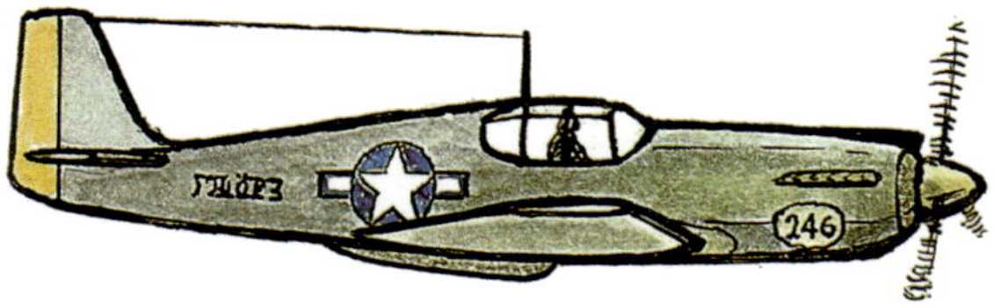

1941 年，美国，北美航空（North American）P-51“野马（*Mustang*）”战斗机
翼展 11.29 m，机长 9.83 m。

1941 年，德国，福克－沃尔夫 Fw 190 战斗机
翼展 10.5 m，机长 10.2 m。

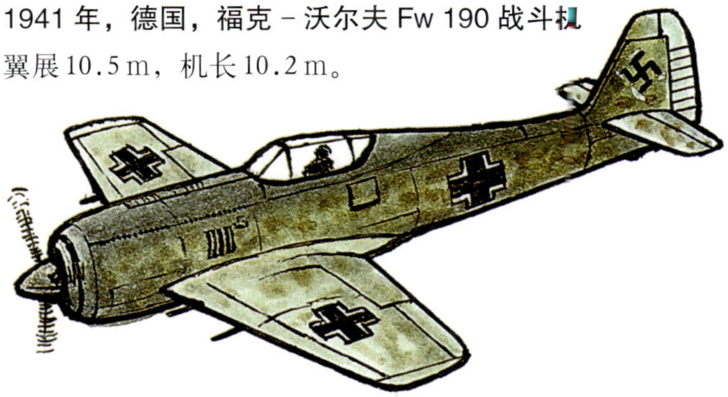

1940 年，日本，三菱零式战斗机（简称“零战”）
翼展 12 m，机长 9.05 m。

1940 年，英国，超级马林“喷火（*Spitfire*）”MK Ⅱ 战斗机
翼展 11.23 m，机长 9.12 m。

1941 年，苏联，伊留申 伊尔-2（Ilyushin Il-2）对地攻击机
翼展 14.6 m，机长 11.6 m。

1941 年，美国 洛克希德 P-38 战斗机
翼展 15.85 m，机长 11.53 m。

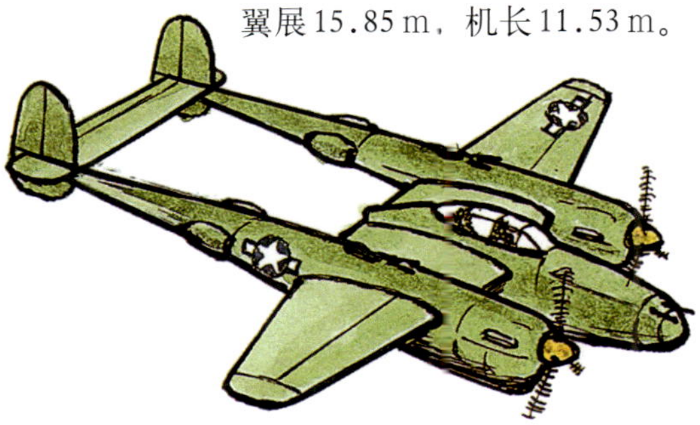

1943 年，苏联，雅克福列夫 雅克-9D（Yakovlev Yak-9D）战斗机
翼展 9.74 m，机长 8.55 m。

1942 年，英国，阿弗罗“兰开斯特（*Lancaster*）”Ⅰ 轰炸机
翼展 31.1 m，机长 21.1 m。

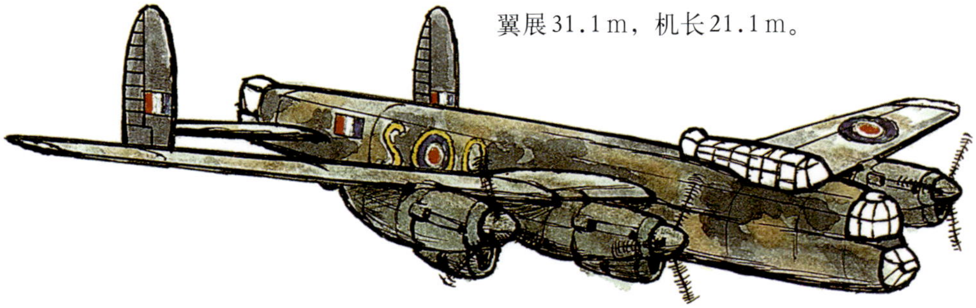

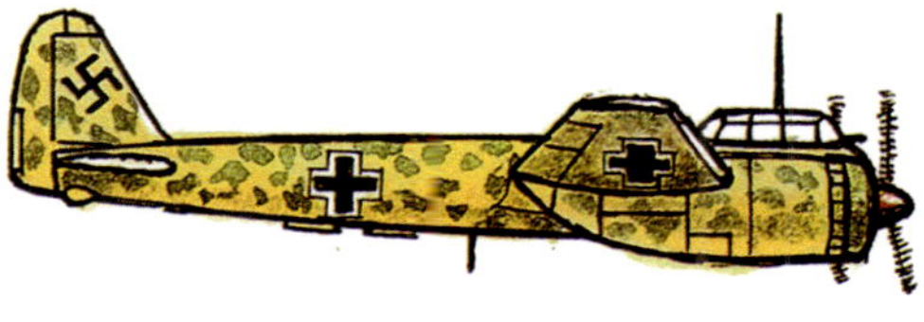

1940 年，德国，容克斯 Ju 88A 轰炸机
翼展 20.08 m，机长 15.5 m。

## 战争中诞生的喷气式飞机和火箭式飞机

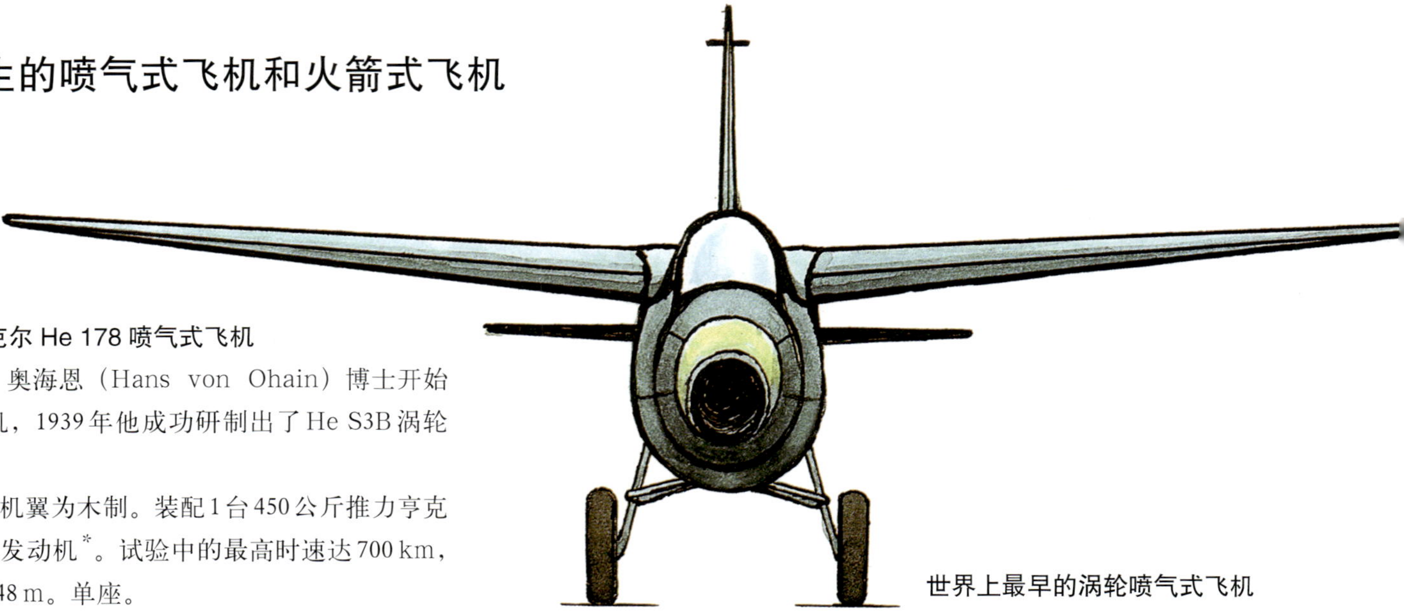

世界上最早的涡轮喷气式飞机

**1939 年，德国，亨克尔 He 178 喷气式飞机**

1936年，汉斯·冯·奥海恩（Hans von Ohain）博士开始研究涡轮喷气发动机，1939年他成功研制出了He S3B涡轮喷气发动机。

机身为硬铝合金制，机翼为木制。装配1台450公斤推力亨克尔He S3B涡轮喷气发动机*。试验中的最高时速达700 km，翼展7.2 m，机长7.48 m。单座。

---

* 涡轮喷气发动机、涡轮风扇发动机和火箭发动机并不驱动螺旋桨转动，所以通常不计算其功率，而以推力作为主要性能参数（实际上，仅推力的大小也不足以评价发动机性能的优劣，还应考虑单位推力、推重比等参数）。国际单位制中，力的单位是牛顿（N），但工程技术上常用公斤力（kgf，也称千克力）或磅力（lbf）作为单位，1 kgf ≈ 9.807 N（相当于你提着质量1 kg的物体不动时你所使出的力气），1 lbf ≈ 4.448 N。——编者注

**1940 年，意大利，卡普罗尼·坎皮尼（Caproni Campini）N.1 试验机**

意大利最早的喷气式飞机。装配1台703公斤推力伊索塔·弗拉斯基尼（Isotta Fraschini）发动机（被奇特地安装在机身内）**。最高时速375 km，翼展15.85 m，机长13.1 m。双座。

---

** 这台发动机本身也很奇特，它是由一台活塞式发动机而非涡轮来驱动压气机吸气。——编者注

**1941 年，英国，格罗斯特（Gloster）E.28/39 喷气式试验机**

英国最早的喷气式飞机，发动机由弗兰克·惠特尔（Frank Whittle）爵士研发。惠特尔在1930年就取得“涡喷发动机（离心式）”的专利。

装配1台390公斤推力动力喷气（Power Jets）W.1涡轮喷气发动机。最高时速544 km，翼展8.84 m，机长7.74 m。单座。

Me 262 的前视图

**1942 年，德国，梅塞施密特 Me 262 喷气式战斗机**

装配2台900公斤推力容克斯“尤莫（*Jumo*）”004涡轮喷气发动机。最高时速900 km，航程1,943 km，翼展12.5 m，机长10.6 m。单座。世界上最早投入实战的喷气式战斗机，共制造了1,433架。

**日本最早的喷气式战斗机**

1944年夏，Me 262的相关设计资料通过潜艇由德国运送到日本。借助这份资料，日本研发了自己的首架喷气式飞机——中岛“橘花”特殊攻击机。1945年8月7日该机进行了首次试飞，十分顺利地飞行了11分钟。但在8月11日第二次试飞时，因助推器安装失误，飞机起飞失败而损毁。4天后日本投降，“橘花”的梦想随之破灭。

**1943 年，英国，格罗斯特“流星（*Meteor*）”喷气式战斗机**

装备2台1,633公斤推力罗罗“德汶（*Derwent*）”涡轮喷气发动机。最高时速965 km，翼展11.32 m，机长13.59 m。单座。*

* 数据取自“流星”F.8。——编者注

诞生于德国的世界首架实用型火箭式战斗机

**1941 年，德国，梅塞施密特 Me 163 火箭式战斗机**

装配 1 台 1,720 公斤推力沃尔特（Walter）HWK 109-509 火箭发动机。最高时速 959 km，续航时间 12 分钟，翼展 9.33 m，机长 5.98 m。单座。共制造了约 400 架。

**日本最早的火箭式飞机“秋水”，未完成**

1944 年梅塞施密特 Me 163 和 Me 262 的相关设计资料一起被运送到日本后，1945 年三菱研制出了火箭式战斗机“秋水”，首次试飞失败后不久，第二次世界大战结束。

**1942 年，德国，V-1 飞弹**

以简单的脉冲喷气发动机为动力装置的飞行炸弹。1944 年 6 月，德军在其占领的法国地区向伦敦进行了首次发射。到 1945 年 3 月为止，德军至少发射了 7,000 枚飞弹。V-1 飞弹可以看作是早期的巡航导弹。

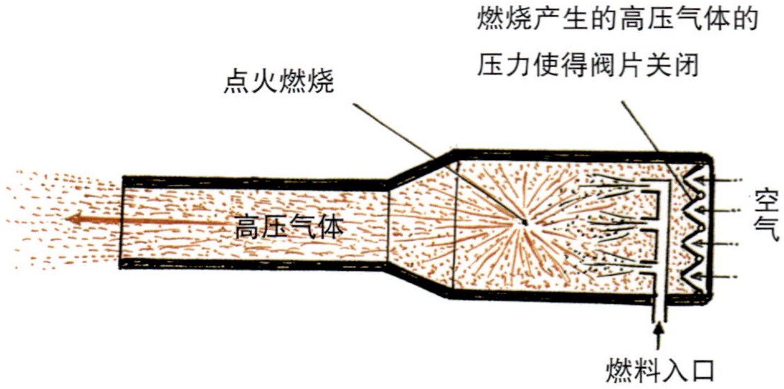


## ●脉冲喷气发动机的工作原理

脉冲喷气发动机是喷气发动机的一种，但不带有压气机。燃料点火燃烧后，产生的高温气体的压力会使得前方阀片关闭，气体就只能从后方喷出；随后发动机前方的高气压会迫使阀片再度打开，空气再次涌入，燃料再点火燃烧。依次循环。

## ●喷气发动机的主要类型及其工作原理

### 涡轮喷气发动机

空气进入发动机后，经压气机加压，再进入燃烧室，与燃料掺混后点火燃烧，燃烧产生的高温气体向后方喷出，以此产生推力。高温气体在喷出途中会驱动涡轮转动，涡轮转动时会使高温气体加速喷出并带动压气机工作……如此不断循环。

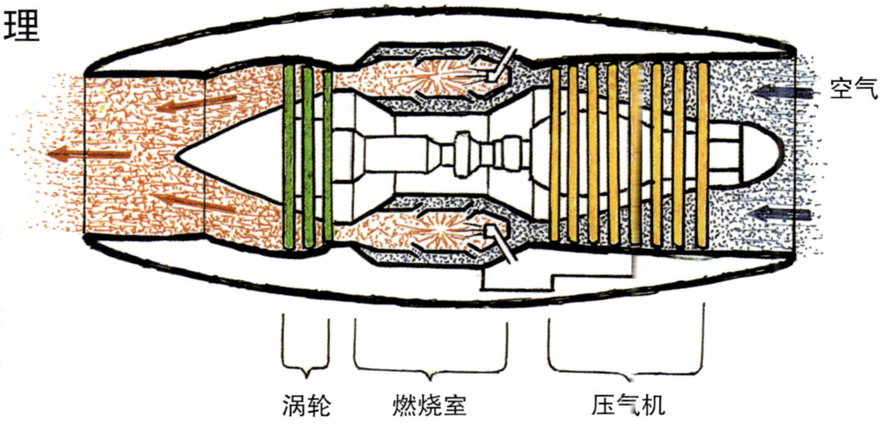


### 涡轮风扇发动机

前方空气由风扇（风扇也由涡轮带动）吸入并压缩，然后分为两股气流，一股经压气机、燃烧室、涡轮后喷出（与涡轮喷气发动机流程一样），另一股通过外涵道，与内股气流一同喷出。这种喷气发动机效率高于涡轮喷气发动机，且噪声更小，因此现在的客机通常使用这种发动机。

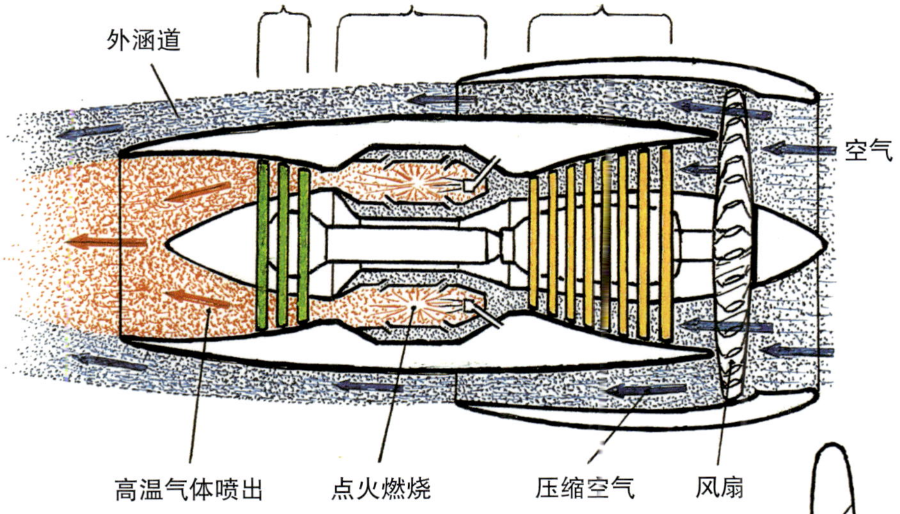


### 涡轮螺旋桨发动机

与涡轮喷气发动机结构类似，但涡轮除了带动压气机外，还驱动螺旋桨转动，产生拉力。

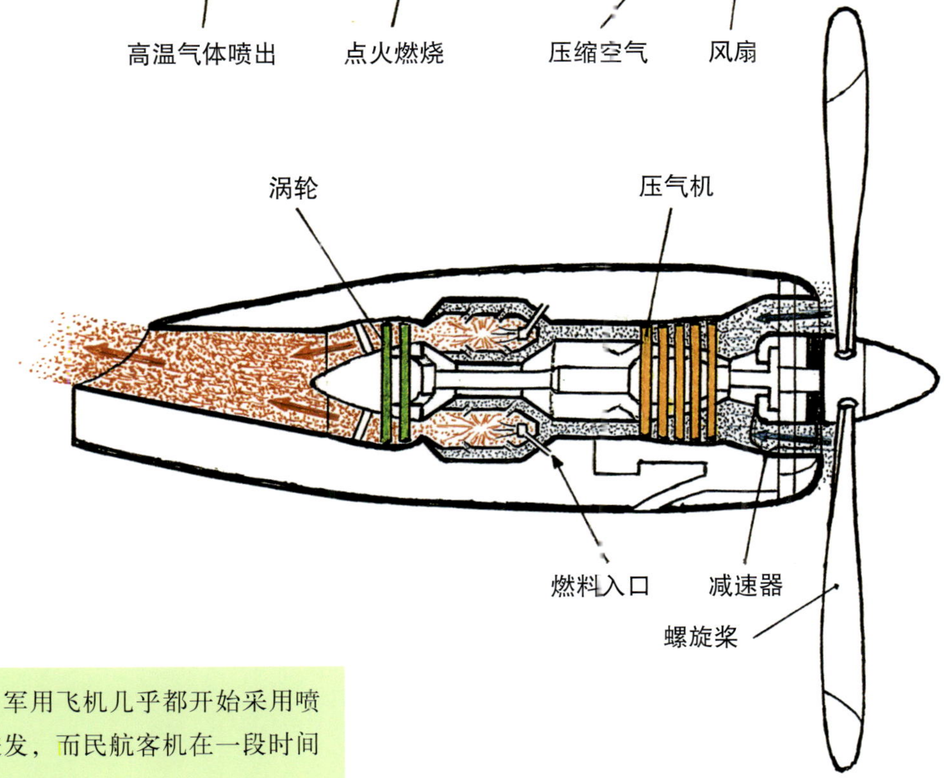


第二次世界大战结束后，军用飞机几乎都开始采用喷气发动机，并向超声速进发，而民航客机在一段时间内继续使用活塞式发动机。

## 第二次世界大战期间及随后诞生的客机

在第二次世界大战期间，只有美国还在开发制造客机，但多数客机都被军方征用来当作运输机。战后，大量军用运输机和轰炸机出售给民间，转变为客机。并且，战后很长一段时间内全世界超过85%的客机都出自美国。

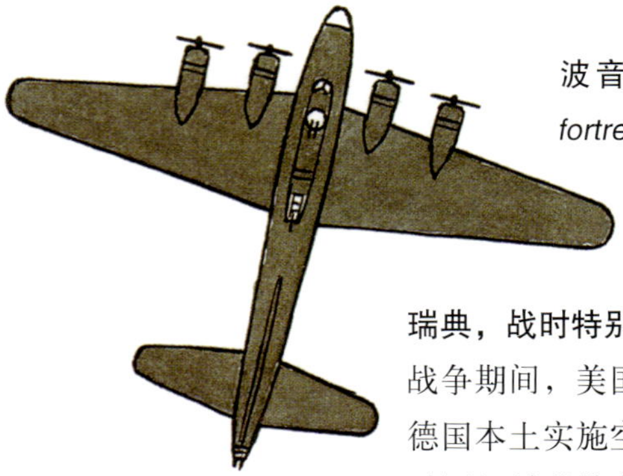

波音 B-17“飞行堡垒（*flying fortress*）”轰炸机

**瑞典，战时特别的客机 B-17**

战争期间，美国波音B-17轰炸机用于对德国本土实施空袭，但数十架B-17返航时因机械故障等原因，被迫在中立国瑞典降落，飞机和机组成员被瑞典扣押。作为交换，美国同意瑞典以1美元的价格购买其中9架B-17，7架改造为客机后服役于ABA航空公司的斯德哥尔摩—苏格兰等航线。

**1940 年，美国，洛克希德 18-56“北极星（*Lodestar*）”客机**

装配2台1,200马力莱特R-1820“龙卷风”发动机。巡航时速322 km，航程1,530 km，翼展19.96 m，机长15.19 m。机组成员3人，载客量15 ～ 18人。

**1942 年，美国，西科斯基 VS-44A，4 发水上飞机**

装配4台1,200马力普惠R-1830-S1C3-G发动机。巡航时速257 km，航程5,795 km，翼展37.79 m，机长24.15 m。机组成员9人，载客量16 ～ 47人。

**1942年，美国，柯蒂斯C-46A，双发客机**

原型是1940年的柯蒂斯-莱特CW20。C-46先是作为军用机制造了3,000架以上，战后大多被出售给民间，转变为客机。

装配2台2,000马力普惠R-2800-51发动机。巡航时速278 km，航程5,070 km，翼展32.9 m，机长23.26 m。机组成员4人，载客量40 ~ 62人。

**1942年，美国，道格拉斯DC-4，4发客机**

原本是作为客机开发的，但早期生产的1,165架全部进入军队服役，成为了陆军的C-54运输机和海军的R5D运输机。战后，这些运输机又以1万美元廉价出售，变成了活跃在世界各航线上的杰出客机。

装配4台1,450马力普惠R-2000发动机。巡航时速365 km，航程6,839 km，翼展35.81 m，机长28.6 m。机组成员4人，载客量44 ~ 86人。

**“蚊”快速轰炸机**

**英国，战时特别的民用运输机（德哈维兰“蚊”快速轰炸机）**

第二次世界大战时期，英国军方转让给英国海外航空公司10架“蚊”快速轰炸机，改装后于1942年开始服役于瑞典航线，用于运送物资和外交官。

全木制飞机。装配2台1,680马力罗罗“默林（*Merlin*）”发动机。最高时速580 km，机组成员2人，载客量1 ~ 2人，最大载重1,800 kg。

**1942年，法国，拉泰科埃尔631，6发水上飞机**

在德军占领下的法国，631原型机竟奇迹般地留存了下来，战后（1945年）开始服役。

装配6台1,600马力莱特R-2600-A5B“龙卷风”发动机。巡航时速297 km，航程6,035 km，翼展57.43 m，机长43.46 m。机组成员5人，载客量46人。

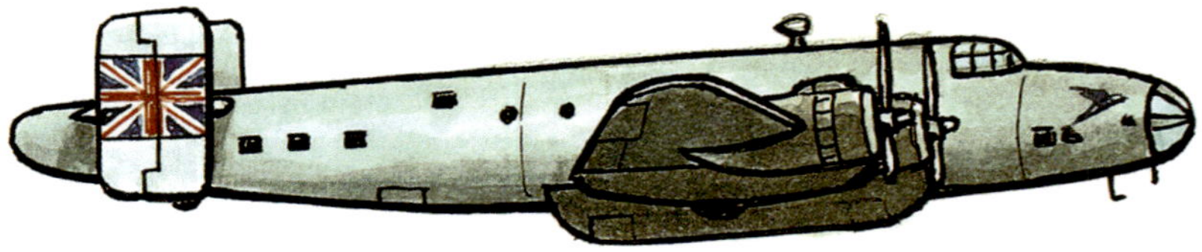

**1945 年，英国，阿弗罗 691“兰开斯特人（*Lancastrian*）”，4 发客机**

由军队转让的“兰开斯特”重型轰炸机改装而成。装配4台1,635马力罗罗“默林”发动机。巡航时速370 km，航程6,680 km，翼展31.09 m，机长23.42 m。机组成员4人，载客量9 ～ 13人。

**1945 年，法国，东南（SNCASE）SE.161“朗格多克（*Languedoc*）”，4 发客机**

装配4台1,150马力土地神-罗纳14N发动机。巡航时速405 km，航程3,200 km，翼展29.38 m，机长24.25 m。机组成员4人，载客量33人。

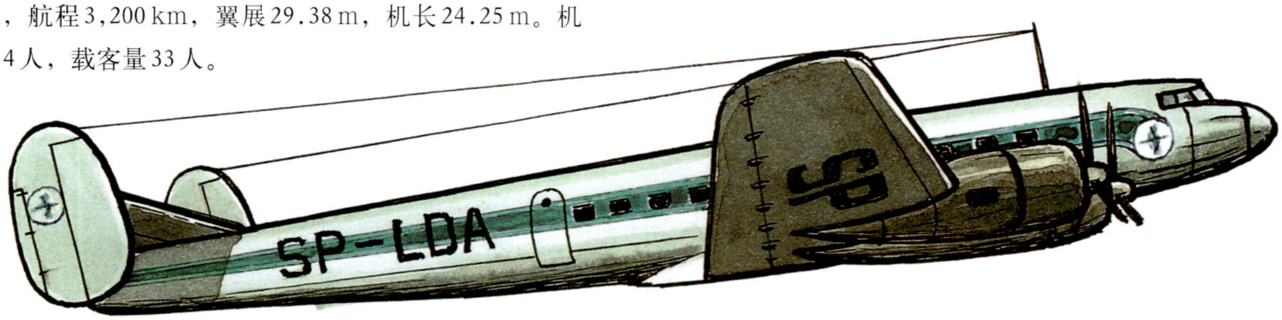


**1946 年，英国，汉德利·佩季 H.P.70“哈利法克斯（*Halifax*）”C.Ⅷ，4 发运输机**

由军队转让的轰炸机改装而成。装配4台1,675马力布里斯托尔“大力神（*Hercules*）”100发动机。巡航时速418 km，航程4,070 km，翼展34.2 m，机长22.45 m。机组成员3人，载客量10人，最大载重4,763 kg。

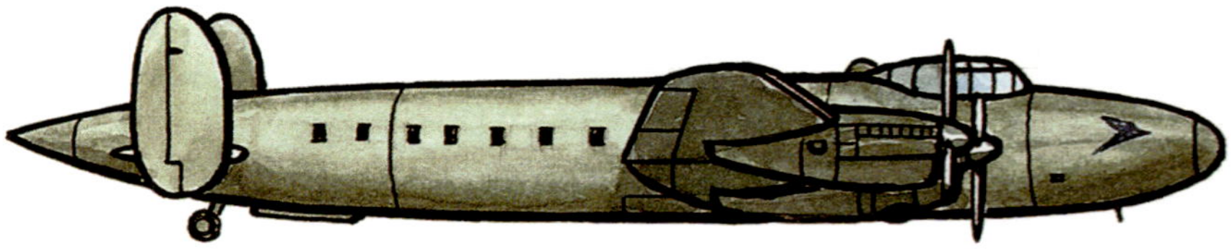

**1946 年，英国，肖特 S.45A“索伦特（*Solent*）”2，4 发水上飞机**

由军用机改装而成的客机。装配4台1,690马力布里斯托尔“大力神”637发动机。巡航时速392 km，航程2,896 km，翼展34.37 m，机长26.7 m。机组成员4人，载客量44人。

**1946 年，英国，迈尔斯（Miles）M.57“空中货车（*Aerovan*）”，小型运输机**

装配2台150马力布莱克本“小卷云”（Blackburn *Cirrus Major*）发动机。巡航时速177 km，航程720 km，翼展15.24 m，机长10.97 m。机组成员2人，最大载重980 kg。

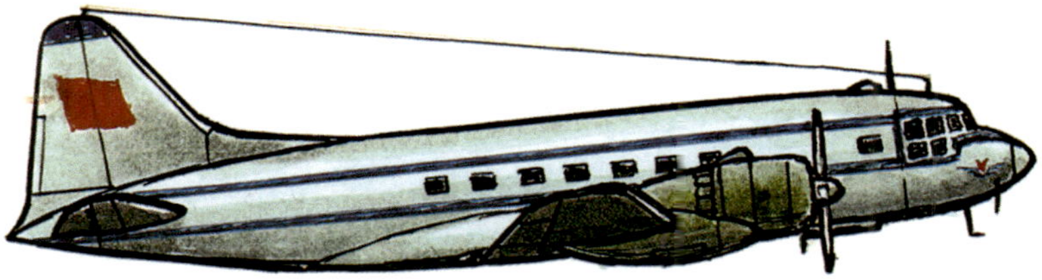

**1945 年，苏联，伊留申 伊尔-12，双发中型客机**

装配2台1,850马力什韦佐夫（Shvetsov）ASh-82FNV发动机。巡航时速350 km，航程2,000 km，翼展31.7 m，机长21.31 m。机组成员2人，载客量27 ～ 32人。

**1946 年，英国，维克斯 VC.1“维京（*Viking*）”1B，双发中型客机**

装配2台1,690马力布里斯托尔“大力神”634发动机。巡航时速338 km，航程2,740 km，翼展27.2 m，机长19.86 m。机组成员3人，载客量24 ～ 36人。包括军用机在内共制造了160架以上。

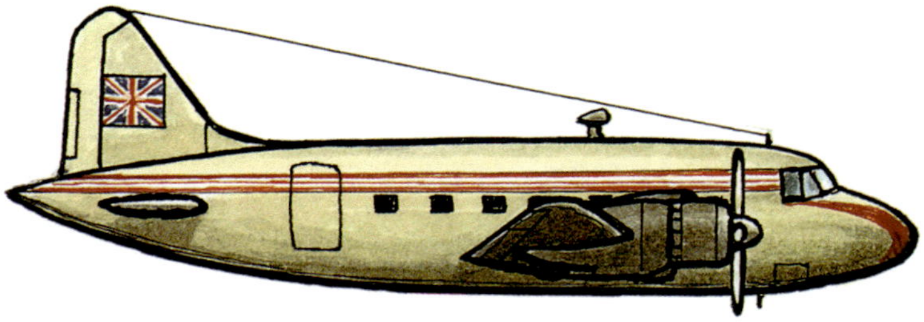

**1946 年，瑞典，萨伯（Saab）90“斯坎迪亚（*Scandia*）”客机**

装配2台1,825马力普惠R-2180发动机。巡航时速350 km，航程2,650 km，翼展28 m，机长21.3 m。机组成员4人，载客量27 ～ 32人。

**1946 年，美国，马丁 2-0-2，双发中型客机**

装配2台2,100马力普惠R-2800 CA-18“双黄蜂”发动机。巡航时速286 km，航程1,022 km，翼展28.42 m，机长21.74 m。机组成员3人，载客量34 ～ 40人。马丁2-0-2做工很糟糕，1950年改进为机舱密闭增压的4-0-4。

1951年日本航空公司向美国西北航空公司租用了3架2-0-2及其机组成员，但其中的一架（“木星号”）在伊豆大岛三原山坠毁。

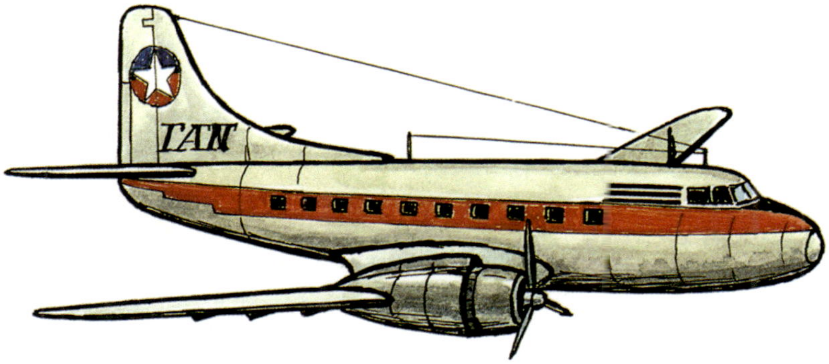

## 英国的布拉巴宗计划

1942年12月，第二次世界大战硝烟正浓，胜败难料，此时英国的航空工业部门却开始为战后重振民用航空进行了讨论，并由此成立了“布拉巴宗委员会”，委员长由英国航空界泰斗——塔拉男爵约翰·穆尔-布拉巴宗（John Moore-Brabazon）担任。次年2月和5月，委员会通过了一系列飞机制造计划，决定制造大型客机布里斯托尔“布拉巴宗”、涡轮螺旋桨式客机维克斯“子爵（*Viscount*）”、喷气式客机德哈维兰“彗星”以及支线客机德哈维兰“鸽子（*Dove*）”等。这些计划在战后得以施行，大量客机随之不断制造出来。

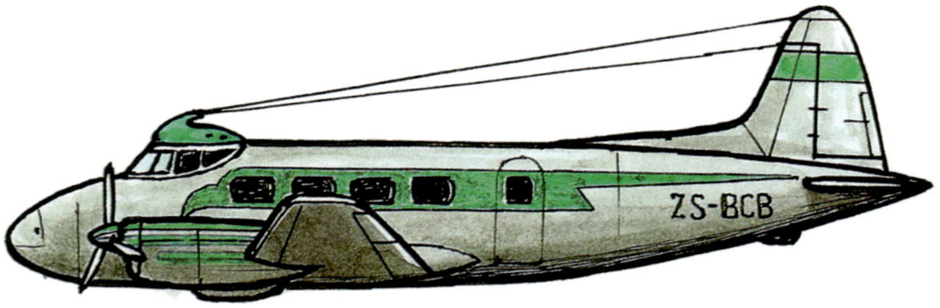


**1945年，英国，德哈维兰DH.104“鸽子”客机**
布拉巴宗计划中最成功的机型之一（双发小型客机），制造了500架以上。1953年，日本直升机公司（现在的全日空航空公司的前身）进口了该型飞机。
装配2台400马力德哈维兰“吉普赛女王（*Gipsy Queen*）”70发动机。巡航时速265 km，航程1,610 km，翼展17.37 m，机长11.99 m。机组成员2人，载客量8人。

**1952年，英国，德哈维兰DH.114“苍鹭（*Heron*）”2，4发客机**
脱胎于“鸽子”，机身加长了2.56 m。早期型号“苍鹭”1采用了固定起落架。
装配4台250马力德哈维兰“吉普赛女王”30发动机。巡航时速257 km，航程1,295 km，翼展21.79 m，机长14.78 m。机组成员2人，载客量17人。

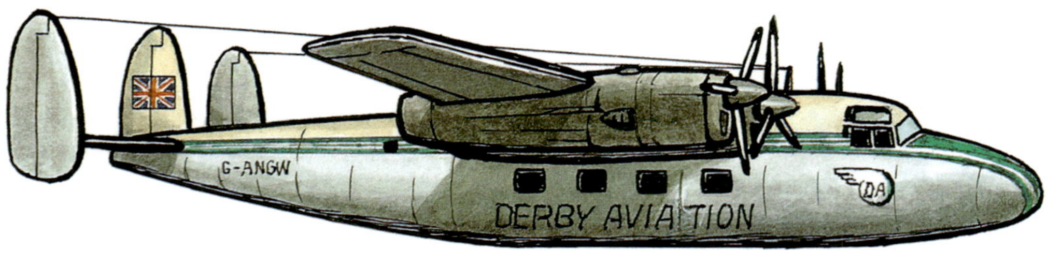


**1946年，英国，汉德利·佩季H.P.R.1“马拉松（*Marathon*）”1，4发小型客机**
装配4台340马力德哈维兰“吉普赛女王”70发动机。巡航时速324 km，航程1,505 km，翼展19.81 m，机长15.89 m。机组成员2人，载客量8～22人。

**1947 年，英国，空速 AS.57“大使（*Ambassador*）”，双发客机**

装配2台2,625马力布里斯托尔“半人马座（*Centaurus*）”661发动机。巡航时速418 km，航程1,160 km，翼展35.05 m，机长24.99 m。机组成员3人，载客量55人。

**1949 年，英国，布里斯托尔 167 型“布拉巴宗”，8 发大型客机**

布拉巴宗计划中的失败作品，只制造了1架。装配8台2,650马力布里斯托尔“半人马座”发动机。巡航时速402 km，航程8,850 km，翼展70.1 m，机长53.95 m。机组成员5人，载客量100人。8台发动机2台1组，驱动同轴反转螺旋桨。

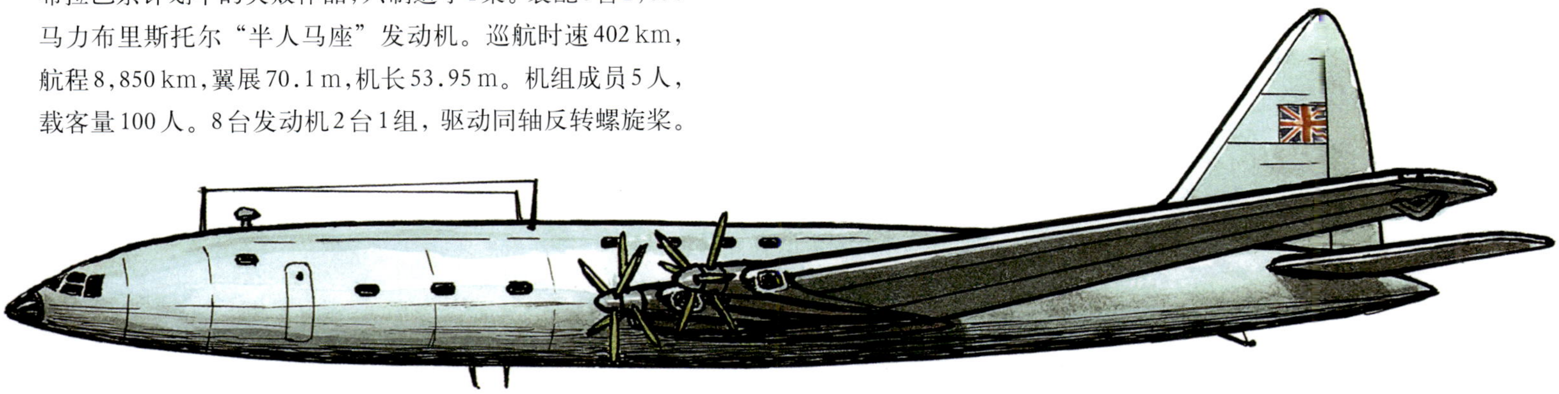

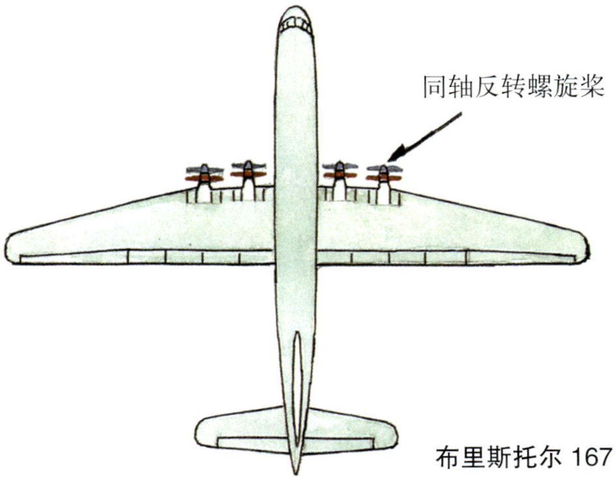


布里斯托尔 167 的俯视图

布拉巴宗计划中的最佳杰作——世界上最早的涡轮螺旋桨式飞机维克斯“子爵”，以及带有重大缺陷的失败作品——世界上最早的喷气式客机德哈维兰“彗星”，详细内容请见第110和111页。

# 8 活塞式螺旋桨客机全盛时期

航空技术在事关国家存亡的战争中取得了巨大进步，这些技术在战争结束后推广到了民间，于是和平的翅膀——民航客机（极具讽刺意味地）也因为战争而得到了极大的发展。特别是在美国，道格拉斯、洛克希德和波音三大厂商相互竞争，终于在20世纪50年代制造出了至臻完美的活塞式螺旋桨客机。欧洲为了与美国对抗，制造了一些中短程航线用的中型客机，英国更是制造出了世界上最早的喷气式客机“彗星”和最早的涡轮螺旋桨式飞机“子爵”。而战胜国苏联(旧俄罗斯的航空业其实很发达)也重新开始制造客机。

战败国日本被禁止研制飞机，1952年4月禁令解除后，日本重新开始发展航空业（在日新月异的航空界，7年的时间让日本落后非常远）。除了客机外，在1950—1953年的朝鲜战争中，登场的军用飞机（苏联的米格战斗机等）几乎全是喷气式飞机了。

**1947年，加拿大，德哈维兰·加拿大 DHC-2“海狸（*Beaver*）”1，小型水上飞机**

日本进口了4架，其中1架在1947年和1948年服役于南极观测队昭和基地，用来运输队员和物资。

装配1台450马力普惠R-985-AN-6B发动机。巡航时速209 km，航程740 km，翼展14.62 m，机长9.24 m。飞行员1人，载客量6人。

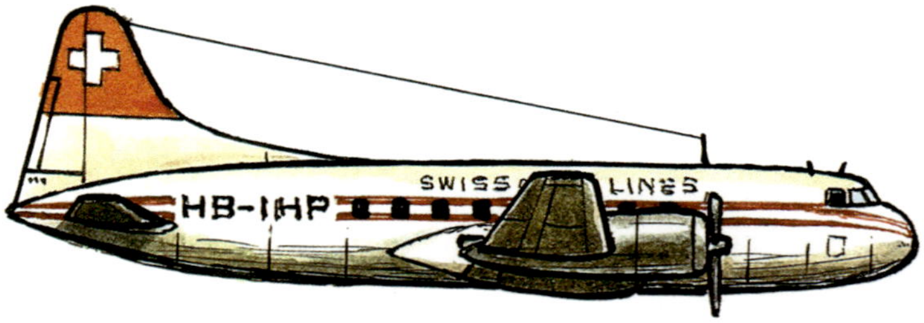


**1947年，美国，康维尔（Convair）CV-240，双发客机**

装配2台2,400马力普惠R-2800-CA18发动机。巡航时速468 km，航程1,968 km，翼展27.96 m，机长22.76 m。机组成员2人，载客量40人。

**1947年，苏联，安东诺夫 安-2（Antonov An-2），小型万能运输机**

采用固定起落架的双翼机，这种风格落后于时代，但它却是非常杰出、实用的飞机，可以用来撒播农药和种子，也可以根据环境将轮式起落架换成滑雪板或浮筒。共计制造了约18,000架后于2001年停产，其他国家如中国也获得了制造许可。

装配1台1,000马力什韦佐夫Ash-62IR发动机。巡航时速190 km，航程845 km，上翼翼展18.18 m，机长12.4 m。机组成员2人，载客量10人。

**1947 年，意大利，萨伏亚 - 马切蒂 SM.95C，4 发客机**

装配4台1,005马力布里斯托尔“半人马座”发动机。巡航时速296 km，航程2,000 km，翼展34.28 m，机长24.77 m。机组成员5人，载客量20 ～ 38人。*

---

* 数据取自1947年意大利航空公司购入的6架SM.95C。——编者注

**1947 年，美国，波音 377“平流层巡航者（*Stratocruiser*）”，4 发远程客机**

军用运输机波音367的改进型号。装配4台3,500马力普惠R-4360-B6发动机。巡航时速483 km，航程6,760 km，翼展43.05 m，机长33.63 m。机组成员5人，载客量55 ～ 117人。机舱为双层，下层是酒吧休息室，内部很豪华，所以它也被称为“空中酒店”。

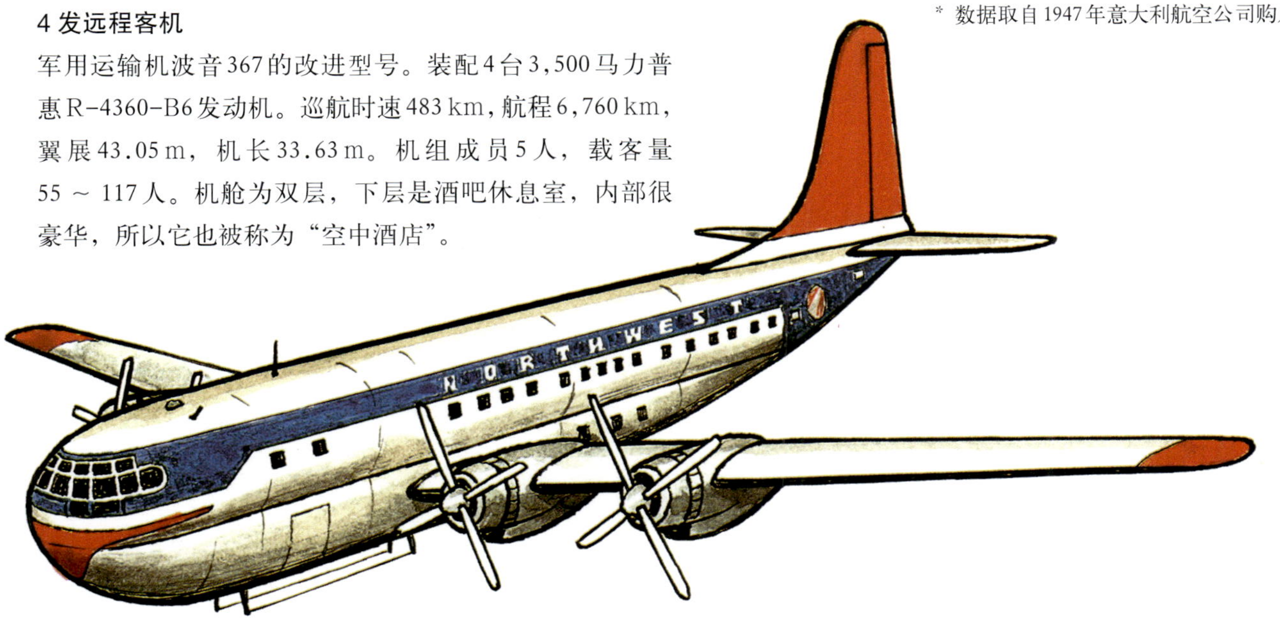

**377 的机身横截面**

酒吧休息室

**1947 年，法国，西南（SNCASO）S.O.30P-1，双发客机**

装配2台1,620马力普惠R-2800-B43发动机。巡航时速416 km，航程1,500 km，翼展26.89 m，机长18.95 m。机组成员2人，载客量30 ～ 37人。

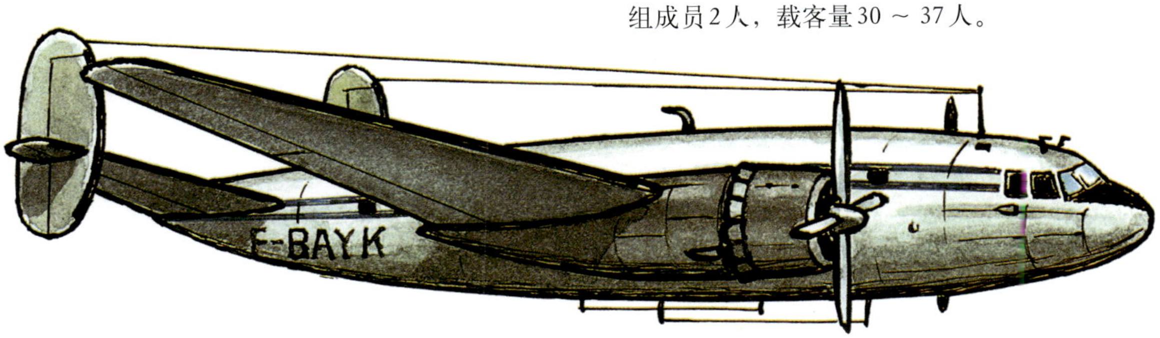

**1948 年，英国，肖特 SA.6“西兰（*Sealand*）”，小型双发两栖飞机**

装配2台340马力德哈维兰“吉普赛女王”70-3发动机。巡航时速272 km，航程845 km，翼展18.74 m，机长12.82 m。机组成员2人，载客量7人。

“公主”的俯视图

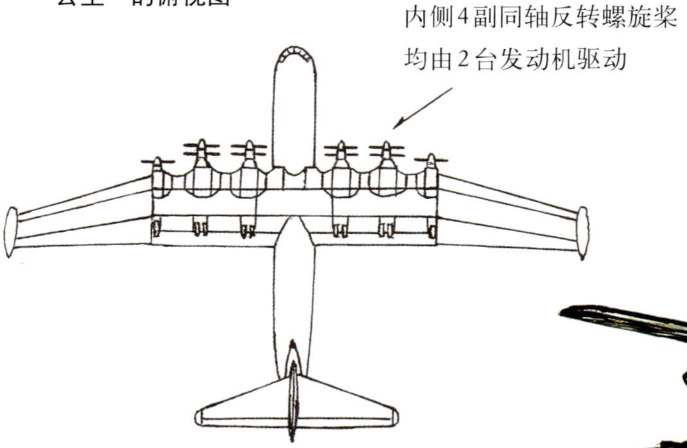


**1952 年，英国，桑德斯－罗伊（Saunders-Roe）SR.45“公主（*Princess*）”，10 发大型水上飞机**

最后的大型水上飞机，第二次世界大战结束后不久由英国海外航空公司订购。但进入50年代后，陆基型客机得到显著发展，大型水上飞机在经济性等方面已无法与之抗衡。“公主”制造了3架，但只有一架起飞过。装配10台2,500马力布里斯托尔“普罗透斯（*Proteus*）”发动机。巡航时速576 km，航程9,720 km，翼展66.9 m，机长45.11 m。机组成员6人，载客量220人。

**1955 年，意大利，比亚乔（Piaggio）P.136L-1，小型双发两栖飞机**

装配2台270马力莱康明（Lycoming）GO-480-B1A6发动机。巡航时速273 km，航程1,150 km，翼展13.53 m，机长10.8 m。飞行员1人，载客量4人。

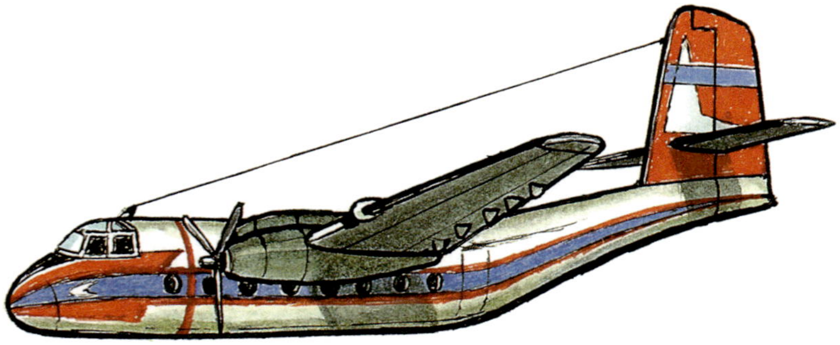

**1958 年，加拿大，德哈维兰·加拿大 DHC-4“驯鹿（*Caribou*）”，双发客机**

装配2台1,450马力普惠R-2000发动机。巡航时速290 km，航程2,253 km，翼展29.15 m，机长22.12 m。机组成员2人，载客量24 ～ 30人。

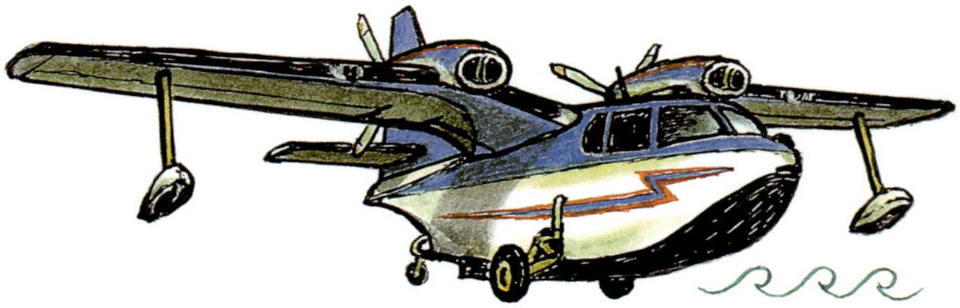

1949 年，加拿大，康纳戴尔（Canadair）C-4“北极星（*North Star*）”，4 发客机
装配4台1,760马力罗罗“默林”发动机。巡航时速485 km，航程6,245 km，翼展35.81 m，机长28.47 m。机组成员4人，载客量40～54人。

## ●比声音还快的超声速飞机

飞行器的飞行速度与当地声速（声音在介质中的传播速度与介质的性质和状态有关。与我们生活的地面相比，飞机飞行的高空中，气压较小，气温较低，声速也较慢）之比称为“马赫数”。当飞机的速度越来越快，临近1马赫时，进一步提速就会遇到强大的空气阻力，仿佛有一堵空气墙（声障）挡着。活塞式螺旋桨飞机一直没能突破声障，但到了20世纪50年代，随着火箭式飞机和喷气式飞机的出现，声障终于被冲破了。

1953 年 10 月，美国，北美航空 F-100 战斗机，最早实用化的超声速飞机（1.3 马赫）

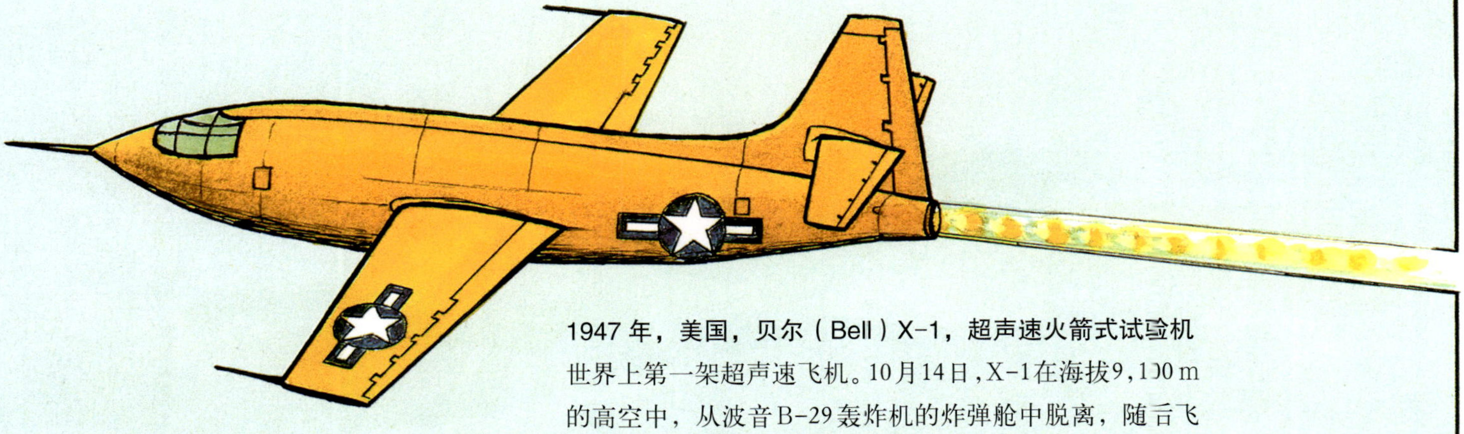

1947 年，美国，贝尔（Bell）X-1，超声速火箭式试验机
世界上第一架超声速飞机。10月14日，X-1在海拔9,100 m的高空中，从波音B-29轰炸机的炸弹舱中脱离，随后飞行速度突破声障，达到1.06马赫。

## 小型客机百花齐放（1949—1959 年）

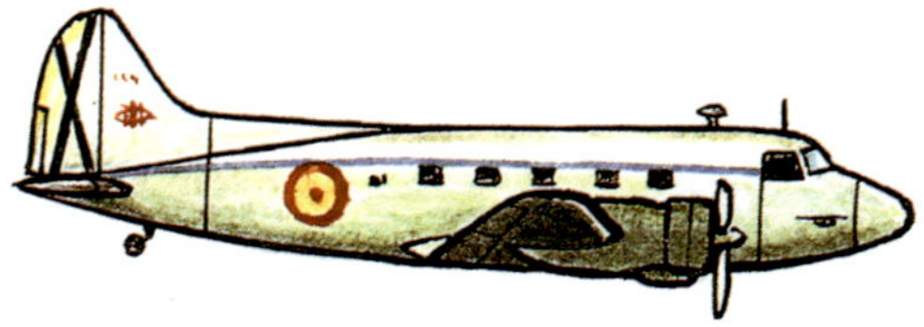

**1949 年，西班牙，CASA C-201B，双发客机**

装配 2 台 450 马力 ENMASA“天狼星（*Sirio*）”发动机。巡航时速 310 km，航程 1,000 km，翼展 18.4 m，机长 13.8 m。机组成员 2 人，载客量 8 ～ 10 人。

**1949 年，意大利，马基 M.B.320，双发客机**

装配 2 台 185 马力大陆（Continental）E185 发动机。巡航时速 252 km，航程 1,600 km，翼展 13 m，机长 8.66 m。机组成员 2 人，载客量 4 人。

**1951 年，加拿大，德哈维兰·加拿大 DHC-3“獭（*Otter*）”**

装配 1 台 600 马力普惠 R-1340-S1H1-G 发动机。巡航时速 222 km，航程 1,390 km，翼展 17.69 m，机长 12.8 m。机组成员 2 人，载客量 10 ～ 14 人。

**1957 年，阿根廷，国家航空研究和制造局（DINFIA）IA 45“克朗地（*Querandi*）”，双发客机**

装配 2 台 150 马力莱康明 O-320 发动机。巡航时速 245 km，航程 1,100 km，翼展 13.75 m，机长 8.91 m。飞行员 1 ～ 2 人，载客量 3 ～ 5 人。

**1958 年，中国，北京一号，双发客机**

装配 2 台 260 马力伊甫琴科（Ivchenko）AI-14R 发动机。巡航时速 261 km，航程 1,075 km，翼展 17.5 m，机长 13 m。机组成员 2 人，载客量 8 人。

**1956 年，罗马尼亚，MR-2，双发客机**

装配 2 台 160 马力沃尔特“米诺尔”（Walter *Minor*）6-Ⅲ 发动机。巡航时速 275 km，航程 1,100 km，翼展 14 m，机长 10.9 m。飞行员 1 人，载客量 5 人。

**1955 年，德国，道尼尔 Do 27Q-1，STOL（短距离起落）客机**

装配 1 台 270 马力莱康明 GO-480-B1A6 发动机。巡航时速 175 km，航程 1,100 km，翼展 12 m，机长 9.6 m。飞行员 1 人，载客量 6 ~ 7 人。

**1959 年，瑞士，皮拉图斯（Pilatus）PC-6“搬运工（*Porter*）”，STOL 客机**

装配 1 台 340 马力莱康明 GSO-480-B1A6 发动机。巡航时速 217 km，航程 1,200 km，翼展 15.2 m，机长 10.2 m。飞行员 1 人，载客量 7 ~ 11 人。

**1959 年，澳大利亚，德哈维兰·澳大利亚 DHA-3“牛仔（*Drover*）”Mk.3，3 发客机**

装配 3 台 180 马力莱康明 O-360-A1A 发动机。巡航时速 232 km，航程 870 km，翼展 17.37 m，机长 11.02 m。机组成员 2 人，载客量 8 人。

**1958 年，苏联，安东诺夫 安-14“小蜜蜂（*Pchelka*）”，双发客机**

装配 2 台 300 马力伊甫琴科 AI-14RF 发动机。巡航时速 180 km，航程 650 km，翼展 21.99 m，机长 11.36 m。飞行员 1 人，载客量 7 ~ 9 人。

**1959 年，捷克斯洛伐克，莱特（Let）L-200A“摩拉维亚（*Morava*）”，双发客机**

装配 2 台 210 马力沃尔特“米诺尔”M377 发动机。巡航时速 256 km，航程 1,900 km，翼展 12.31 m，机长 8.61 m。飞行员 1 人，载客量 3 ~ 4 人。

**1959 年，波兰，PZL MD-12，4 发客机**

装配 4 台 330 马力纳尔凯维奇（Narkiewicz）WN-3 发动机。巡航时速 285 km，航程 950 km，翼展 21.3 m，机长 15.8 m。机组成员 2 人，载客量 20 人。

## 和平的双翼——道格拉斯与洛克希德的竞争

道格拉斯的DC系列和洛克希德的“星座”系列分别占据了4发活塞式螺旋桨客机世界的半壁江山，到20世纪50年代末，它们一起上演了活塞式螺旋桨客机最后的辉煌。此后，喷气式客机问世，活塞式螺旋桨客机被迅速淘汰。

**1951 年，美国，道格拉斯 DC-6B 远程客机（洛克希德 L-749 的竞争对手）**

装配4台2,400马力普惠R-2800-CB16发动机。巡航时速507 km，航程4,835 km，翼展35.81 m，机长32.18 m。机组成员3人，载客量54 ～ 102人。

装配了气象雷达，在夜间和恶劣天气情况下也可以飞行。共制造了288架。

DC-6B 的机身横截面

**1955 年，美国，道格拉斯 DC-7C 远程客机**

道格拉斯活塞式螺旋桨飞机最后的巅峰之作。装配4台3,400马力莱特R-3350-18EA-1发动机。巡航时速571 km，航程9,012 km，翼展38.86 m，机长34.21 m。机组成员4人，载客量60 ～ 105人。该机制造121架后，道格拉斯就转向研发喷气式飞机了。

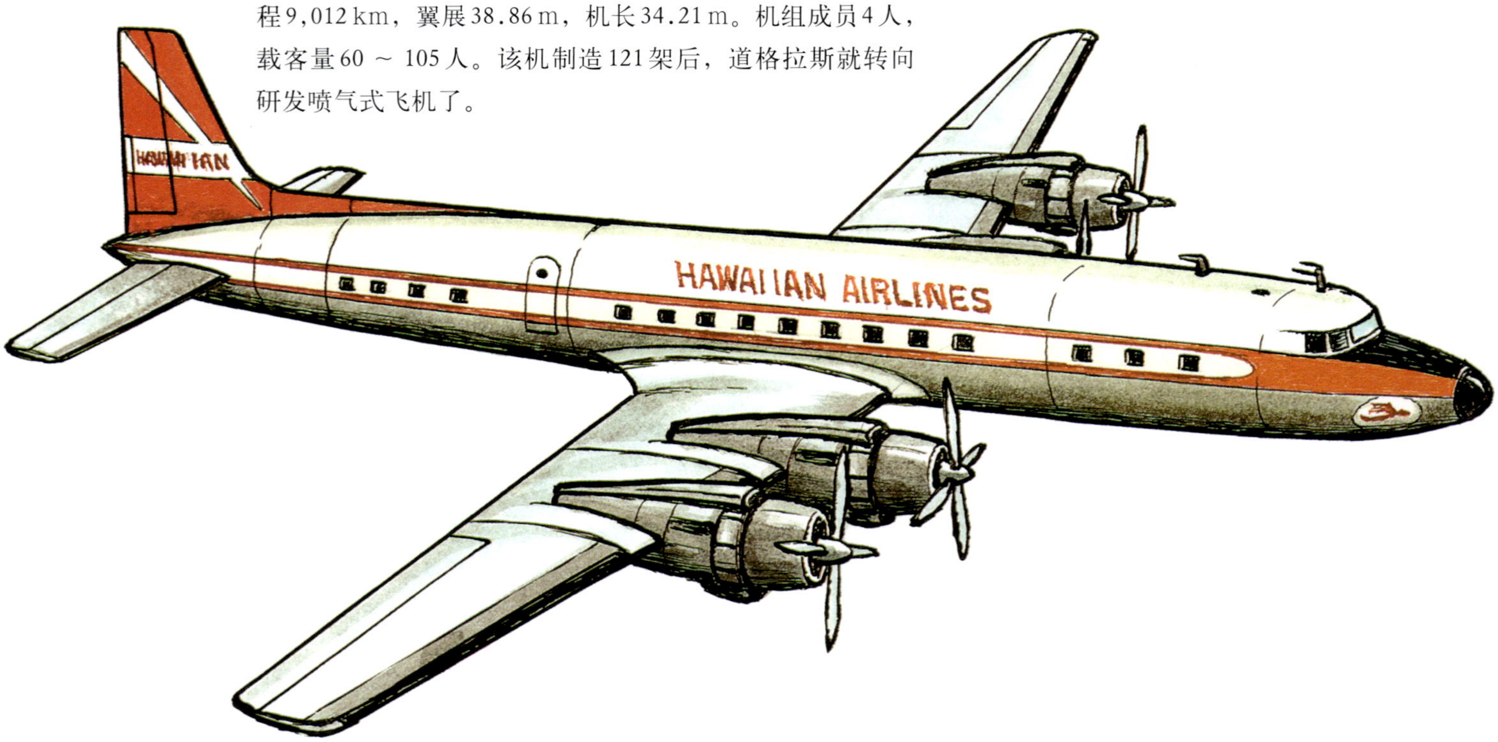

**1947 年，美国，洛克希德 L-749“星座（*Constellation*）”远程客机**

装配4台2,500马力莱特R-3350-C18-BD1发动机。巡航时速555 km，航程4,184 km，翼展37.49 m，机长29.66 m。机组成员4人，载客量44 ~ 81人。作为民航客机制造了113架。

**1954 年，美国，洛克希德 L-1049G“超星座（*Super Constellation*）”远程客机**

L-749的改进型号。装配4台3,400马力莱特R-3350-18DA-3发动机。巡航时速491 km，航程6,560 km，翼展37.62 m，机长34.62 m。机组成员4人，载客量63 ~ 99人。为了与道格拉斯DC-6B竞争而制造。

**1956 年，美国，洛克希德 L-1649A“星际线（*Starliner*）”远程客机**

世界上最后一款活塞式螺旋桨客机。机身与L-1049G相似，发动机与道格拉斯DC-7的一样，但整体性能比DC-7更优秀。然而正逢喷气式飞机崛起之时，“星际线”只制造了44架。

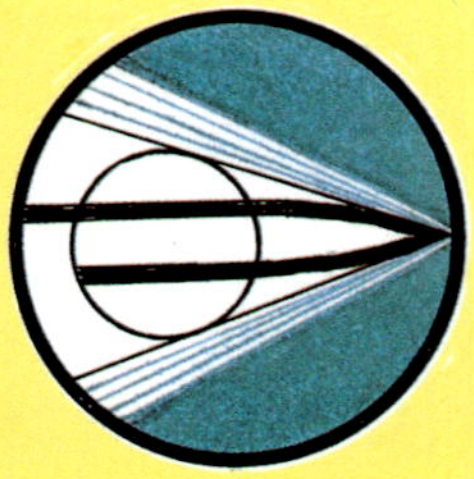

# Ⅲ 燃烧喷气，高速飞行的时代



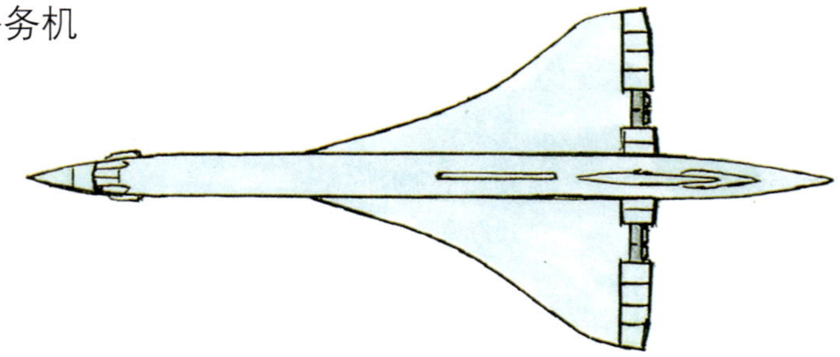

152 # 4 从今往后，自由飞翔



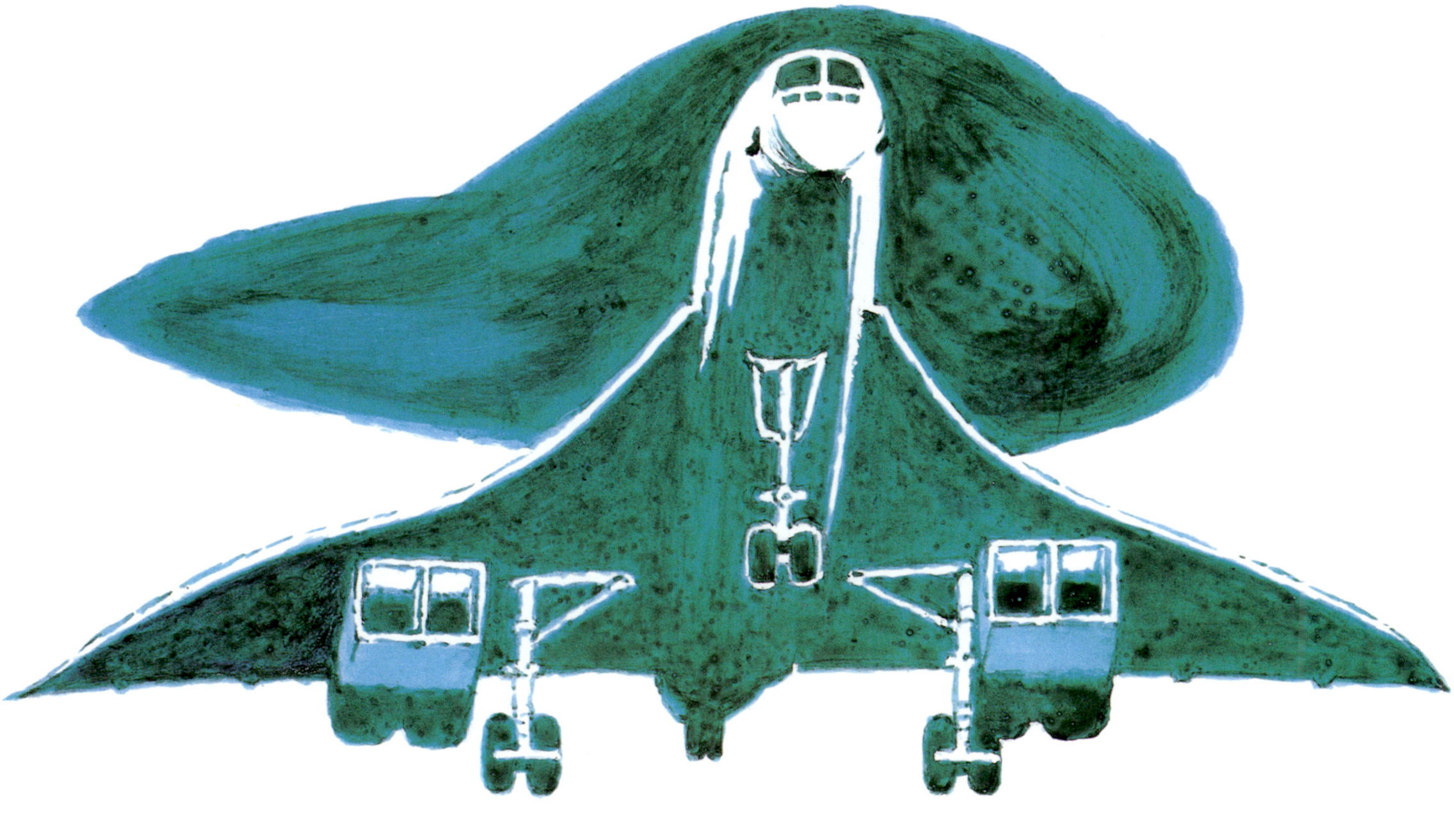

# 1 客机开始喷气式革命

昔日航空业发达的英国，借由第二次世界大战中启动的布拉巴宗计划，研发出涡轮螺旋桨式飞机维克斯“子爵”和涡轮喷气式飞机德哈维兰“彗星”，这两架客机将民用飞机推进到喷气机时代。接着第二是苏联，第三是法国，也研发出了喷气式客机。而依靠活塞式螺旋桨飞机在民用航空界占据领导地位的美国，到喷气机时代就落在后面了，直到1957年波音707登场，美国才成为第四个进入喷气机时代的国家。

“彗星”机身的横截面

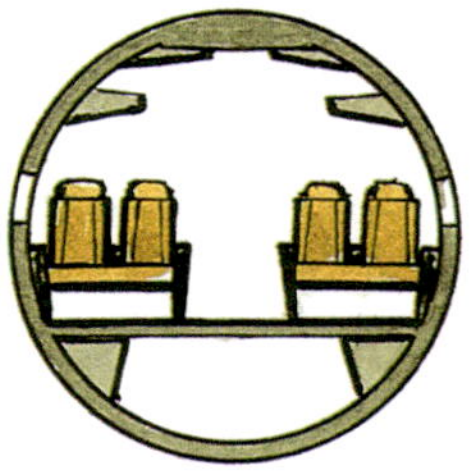

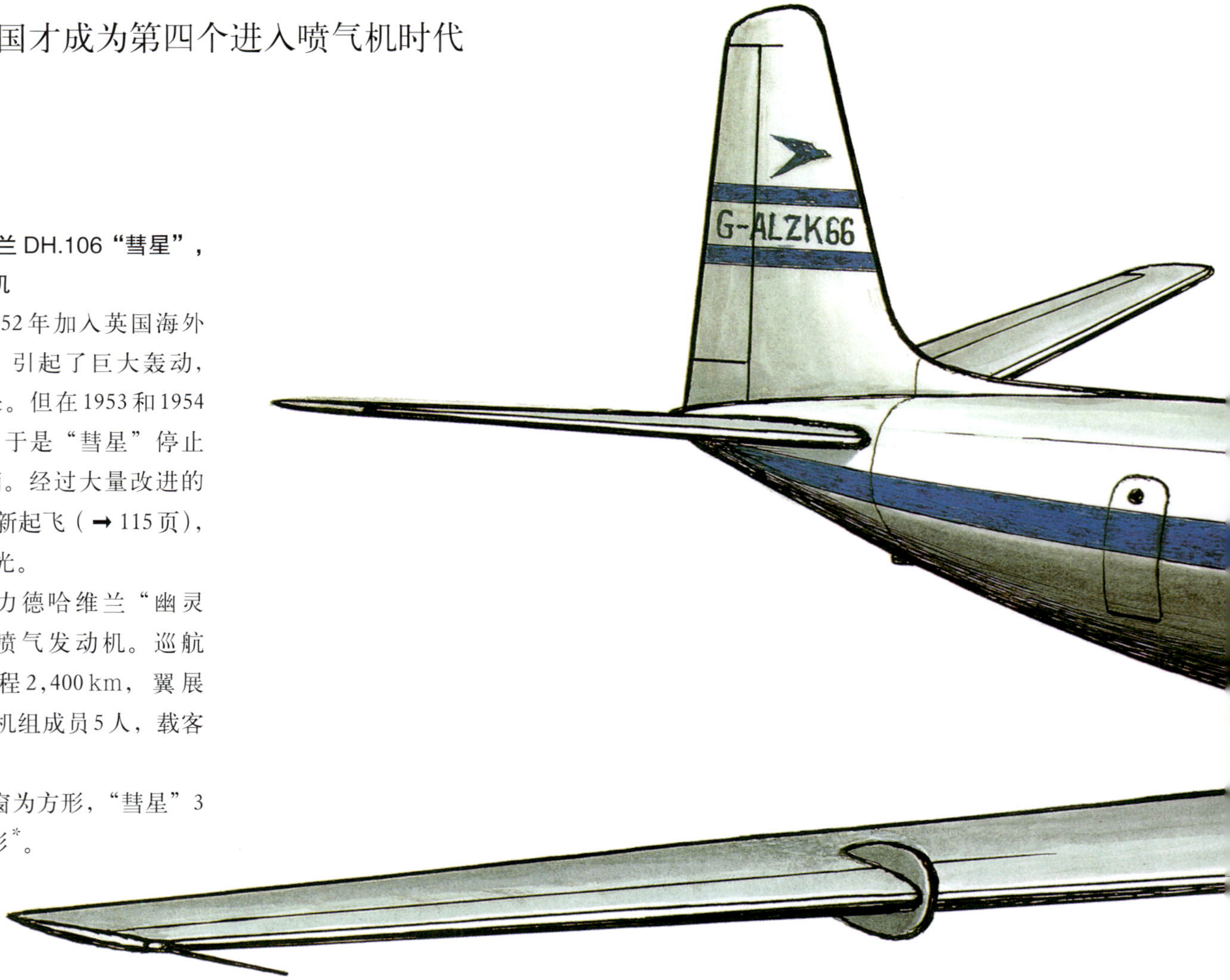


**1952 年，英国，德哈维兰 DH.106“彗星”，世界上最早的喷气式客机**

1949年原型机首飞。1952年加入英国海外航空公司并投入运营，引起了巨大轰动，随后海外订单纷至沓来。但在1953和1954年连续发生坠毁事故，于是“彗星”停止生产，适航证也被撤销。经过大量改进的“彗星”4型在1958年重新起飞（➡115页），但再也没有了往昔的荣光。

装配4台2,268公斤推力德哈维兰“幽灵（*Ghost*）”50Mk 1涡轮喷气发动机。巡航时速高达740 km，航程2,400 km，翼展35.1 m，机长28.4 m。机组成员5人，载客量36 ~ 44人。

“彗星”1型和2型的舷窗为方形，“彗星”3型和4型的舷窗为椭圆形*。

---

* 在“彗星”接连出现的解体事故中，最重要的原因是增压座舱的反复增压减压引发机身铝制蒙皮的金属疲劳，金属疲劳导致部件产生裂纹继而导致飞机解体。圆形舷窗相比方形舷窗能有效减小应力集中，提高金属疲劳强度。——编者注

**1950年，英国，维克斯“子爵”700，世界上最早投入运营的涡轮螺旋桨式客机**

1948年原型机维克斯603型首飞。相比原型机，700型的机身加长了2.28 m，1957年的800型则再加长了1 m。布拉巴宗计划中最成功的飞机，总计制造了445架*。

装配4台1,547马力罗罗“达特（*Dart*）”505涡轮螺旋桨发动机。巡航时速486 km，航程1,980 km，翼展28.56 m，机长24.73 m。机组成员3人，载客量40 ~ 63人。

---

* 最后一架“子爵”直到2008年才退役。——编者注

**荣光落地，“彗星”的连续事故记录**

1953年3月3日，加拿大太平洋航空公司的“彗星”在巴基斯坦卡拉奇机场起飞时发生故障而坠落，导致数名机组成员和乘客遇难。5月2日，英国海外航空公司的“彗星”从印度加尔各答机场起飞，6分钟后坠毁，机上43人全部遇难。调查结果认为坠毁原因是飞机遭到雷击……

1954年1月10日，英国海外航空公司的另一架“彗星”在意大利厄尔巴岛上空解体，残骸坠入海中。于是所有“彗星”停飞并接受检查，但原因尚未查明，3月23日“彗星”就又恢复运营。接着在4月8日，又一架“彗星”发生空中解体事故，残骸和尸体坠落在意大利那不勒斯附近的海中。这两起事故中遇难人数共计56人。

**外形如此漂亮，却得到一个“空中棺材”的恶名**

**1955 年，苏联，图波列夫 图-104（Tu-104），双发客机**

继德哈维兰“彗星”之后，世界第二款（苏联第一款）喷气式客机。制造了约200架。设计原型为图-16轰炸机。装配2台8,700公斤推力米库林AM-3M涡轮喷气发动机。巡航时速800 km，航程3,100 km，翼展34.54 m，机长38.85 m。机组成员4人，载客量70 ～ 100人。*

* 数据取自图-104A。——编者注

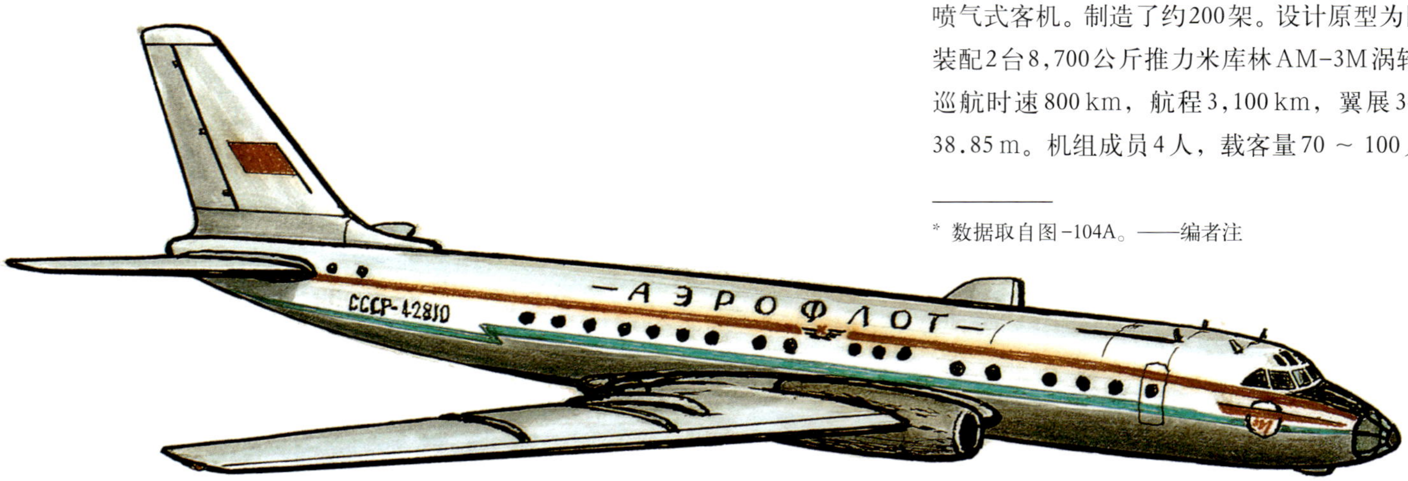


图 -114 的俯视图

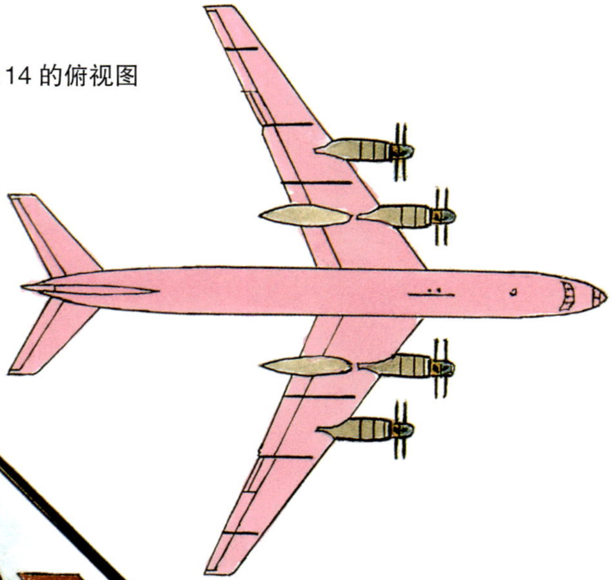

**1957 年，苏联，图波列夫 图-114，4 发大型客机**

当时世界上最大的涡轮螺旋桨式客机，速度与喷气式客机不相上下。设计原型为图-95战略轰炸机。1961年起在莫斯科—东京等远程航线上服役。

装配4台14,800马力库兹涅佐夫（Kuznetsov）NK-12MV涡轮螺旋桨发动机，每台驱动一副同轴反转螺旋桨。最高时速870 km，航程8,950 km，翼展51.1 m，机长54.1 m。机组成员5人，载客量120 ～ 220人。

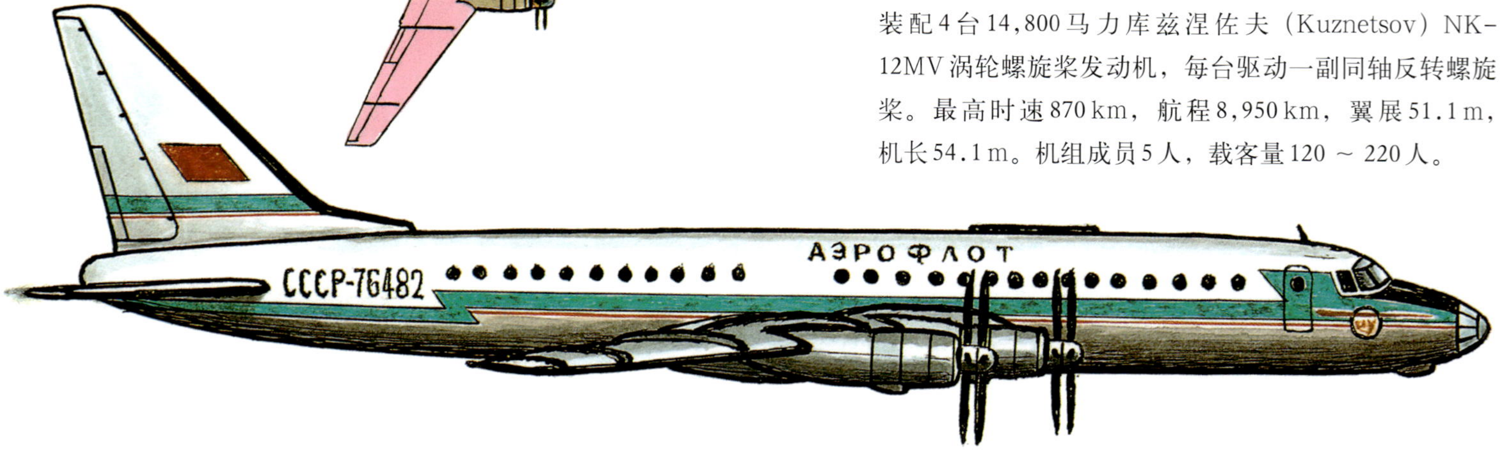

**1959 年，法国，南方航空（Sud Aviation）SE.210“快帆（*Caravelle*）”Ⅲ，双发客机**

世界上第一款采用机身后置发动机的突出客机。1955年“快帆”Ⅰ首飞，它开创的发动机后置布局仍为现今的中短程喷气机所使用。

装配2台5,171公斤推力罗罗“埃汶（*Avon*）”Mk.527涡轮喷气发动机。巡航时速779 km，航程1,740 km，翼展34.3 m，机长31.01 m。机组成员4人，载客量80人。

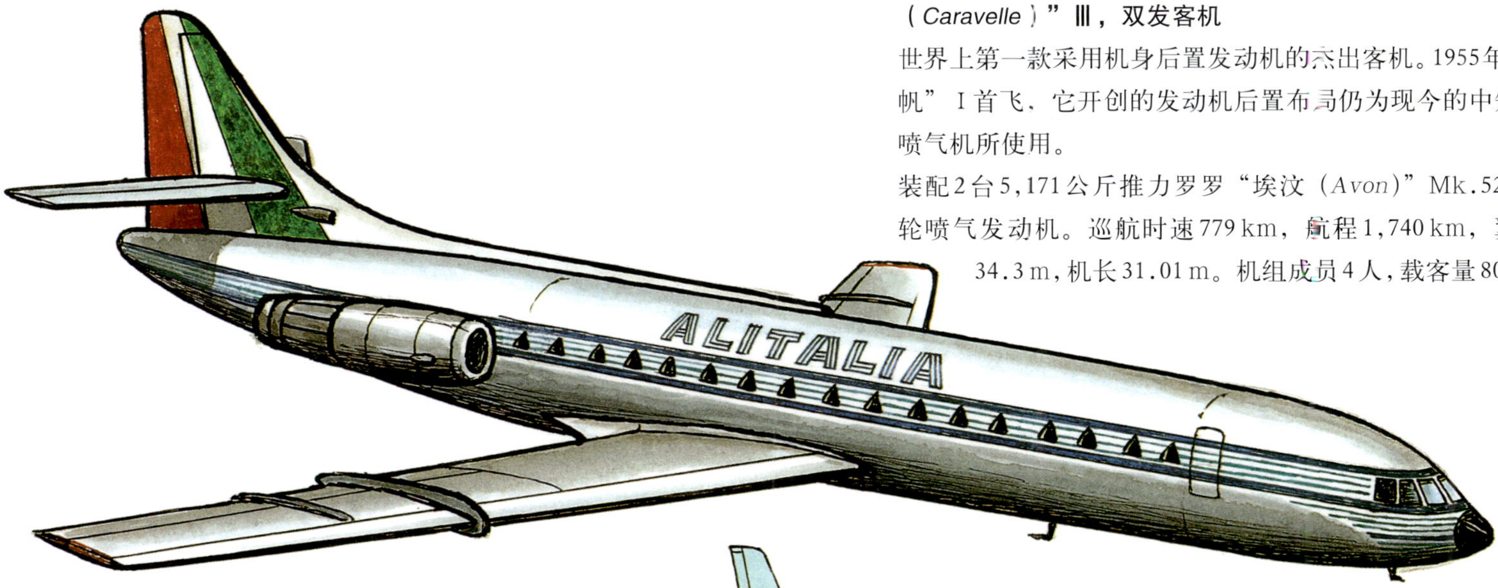


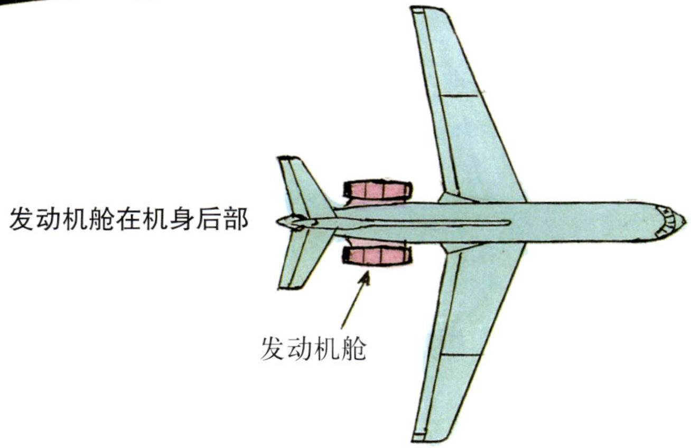


**1952 年，英国，布里斯托尔“不列颠尼亚（*Britannia*）”，4 发大型客机**

装配4台3,780马力布里斯托尔“普罗透斯”705涡轮螺旋桨发动机。巡航时速582 km，航程7,770 km，翼展43.36 m，机长34.75 m。机组成员4人，载客量90人。只制造了80余架就停产了，之后加拿大购买了制造许可。

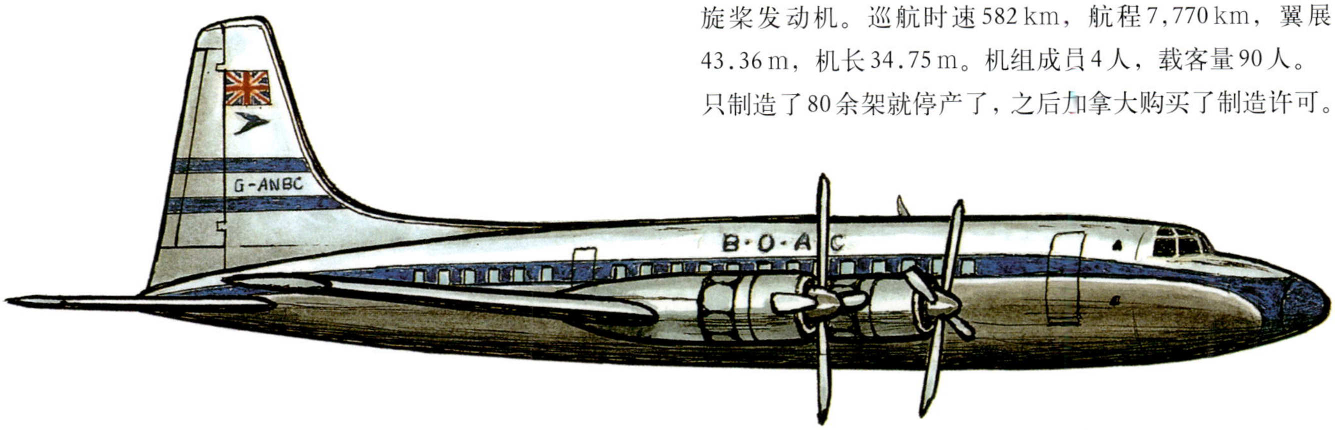

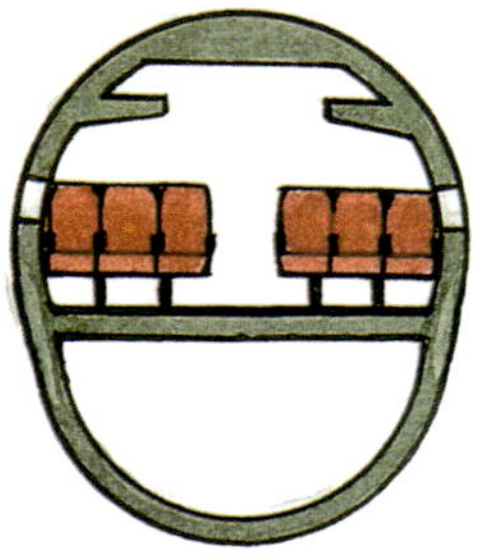

707 机身的横截面

**1957 年，美国，波音 707-120，4 发客机**

装配 4 台 5,670 公斤推力普惠 JT3C-6 涡轮喷气发动机。巡航时速 919 km，航程 4,950 km，翼展 39.87 m，机长 44.04 m。机组成员 4 人，载客量 121 ～ 179 人。

120 型是波音 707 的早期标准型号，另外还有 707-220/320/420 等多个派生型号。波音 707 一直生产到 1994 年，总计制造了 1,010 架（包括军用机），是非常畅销的杰出飞机。

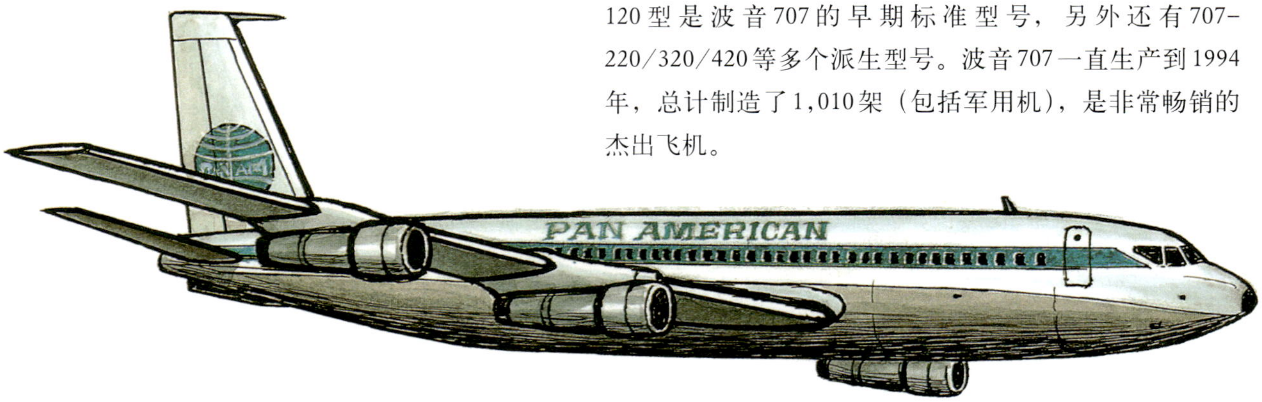


**1958 年，荷兰，福克 F27-100“友谊（*Friendship*）”，福克公司最畅销的客机**

装配 2 台 1,670 马力罗罗“达特”Mk.511 涡轮螺旋桨发动机。巡航时速 428 km，航程 1,250 km，翼展 29 m，机长 23.5 m。机组成员 2 人，载客量 40 ～ 52 人。共制造了 700 架以上。

**1958 年，美国，格鲁曼 G-159“湾流（*Gulfstream*）”Ⅰ，小型双发公务机**

装配 2 台 2,190 马力罗罗“达特”Mk.529 涡轮螺旋桨发动机。巡航时速 560 km，航程 4,088 km，翼展 23.93 m，机长 19.4 m。机组成员 2 人，载客量 24 人。

**1958 年，美国，道格拉斯 DC-8-10，4 发客机**

装配 4 台 6,123 公斤推力普惠 JT3C-6 涡轮喷气发动机。最高时速 946 km，航程 6,050 km，翼展 43.41 m，机长 45.87 m。机组成员 4 人，载客量 120 ～ 176 人。

10 系列是 DC-8 的早期标准型号，另外还有 8-20/30/40/50/60 等多个派生型号。DC-8 总计制造了 556 架后于 1972 年停产，一度活跃在世界各国航线上。

**1957 年，苏联，世界第一颗人造卫星“卫星一号（*Sputnik 1*）”**

1957 年 10 月 4 日发射升空，次年 1 月 4 日坠入大气层消失。直径 0.58 m，重 83.6 kg。

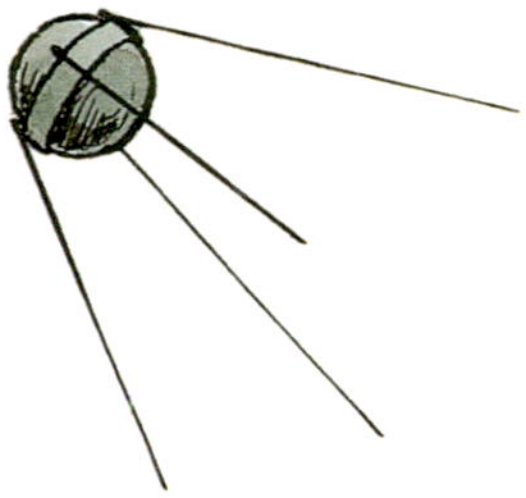

**1958 年，英国，重新起飞的 4 发客机德哈维兰 DH.106“彗星”4**

装配 4 台 4,763 公斤推力罗罗“埃汶”Mk.524 涡轮喷气发动机。巡航时速 840 km，航程 5,190 km，翼展 35 m，机长 33.98 m。机组成员 4 人，载客量 60 ～ 81 人。

**1957 年，美国，洛克希德 L-188A“厄勒克特拉”**

装配 4 台 3,750 马力艾利逊（Allison）501-D13 涡轮螺旋桨发动机。巡航时速 600 km，航程 4,458 km，翼展 30.18 m，机长 31.85 m。机组成员 3 人，载客量 66 ～ 99 人。制造了 170 架后于 1961 年停产。军方曾购入 L-188 并改装为反潜机。日本川崎重工也获得过制造许可。

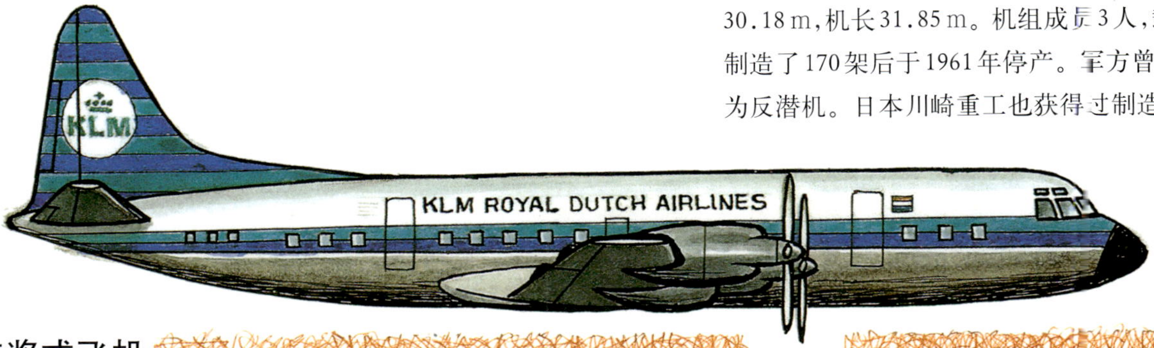

## 重新认识涡轮螺旋桨式飞机

涡轮喷气发动机喷出的气体全部用于产生推力，而涡轮螺旋桨发动机喷出的气体不仅能够产生推力（约占10%），还能驱动螺旋桨产生拉力（约占90%）。因此，涡轮螺旋桨式飞机可以说是效率更高的喷气式+螺旋桨式飞机。它本来是作为活塞式螺旋桨飞机与喷气式飞机之间的过渡角色而诞生的，人们曾认为它最终会被真正高效率的涡轮风扇式飞机取代，但它更低的噪声、良好的起降性能和出色的经济性使人们对它热情不减，所以在后来的中型飞机甚至如今的公务飞机和小型飞机中仍然经常看到它的身影。

**1959 年，英国，阿姆斯特朗·韦特沃思 AW.650“阿戈西”100，4 发运输机**
装配4台2,100马力罗罗“达特”Mk.526涡轮螺旋桨发动机。巡航时速451 km，航程3,220 km，翼展35.05 m，机长26.44 m。机组成员2～3人，最大载重12,700 kg。

**1960 年，法国，北方（Nord）262，双发客机**
装配2台986马力透博梅卡“巴斯坦”（Turbomeca *Bastan*）Ⅳ涡轮螺旋桨发动机。最高时速385 km，航程1,590 km，翼展21.85 m，机长18.04 m。机组成员2人，载客量23人。

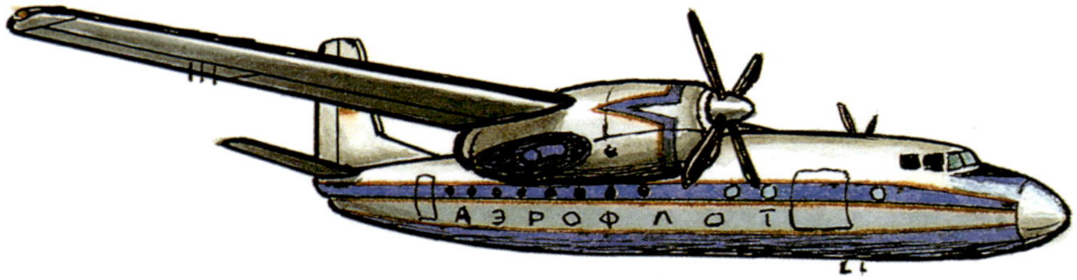


**1962 年，苏联，安东诺夫 安-24V，双发客机**
装配2台2,550马力伊甫琴科 AI-24涡轮螺旋桨发动机。巡航时速500 km，翼展29.2 m，机长23.53 m。机组成员3人，载客量50人。
共制造了1,100架以上，中国也获得了制造许可。

**1961 年，苏联，世界第一艘载人宇宙飞船“东方一号( *Vostok 1* )”**

1961 年 4 月 12 日发射升空，绕地球一周后安全返回，历时 1 小时 48 分钟。执行此次任务的航天员加加林（Yuri Gagarin）少校留下了一句名言：“地球是蓝色的。”

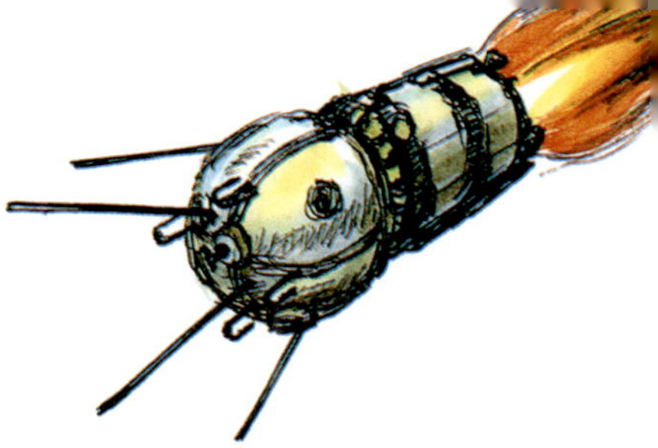

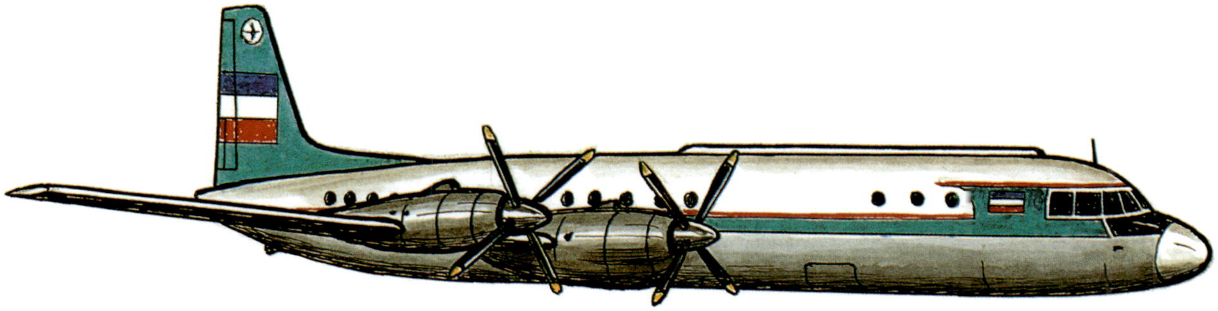

**1959 年，苏联，伊留申 伊尔-18V，4 发客机**

装配 4 台 4,000 马力伊甫琴科 AI-20K 涡轮螺旋桨发动机。巡航时速 650 km，航程 4,800 km。翼展 37.4 m，机长 35.9 m。机组成员 5 人，载客量 84 ～ 110 人。

派生型号还有 1965 年的 18D/E 等。该机型性能良好，共制造 678 架以上，目前仍有部分飞机在役。

**1960 年，英国，霍克·西德利 ( Hawker Siddeley ) HS 748，双发客机**

装配 2 台 1,880 马力罗罗“达特”Mk.514 涡轮螺旋桨发动机。巡航时速 434 km，航程 1,725 km，翼展 30.02 m，机长 20.42 m。机组成员 2 人，载客量 40 ～ 52 人。

原型为 20 世纪 50 年代的阿弗罗 748。1979 年改进为 BAe（British Aerospace，英国宇航）748-2B，1984 年改进为 BAe 超级 748。整个 748 系列一直生产到 1986 年，并且在 1986 年又改进为 BAe ATP 客机（➡143 页）。

**1979 年，英国，BAe 748-2B，双发客机**

装配 2 台 2,105 马力罗罗“达特”Mk.536 涡轮螺旋桨发动机。巡航时速 450 km，航程 2,020 km，翼展 31.23 m，机长 20.42 m。机组成员 2 人，载客量 40 ～ 45 人。

**1963 年，日本，三菱 MU-2，双发公务机**

装配2台724马力加勒特（Garrett）涡轮螺旋桨发动机。最高时速550 km，航程2,584 km，翼展11.94 m，机长12.02 m。座位数7 ~ 9。

1977年的MU-2J等派生型号出口到许多国家。共制造了近800架，十分畅销。

**1965 年，日本，富士 FA-200，多用途机**

装配1台180马力莱康明发动机（活塞式）。最高时速230 km，航程999 km，翼展9.42 m，机长7.98 m。座位数4。制造了约300架后于1986年停产。特技飞行是它的强项。

**1962 年，日本，日本航空机制造公司 YS-11，双发客机**

第二次世界大战后日本生产的首款短程客机，在全日空航空公司的固定航线上服役，也出口到其他国家。制造了182架后于1974年停产。

装配2台3,060马力罗罗“达特”Mk.542-10涡轮螺旋桨发动机。巡航时速472 km，航程2,280 km，翼展32 m，机长26.3 m。机组成员2人，载客量64人。

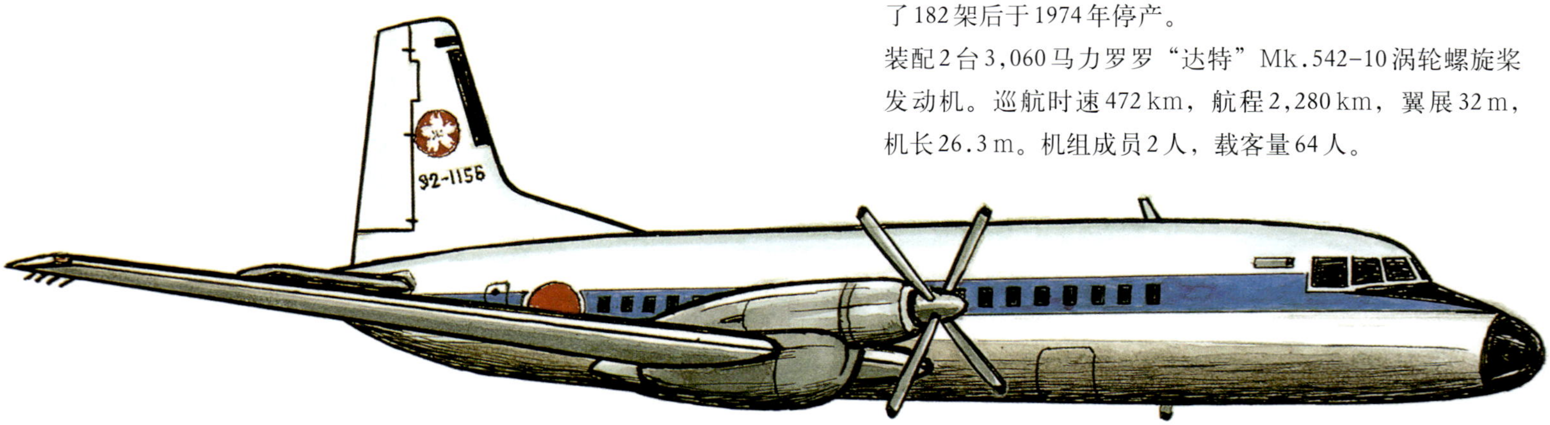


**1967 年，日本，新明和 PS-1，两栖飞机**

装配4台2,785马力通用电气（General Electric，GE）T64-IHI-10涡轮螺旋桨发动机。最高时速546 km，航程4,741 km，翼展33.15 m，机长33.46 m。座位数9 ~ 12。在强风大浪中也具有短距离起落能力，至今仍活跃在海难救助等诸多领域中。

**1965 年 3 月 18 日，苏联，人类首次太空行走**

两名苏联宇航员乘坐“上升二号（*Voskhod 2*）”宇宙飞船进入太空后，列昂诺夫（Alexey Leonov）中校出舱活动了 10 分钟左右。

**1965 年，苏联，安东诺夫 安-22，当时世界上最大的 4 发运输机**

装配 4 台 15,000 马力库兹涅佐夫 NK-12MA 涡轮螺旋桨发动机，每台驱动一副同轴反转螺旋桨。最高时速 740 km，航程 5,000 km，翼展 64.4 m，机长 57.92 m。机组成员 5 ～ 6 人，最大载重 80,000 kg。主要用于军事运输。

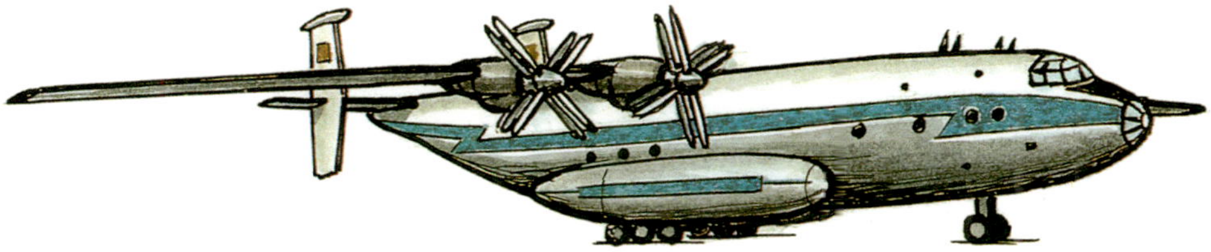

**1965 年，加拿大，德哈维兰 · 加拿大 DHC-6“双水獭（*Twin Otter*）”，双发短程多用途机**

装配 2 台 550 马力普惠 · 加拿大 PT6A 涡轮螺旋桨发动机。最高时速 297 km，航程 1,297 km，翼展 19.8 m，机长 15.8 m。机组成员 2 人，载客量 19 人。采用固定式起落架。至今已制造了 900 架以上。

**1975 年，加拿大，德哈维兰 · 加拿大 DHC-7，4 发短程客机**

装配 4 台 1,120 马力普惠 · 加拿大 PT6A-50 涡轮螺旋桨发动机。最高时速 426 km，航程 1,295 km，翼展 28.35 m，机长 24.58 m。机组成员 2 人，载客量 50 ～ 54 人。制造了 111 架后于 1988 年停产。

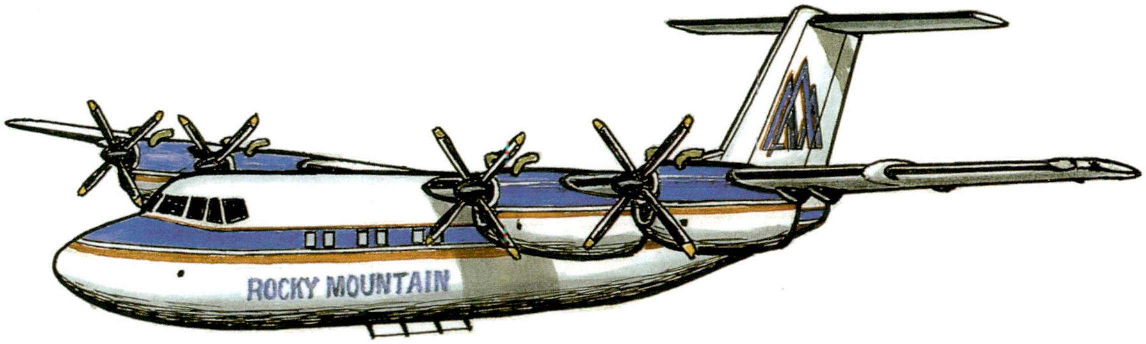


**1967 年，英国，肖特 SC.7“空中货车（*Skyvan*）”3，双发客机**

装配 2 台 715 马力加勒特 TPE-331-201 涡轮螺旋桨发动机。巡航时速 317 km，航程 1,090 km，翼展 19.78 m，机长 12.21 m。机组成员 2 人，载客量 20 人。

# 2 喷气式客机大繁荣（1960—1979年）

20世纪50年代诞生的涡轮喷气发动机油耗高、噪声大。为了解决这两个问题并进一步提高推力，涡轮风扇发动机被研发出来。随后，波音707和道格拉斯DC-8的改进型号就将原来的涡轮喷气发动机换成了涡轮风扇发动机。接着，涵道比（从外涵道喷出的空气流量与从涡轮后喷出的空气流量之比 ➡ 93页）大于1的涡轮风扇发动机出现，并装配在道格拉斯DC-9等客机上。到了20世纪70年代，涡轮风扇发动机技术全面成熟，波音747等装配了涵道比大于5的涡轮风扇发动机的大型客机相继出现。而在此之前，1968年出现了超声速客机。

在1965—1969年的越南战争中，直升机频繁现身，因此再次备受关注。1973年发生的第四次中东战争引发了第一次石油危机，以石油为主要能源的航空业也随之遭受重大打击。

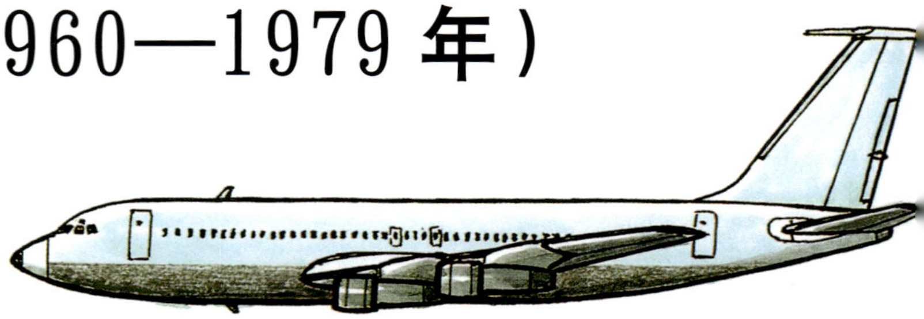

**1960年，美国，波音707-320B，4发客机**
1957年的波音707-120的改进型号。装配4台8,618公斤推力普惠JT3D-7涡轮风扇发动机。巡航时速973 km，航程10,040 km，翼展44.42 m，机长46.61 m。机组成员4人，载客量147 ~ 195人。

**1960年，美国，道格拉斯DC-8-50，4发客机**
1958年的道格拉斯DC-8-10的改进型号。装配4台8,165公斤推力普惠JT3D-3B涡轮风扇发动机。巡航时速933 km，航程8,700 km，翼展43.41 m，机长45.87 m。机组成员4人，载客量132 ~ 189人。

**1960年，美国，波音720B，4发客机**
波音720系列是波音707-120的改进型号，机身减短了2.5 m。B是涡轮风扇的标志，720B的同类机型还有707-420等。
装配4台7,711公斤推力普惠JT3D-1涡轮风扇发动机。巡航时速973 km，航程9,270 km，翼展39.9 m，机长41.5 m。机组成员4人，载客量165人。720系列制造了154架后于1983年停产。

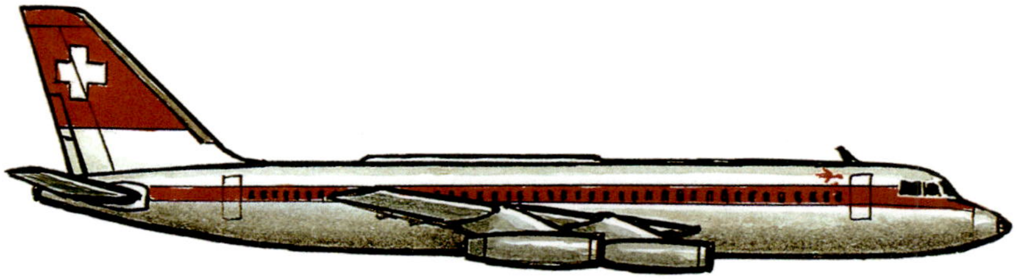

**1961 年，美国，康维尔 CV-990“科罗纳（*Coronado*）”，4 发客机**

装配4台7,280公斤推力通用电气CJ805-23C涡轮风扇发动机。巡航时速990 km，航程6,115 km，翼展36.58 m，机长42.43 m。机组成员4人，载客量106 ～ 149人。它是当时世界上巡航速度最快的客机。

**1960 年，苏联，图波列夫 图-124V，双发客机**

装配2台5,400公斤推力索洛维耶夫（Soloviev）D-20P涡轮风扇发动机（涵道比大于1）。巡航时速870 km，航程2,100 km，翼展25.55 m，机长30.58 m。机组成员4人，载客量56人。

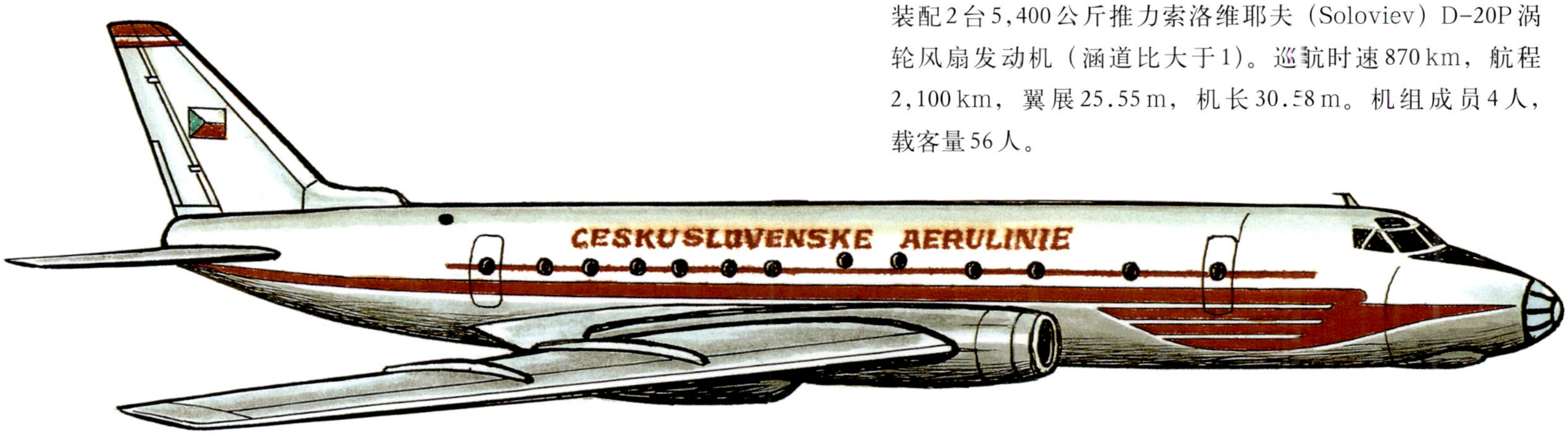

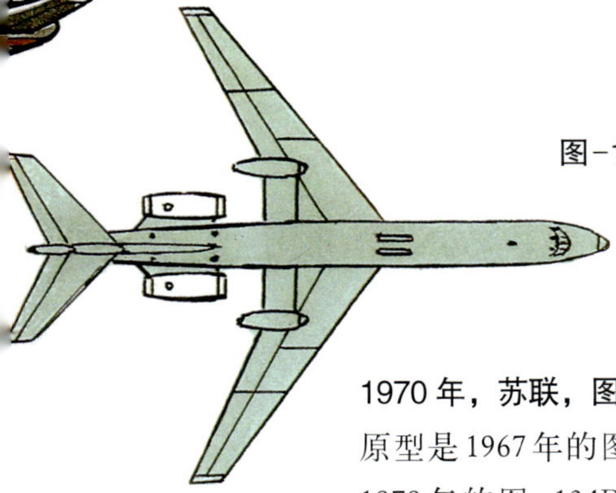

图-134A 的俯视图

**1970 年，苏联，图波列夫 图 -134A，双发客机**

原型是1967年的图-134，其他派生型号还有1979年的图-134B。总计制造了720架以上，并向亲苏国家出口。现在仍有部分飞机服役于短程航线。

装配2台6,800公斤推力索洛维耶夫D-30-II涡轮风扇发动机。巡航时速885 km，航程2,000 km，翼展29.01 m，机长37.05 m。机组成员3人，载客量76 ～ 80人。

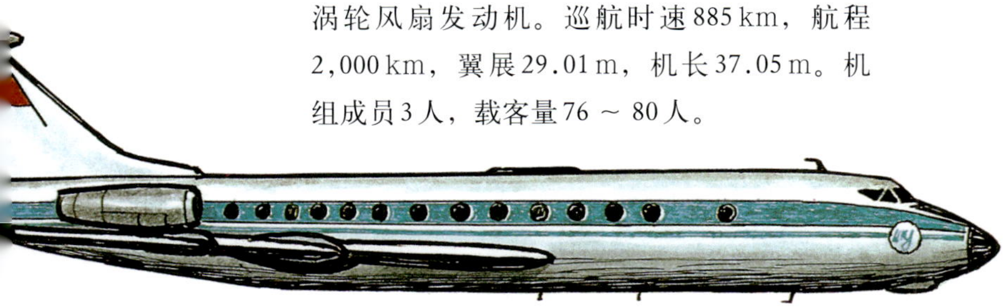

## ●什么是涡轮风扇发动机？

涡轮喷气发动机靠喷出高温气体产生反向推力，涡轮螺旋桨发动机则将喷出气体产生的推力转换为螺旋桨的旋转运动，产生拉力。二者组合在一起就变成了涡轮风扇发动机，它的原理与涡轮喷气发动机更相似：涡轮风扇转动会吸入并压缩空气，经过压缩的空气分为两部分，一部分经过高压压气机、燃烧室、涡轮后从喷管喷出（就像涡轮喷气发动机那样）；另一部分通过燃烧室外侧的外涵道，经喷口后加速喷出，这部分气流能包裹住从燃烧室出来的高温气体，以此起到消声器的作用。

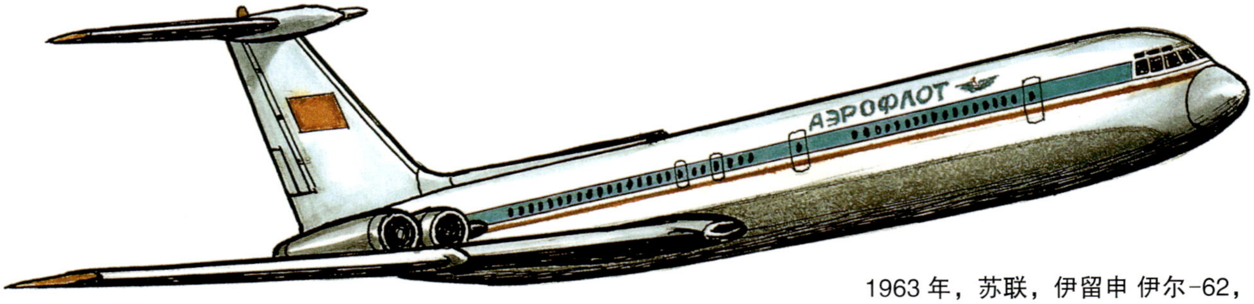


**1963 年，苏联，伊留申 伊尔-62，4 发客机**

装配4台10,500公斤推力库兹涅佐夫NK-8-4涡轮风扇发动机。最高时速900 km，航程6,700 km，翼展43.3 m，机长53.12 m。机组成员5人，载客量168 ～ 186人。

伊尔-62的发动机2台1组并列安放在机身尾部两侧，在4发喷气式客机中最早使用这种发动机后置布局的是维克斯VC10。

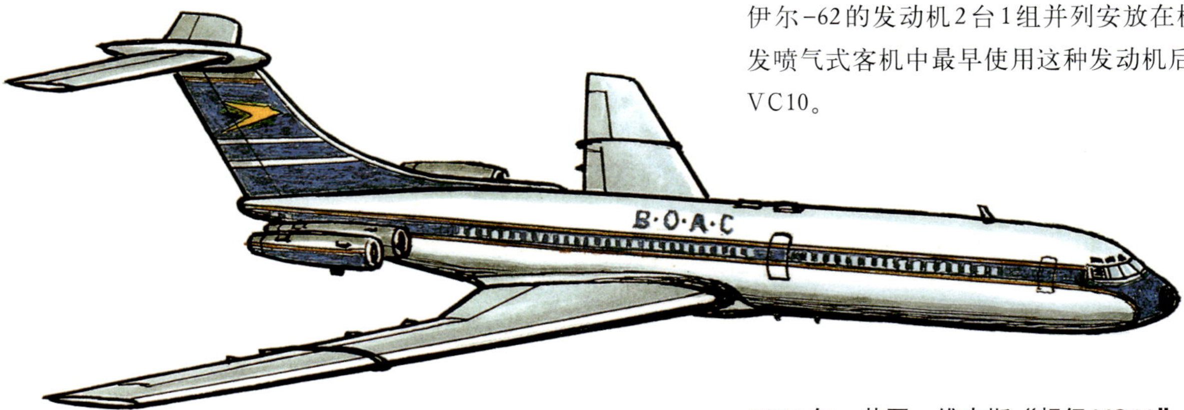


**1964 年，英国，维克斯“超级 VC10”，4 发客机**

原型是1962年的维克斯VC10。装配4台10,205公斤推力罗罗“康威（*Conway*）”RCo.43涡轮风扇发动机。最高时速933 km，航程7,595 km，翼展44.55 m，机长52.32 m。机组成员4人，载客量139 ～ 163人。具有在高温高海拔的英属非洲地区起落的能力，但包括原型机在内只制造了54架。

**1965 年，美国，道格拉斯 DC-9-10，双发客机**

装配2台6,350公斤推力普惠JT8D涡轮风扇发动机。巡航时速819 km，航程2,110 km，翼展27.25 m，机长31.82 m。机组成员2人，载客量56 ～ 90人。

DC-9系列还有其他派生型号，如1966年机翼经过重新设计，机身加长4.5 m后的DC-9-30，9-30制造了619架后于1982年停产，而整个DC-9系列总计制造了976架。

1967年1月，道格拉斯飞机公司与麦克唐纳公司合并，成为了麦克唐纳 · 道格拉斯（McDonnell Douglas）公司。

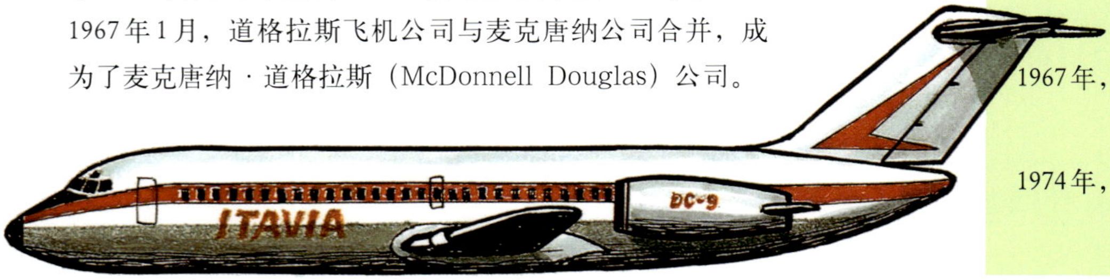


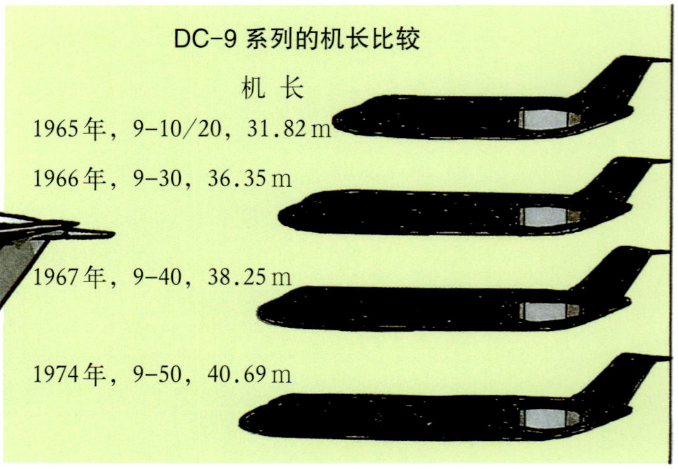

**1964 年，英国，霍克·西德利“三叉戟（*Trident*）”1E，3 发客机**

后置3发喷气式飞机的鼻祖，1962年原型机首飞。

装配3台5,170公斤推力罗罗“斯贝(*Spey*)”Mk.511-5涡轮风扇发动机。巡航时速937 km，航程3,500 km，翼展29 m，机长34.98 m。机组成员3人，载客量108人。

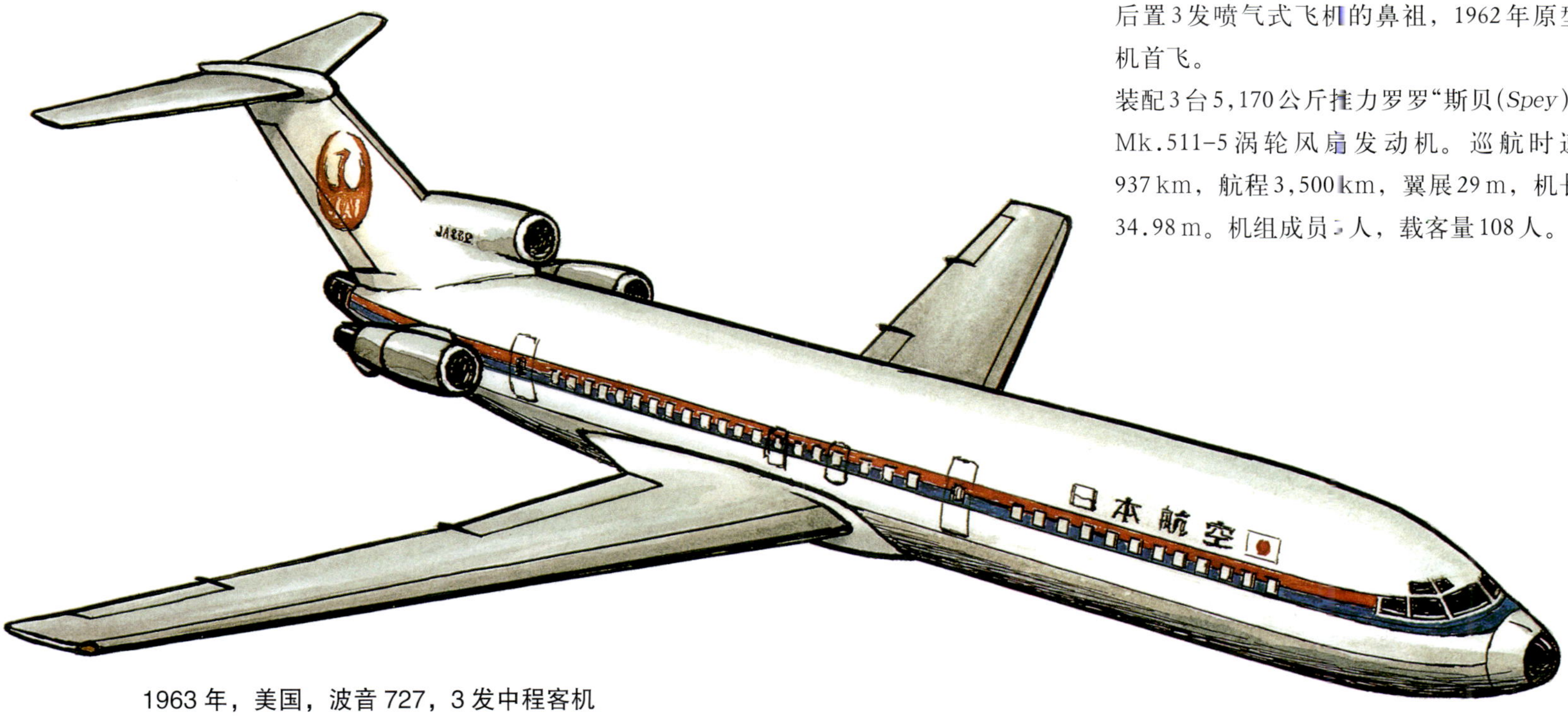


**1963 年，美国，波音 727，3 发中程客机**

装配3台6,350公斤推力普惠JT8D涡轮风扇发动机。巡航时速917 km，航程3,300 km，翼展32.92 m，机长40.59 m。机组成员3人，载客量131人。

机翼上装有三缝襟翼，它能有效提高升力，缩短起降距离。包括机身加长了6.1 m的727-200系列等派生型号在内，波音727家族总计制造了1,832架后于1984年停产。

**1967 年，美国，波音 737-200，双发中短程客机**

装配2台7,030公斤推力普惠JT8D-15涡轮风扇发动机。巡航时速796 km，航程4,800 km，翼展28.35 m，机长30.53 m。机组成员2人，载客量115 ~ 130人。

波音737-200派生自737-100，机身加长了1.53 m，二者同属于737原始系列。加上20世纪80年代的经典系列（300/400/500）、20世纪90年代和21世纪以来的新世代系列（600/700/800/900）以及BBJ、MAX系列，整个波音737家族共计制造了9,000架以上，至今部分型号仍在生产，真的是超级畅销的客机。

**1967 年，美国，道格拉斯 DC-8-63，4 发大型客机**

装配4台8,618公斤推力普惠JT3D-7涡轮风扇发动机。最高时速959 km，航程6,440 km，翼展45.24 m，机长57.1 m。机组成员3人，载客量259人。

8-60系列中还有DC-8-61和DC-8-62，机身分别比DC-8-50（➡ 120页）长11.2 m和2 m。整个8-60系列制造了262架后于1972年停产。

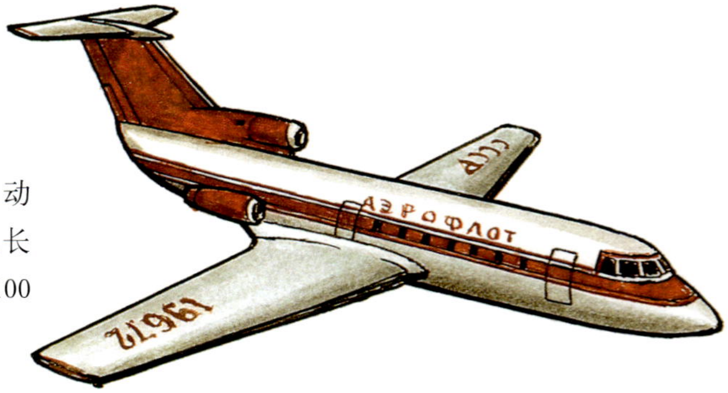


**1966 年，苏联，雅克福列夫 雅克-40，3 发小型客机**

装配3台1,500公斤推力伊甫琴科AI-25涡轮风扇发动机。最高时速550 km，航程1,800 km，翼展25 m，机长20.36 m。机组成员2人，载客量27 ~ 40人。制造了1,100架以上的畅销短程机型。

**1971 年，法国，达索“水星”（Dassault *Mercure*），短程客机**

装配2台7,030公斤推力普惠JT8D-15涡轮风扇发动机。巡航时速926 km，航程1,772 km，翼展30.55 m，机长34.84 m。机组成员2人，载客量150人。航程上的缺陷导致该机型只制造了12架。

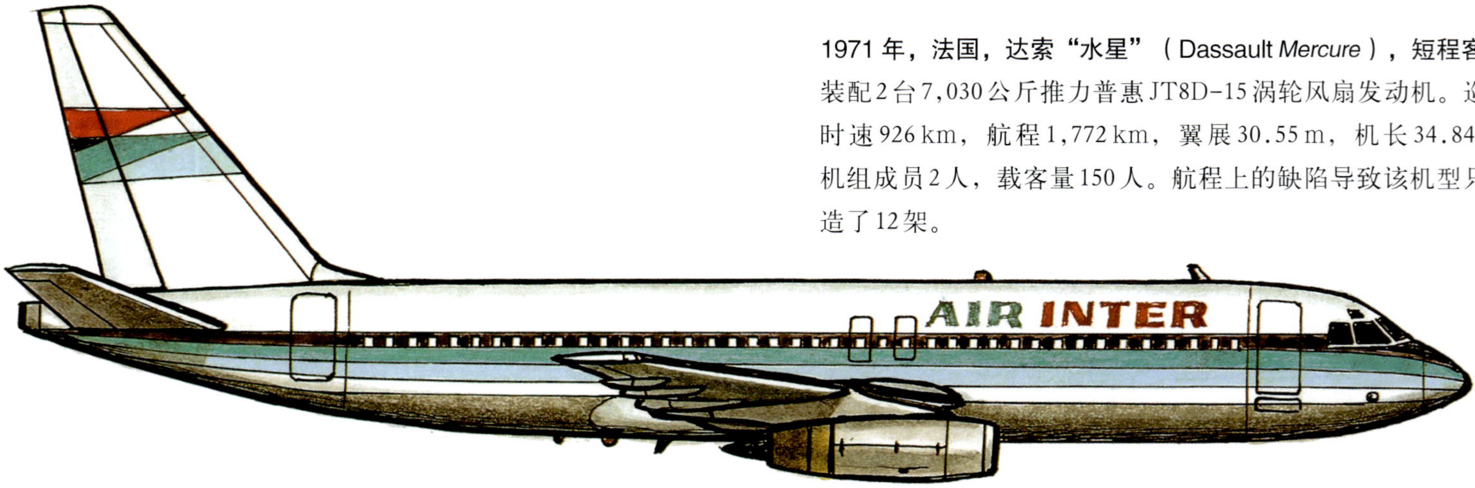

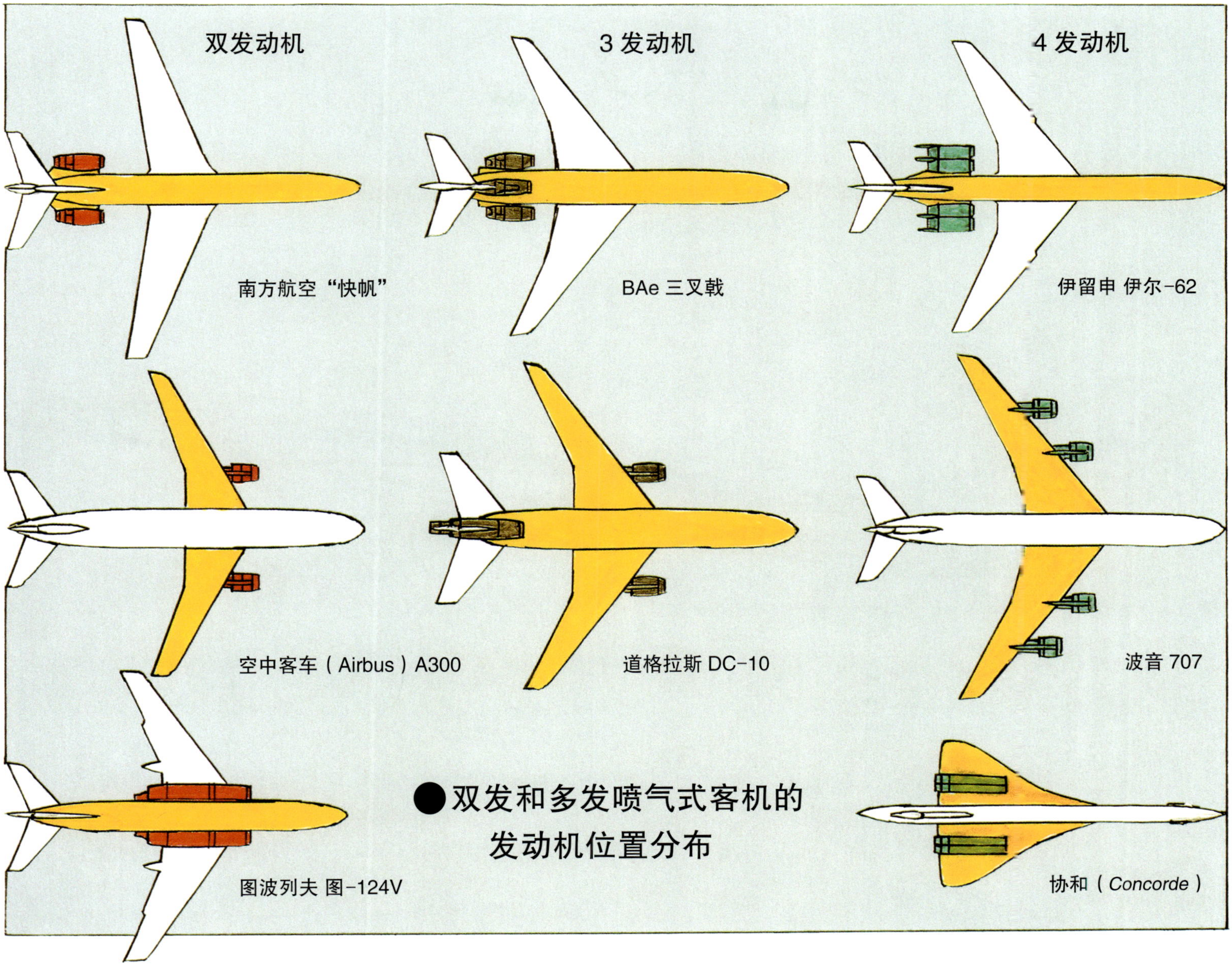


●双发和多发喷气式客机的发动机位置分布

**1979 年，美国，麦克唐纳·道格拉斯 MD-81，双发客机**

装配2台8,390公斤推力普惠JT8D-209涡轮风扇发动机。巡航时速811 km，航程2,897 km，翼展32.87 m，机长45.06 m。机组成员2人，载客量135 ～ 172人。MD-80系列原本是作为道格拉斯DC-9-80（超级80）来设计的，该系列中还有MD-82/83/87/88等派生型号，总计制造了1,191架后于1999年停产。中国也曾获得MD-82的制造许可。

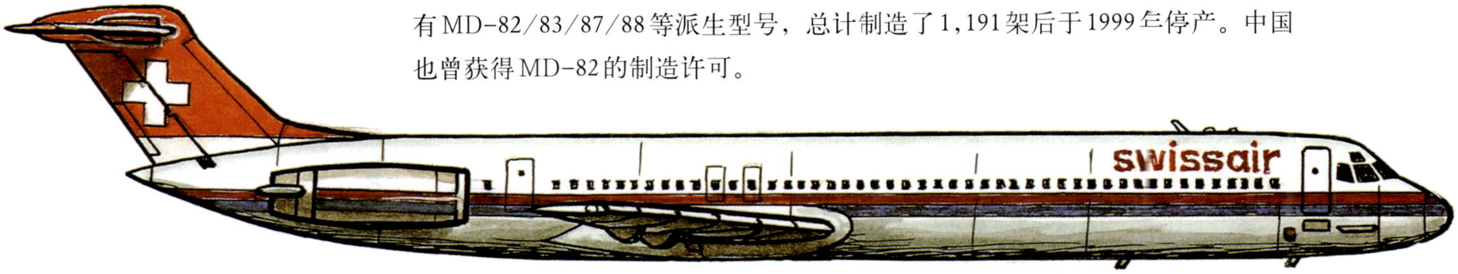

## 超声速客机诞生

世界上两款超声速客机——苏联的图-144客机和英法合作研发的“协和”客机分别于1975年和1976年投入运营*。但图-144存在油耗高、噪声大、运营成本高等问题，加上一些政治上的因素，最终在1983年停产，并于1987年全部退役。

* 2000年7月，法国航空公司的一架“协和”客机发生了举世震惊的空难，机上109人无一幸存，给大众心理造成了极大恐慌，“协和”从此一蹶不振。加上其高昂的生产和运营成本，空中骄子“协和”最终于2003年全部退役。——编者注

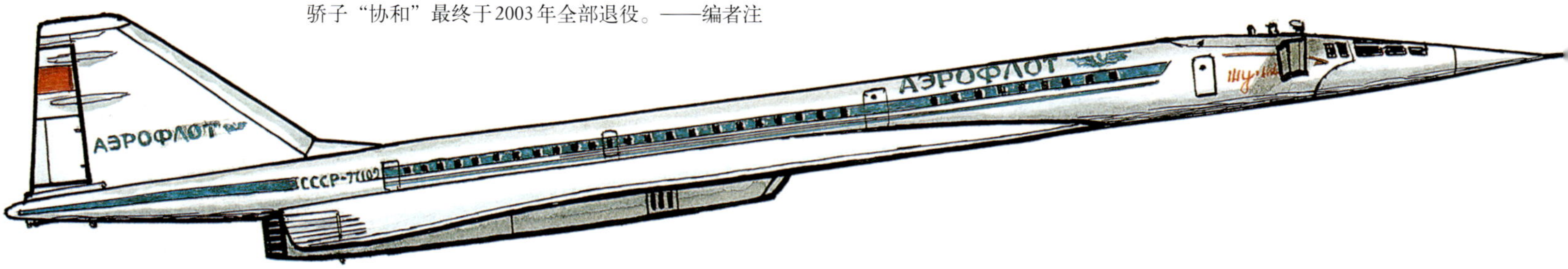


**1967年，英国，BAC 1-11（*One-Eleven*）500，双发客机**
装配2台5,692公斤推力罗罗“斯贝”Mk.512涡轮风扇发动机。巡航时速871 km，航程2,735 km，翼展28.5 m，机长32.61 m。机组成员2人，载客量84～119人。
BAC 1-11最早的量产型号是1963年的200系列，派生型号还有300/400系列，在英国共计制造了230余架后于1982年停产，同年罗马尼亚取得了制造许可，制造了9架后于1989年停产。

图-144 的俯视图

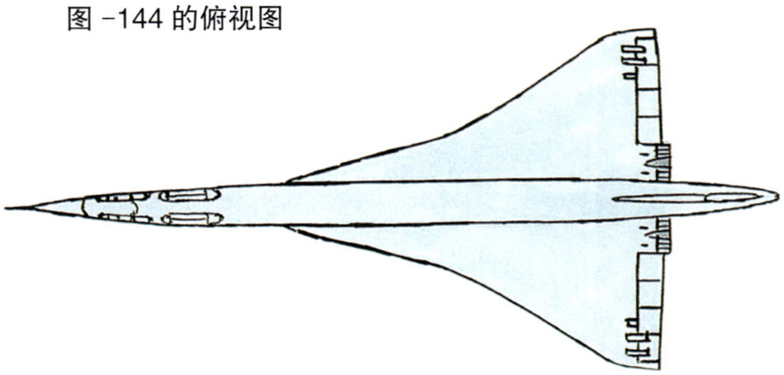

图-144驾驶舱后方有一对被戏称为“兔子耳朵”的可折叠条状小翼，在起降时小翼伸出，以提高飞机低速时的性能。“协和”客机上没有这种小翼，但这两种飞机在起降时机头都会向下弯折，以便改善起降视野。

**1968 年，苏联，图波列夫 图-144，超声速客机**

装配4台20,000公斤推力库兹涅佐夫NK-144涡轮风扇发动机。最高时速2,500 km（2.2马赫），航程6,500 km，翼展28.8 m，机长65.7 m，机组成员3人，载客量140人。

1975年开始定期运送货物和邮件，1977年开始提供客运服务，1987年全部退役。1993年，美国多家航空公司与图波列夫合作启动了一个研究项目，以一架图-144为平台，进行了27次试验飞行。

**1971 年，荷兰，福克 F28“伙伴（*Fellowship*）”Mk 2000，双发客机**

装配2台4,468公斤推力罗罗“斯贝”Mk.155-15涡轮风扇发动机。巡航时速843 km，航程1 297 km，翼展23.58 m，机长29.61 m。机组成员2人，载客量79人。

F28的早期标准型号是Mk 1000，派生型号还有Mk 3000/4000/5000/6000，总计制造了241架后于1987年停产。

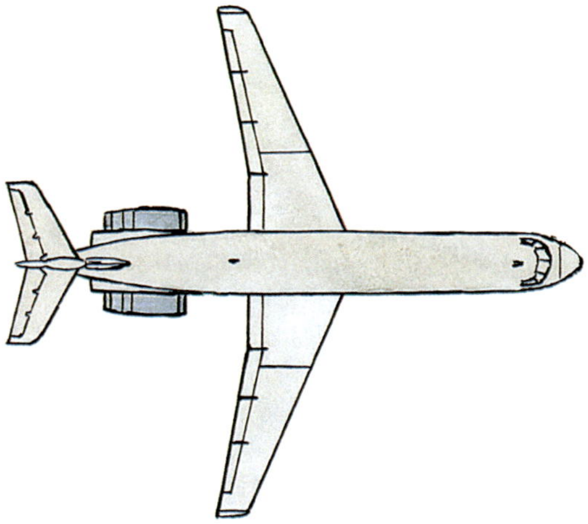

BAC 1-11 500 的俯视图

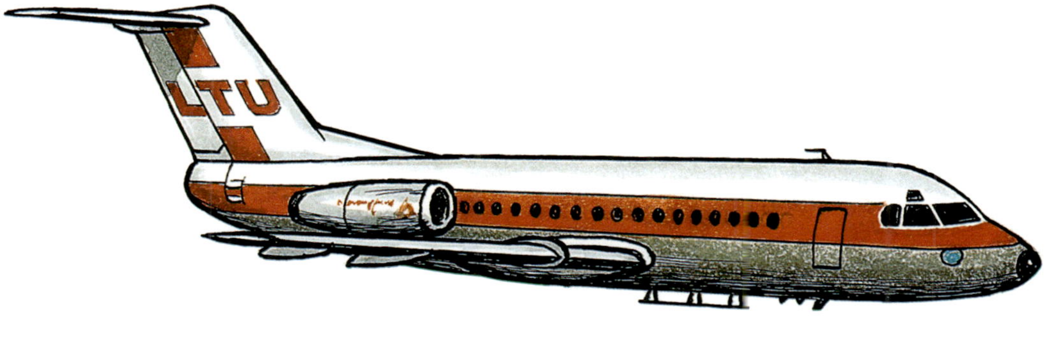

“协和”的俯视图

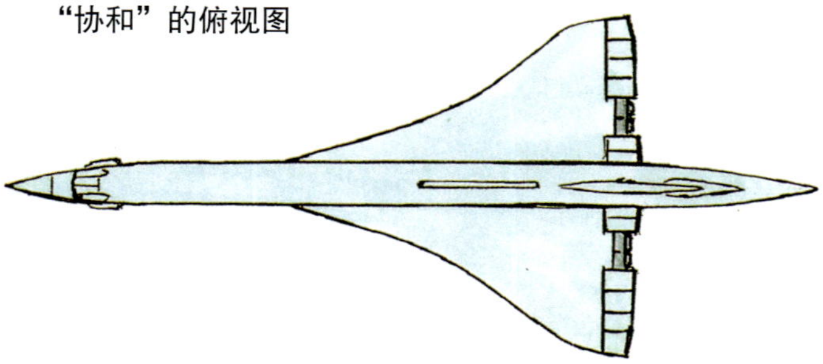

**1969 年，英国、法国共同研发，“协和”，超声速客机**

装配4台17,259公斤推力罗罗/斯奈克玛“奥林匹斯”（Snecma *Olympus*）593 Mk 610涡轮喷气发动机。最高时速2,179 km（2.04马赫），航程7,228 km，翼展25.56 m，机长61.7 m。机组成员3人，载客量144人。

1976年，“协和”投入运营，到了20世纪80年代，由于运营成本和噪声等公害问题，航线不得不减少。总计制造了20架。

**1975 年，苏联，雅克福列夫 雅克-42，3 发中短程客机**

装配3台6,500公斤推力洛塔列夫（Lotarev）D-36涡轮风扇发动机。最高时速820 km，航程1,850 km，翼展34.2 m，机长36.38 m。机组成员2 ~ 3人，载客量100 ~ 120人。

雅克-42 的机身横截面

着陆时的“协和”，机头下垂

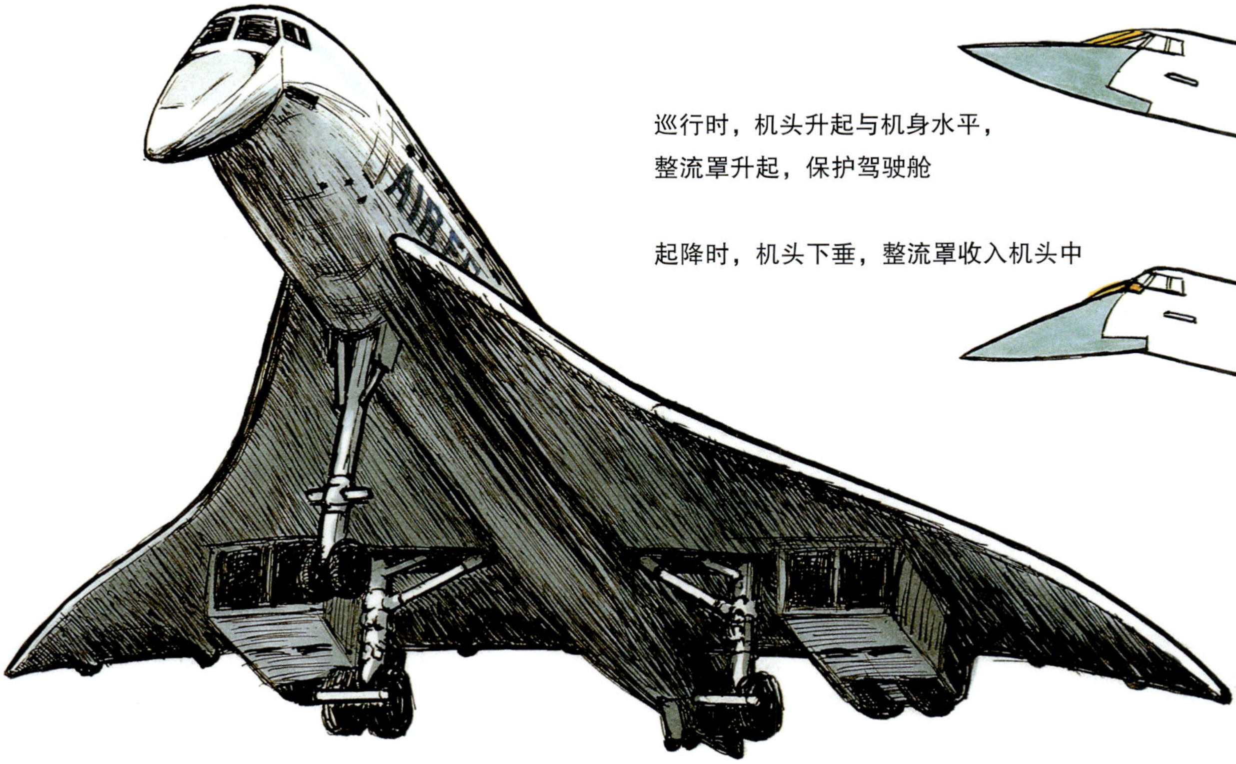

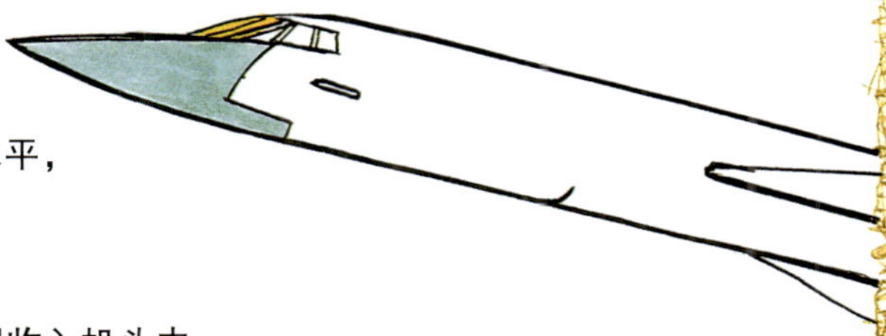

巡行时，机头升起与机身水平，
整流罩升起，保护驾驶舱

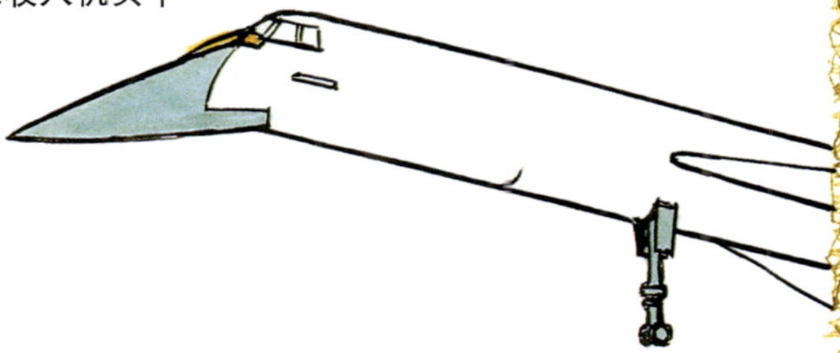

起降时，机头下垂，整流罩收入机头中

**1977 年，苏联，图波列夫 图-154B，3 发中程客机**

装配3台9,072公斤推力库兹涅佐夫NK-8-2U涡轮风扇发动机。巡航时速900 km，航程2,750 km，翼展37.55 m，机长47.9 m。机组成员3～4人，载客量168人。早期量产型号是1968年的图-154。*

* 该机型制造了1,026架后于2013年停产，是非常畅销的高性能客机，多架图-154的服役时间长达40年之久。——编者注

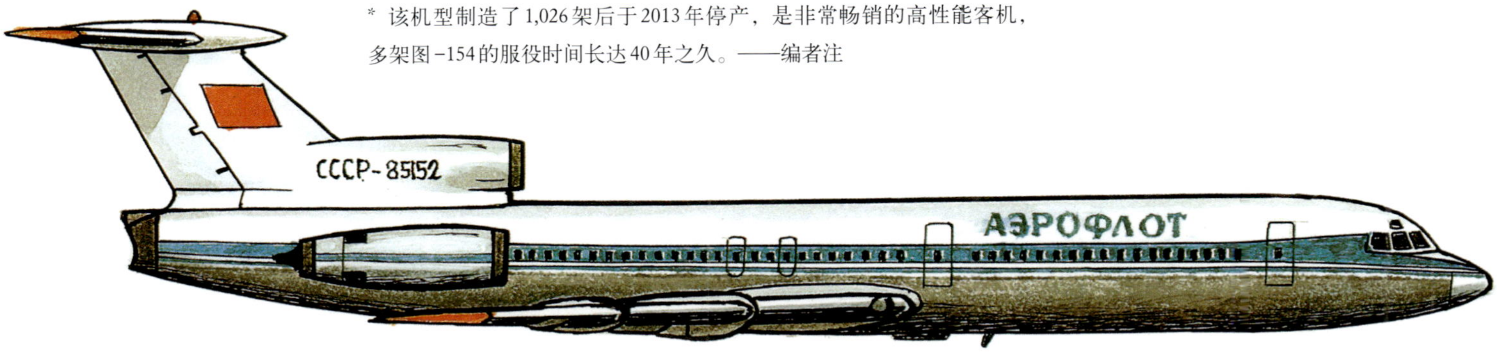

## 喷气式公务机和小型机（1963—1979 年）

在小型飞机领域，喷气式发动机也开始逐渐替代活塞式螺旋桨发动机。而使用喷气式发动机的公务飞机几乎都采用了后置双发的布局。

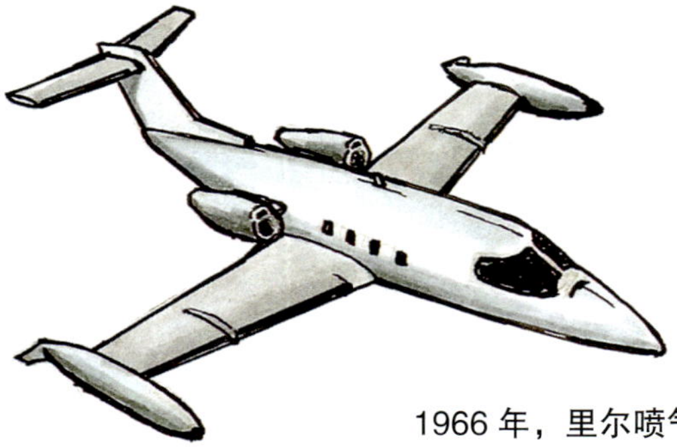

1966 年，里尔喷气 25

**1973 年，美国，里尔喷气（Learjet）35A/36，双发公务机**

里尔喷气公司1962年的23系列和1966年的24/25系列都采用涡轮喷气发动机，但从35/36系列开始就全部采用涡轮风扇发动机了。加上1979年和1990年的55和60系列，总计已经制造了2,000架以上，都是畅销的公务机。

装配2台1,588公斤推力加勒特TFE731-2涡轮风扇发动机。最高时速872 km，航程5,289 km，翼展12.04 m，机长14.83 m。机组成员2人，载客量8人。（数据取自35A）

**1963 年，法国，达索“隼（*Falcon*）”20，双发公务机**

装配2台2,041公斤推力通用电气CF700-2D-2涡轮风扇发动机。最高时速862 km，航程3,350 km，翼展16.3 m，机长17.15 m。机组成员2人，载客量8 ~ 14人。制造了508架后于1988年停产。

1979/1990 年，里尔喷气 55/60

**1966 年，美国，公务机先驱——格鲁曼“湾流”Ⅱ**

装配2台5,170公斤推力罗罗“斯贝”Mk.511涡轮风扇发动机。最高时速935 km，航程6,630 km，翼展21.87 m，机长24.36 m。机组成员2人，载客量19人。

早期由格鲁曼公司生产，后来由湾流宇航公司（Gulfstream Aerospace）生产。湾流宇航公司后来又开发生产了1979年的“湾流”Ⅲ、1985年的“湾流”Ⅳ以及1995年的“湾流”Ⅴ。

**1969 年，美国，赛斯纳（Cessna）500“奖状（*Citation*）”Ⅰ**

小型公务机的先驱，售价低廉，飞行费用也低，并且容易操纵，很受市场欢迎。

装配2台998公斤推力普惠·加拿大JT15D-1B涡轮风扇发动机。巡航时速644 km，航程2,470 km，翼展14.35 m，机长13.26 m。机组成员2人，载客量6人。制造了685架后于1985年停产。

**1976 年，英国，霍克·西德利 HS.125-700 公务机**

装配2台1,678公斤推力加勒特TFE731-3RH涡轮风扇发动机。最高时速808 km，航程4,670 km，翼展14.33 m，机长15.46 m。机组成员2人，载客量8～10人。早期标准型号HS.125在1962年首飞。

**1967 年 7 月 20 日下午 4 时 17 分 43 秒（美国休斯顿时间），美国的载人宇宙飞船“阿波罗 11 号（*Apollo 11*）”在月球着陆**

指令长阿姆斯特朗（Neil Armstrong）与登月舱驾驶员奥尔德林（Buzz Aldrin）出舱踏上了月球表面。7月24日宇航员们平安返回地球。

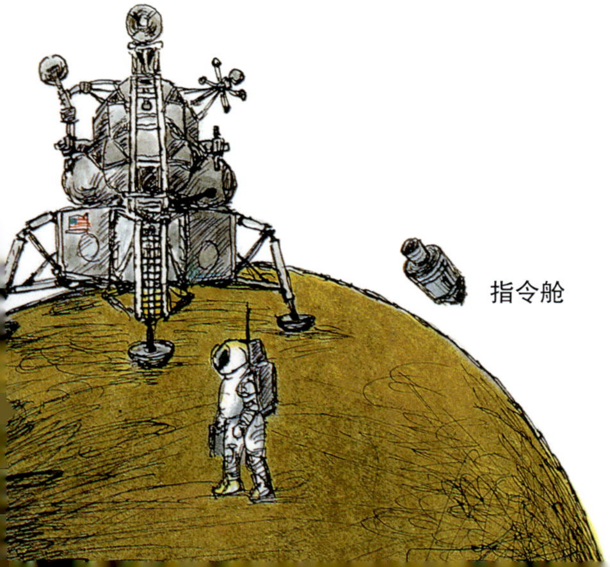


**1971 年，西德，VFW-福克 614 小型客机**

第二次世界大战结束后，西德研发的第一款喷气式客机。

装配2台3,390公斤推力罗罗／斯奈克玛M45H Mk.501涡轮风扇发动机。最高时速705 km，航程1,204 km，翼展21.5 m，机长20.6 m。机组成员2人，载客量40～44人。其独特的设计在于发动机位于机翼上方。

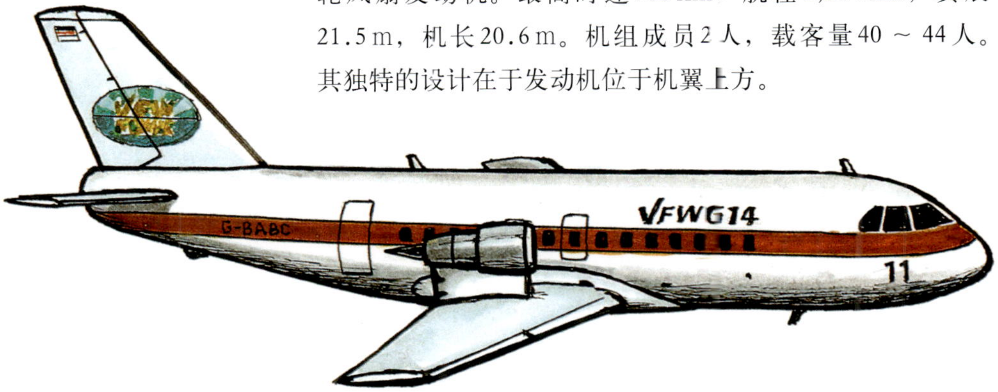

## 宽体巨型客机登场

20世纪70年代，从波音747开始，宽体巨型客机陆续登场。这些巨型客机的出现，很大程度上要归功于涵道比大于5的高效率、低油耗、低噪声的涡轮风扇发动机的诞生。

747 的标准型号，上层客舱设为休息室或提供少数座席

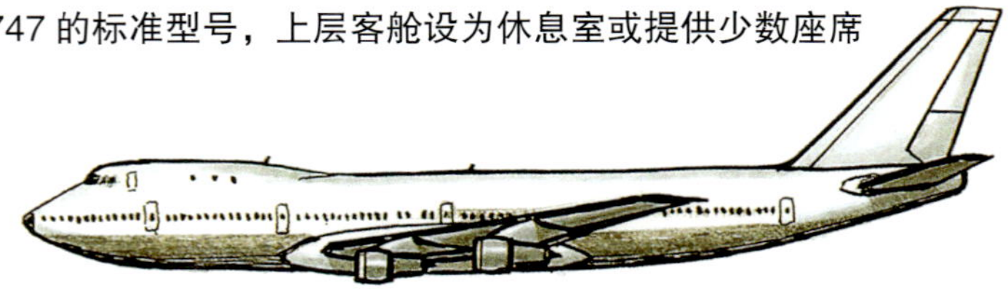

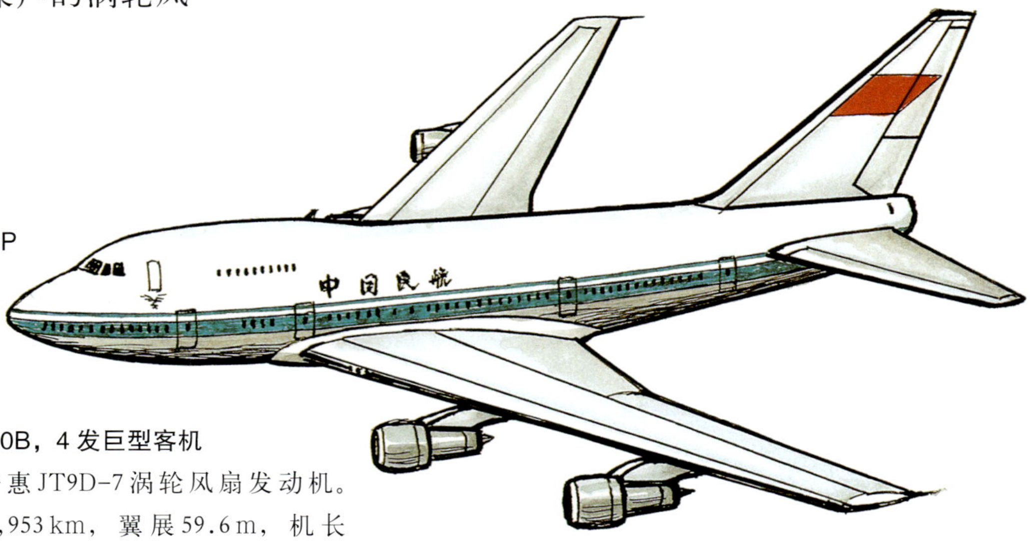


1975 年，短机身的波音 747SP

**1970 年，美国，波音 747-200B，4 发巨型客机**

装配4台24,856公斤推力普惠JT9D-7涡轮风扇发动机。最高时速980 km，航程11,953 km，翼展59.6 m，机长70.66 m。机组成员5人，载客量348 ~ 447人。

波音747是当时世界上最大的远程客机，有着“珍宝”的昵称，它的诞生彻底重新定义了环球飞行的概念。早期标准型号是1969年的747-100，派生型号还有1973年日本国内航线使用的747 SR（短程型）、1975年的机身缩短14.36 m的747 SP（航程更长）、1982年的747-300、1988年的747-400等。

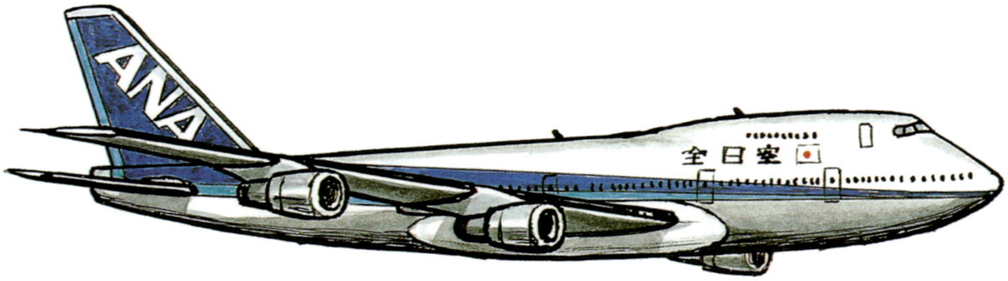


**1973 年，波音 747SR**

日本国内航线使用，改装了适于短程短时间飞行的设备，并且机身结构和起落架都被加强，以适应频繁起降。装配4台20,684公斤推力通用电气CF6-45A发动机。载客量528 ~ 563人。

**1972年，美国，麦克唐纳·道格拉斯DC-10-30，3发宽体远程客机**

装配3台23,133公斤推力通用电气CF6-50C涡轮风扇发动机。巡航时速908 km，航程7,505 km，翼展50.39 m，机长51.97 m。机组成员3人，载客量255 ~ 380人。

早期标准型号是1970年的DC-10-10中程客机。派生型号还有DC-10-15/20/40等，整个DC-10系列总计制造了386架后于1989年停产。

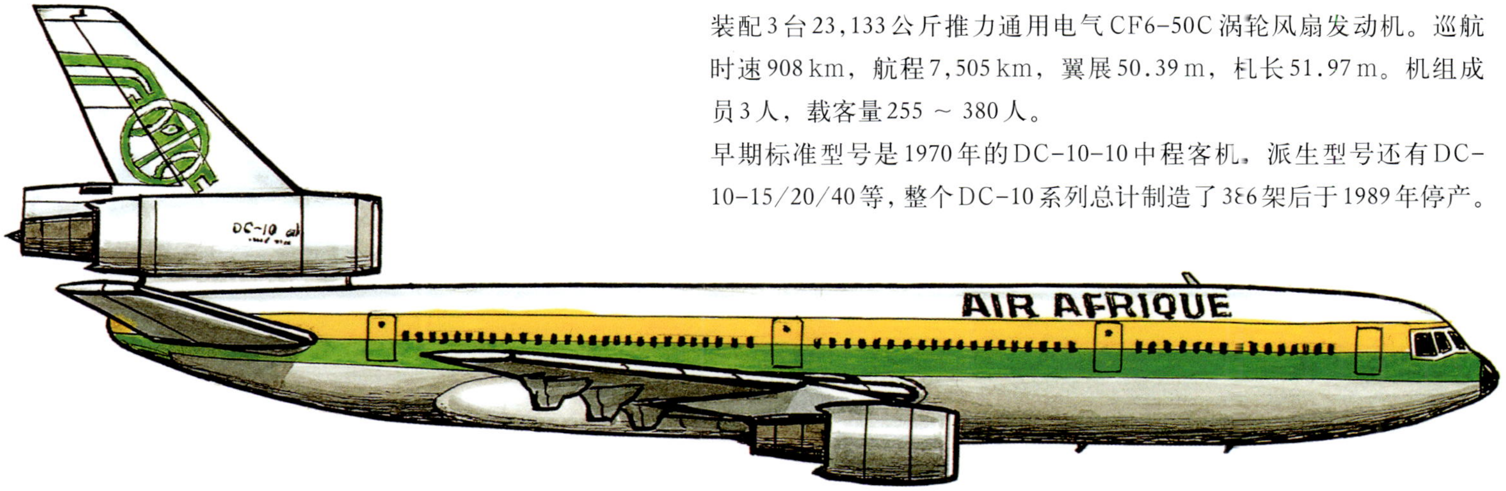


**1970年，美国，洛克希德L-1011“三星（*TriStar*）”，3发宽体客机**

装配3台19,026公斤推力罗罗RB.211-22B涡轮风扇发动机。巡航时速964 km，航程4,966 km，翼展47.34 m，机长54.17 m。机组成员3人，载客量256 ~ 400人。派生型号有L-1011-200/500等，总计制造了250架后于1984年停产。

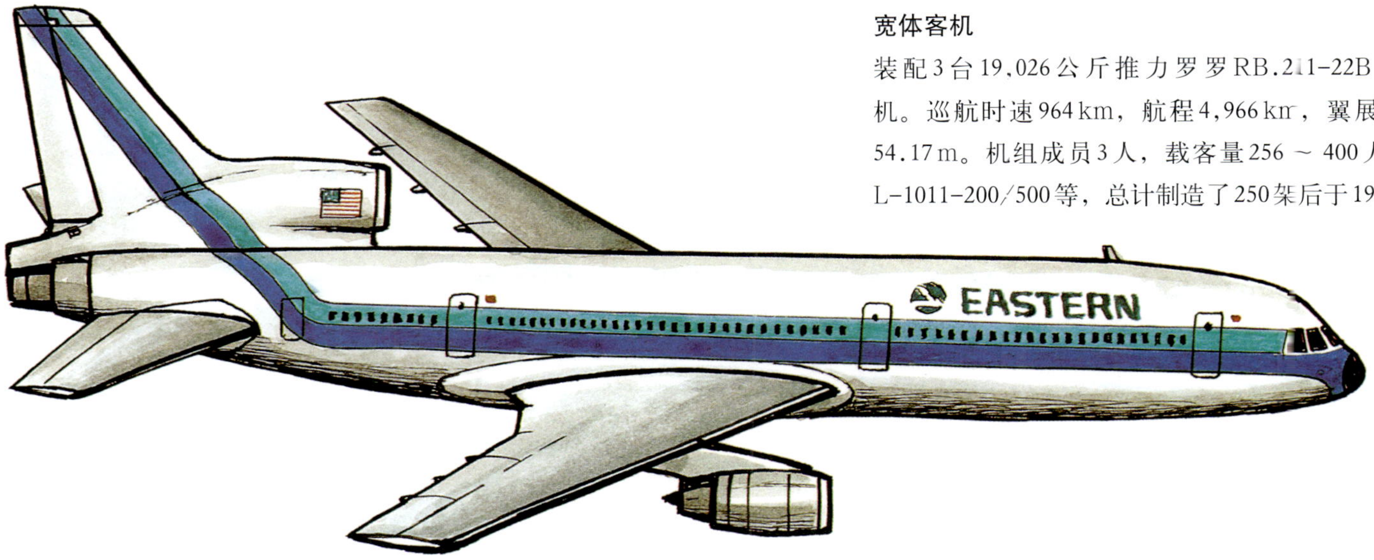


**1972年，法国、德国、英国、西班牙共同研发，空中客车A300，双发宽体中短程客机**

装配2台23,133公斤推力通用电气CF6-50涡轮风扇发动机。巡航时速833 km，航程5,375 km，翼展44.83 m，机长53.62 m。机组成员3人，载客量232 ~ 331人。*

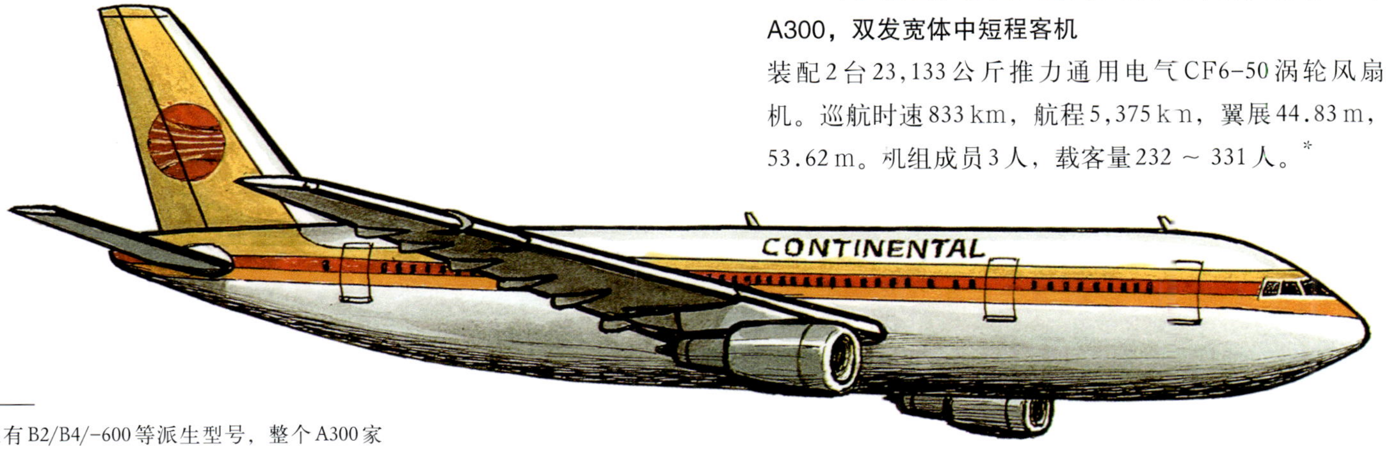


* A300还有B2/B4/-600等派生型号，整个A300家族共计制造了561架后于2007年停产。——编者注

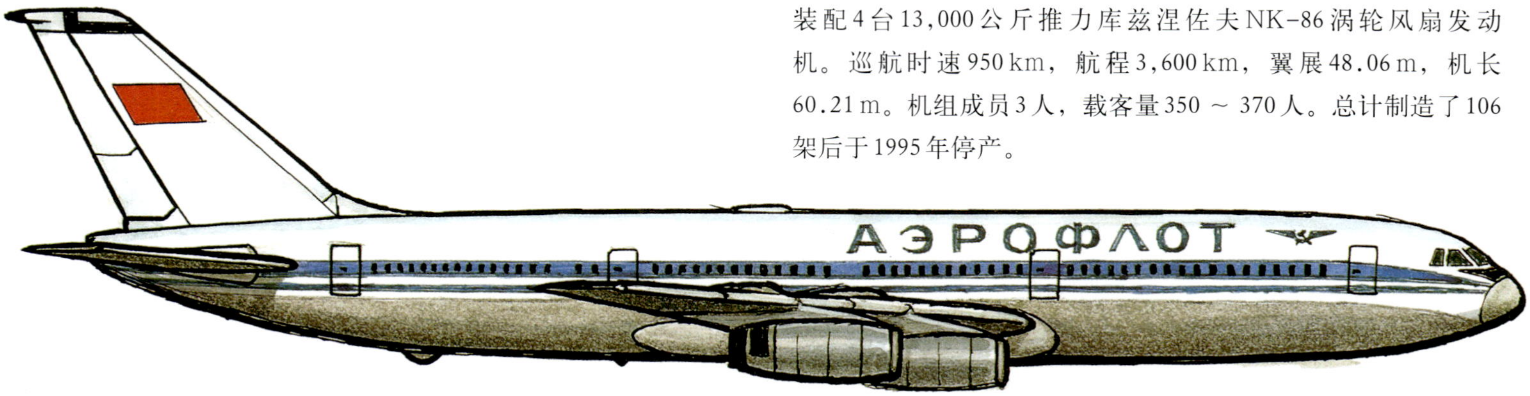


**1976 年，苏联，伊留申 伊尔-86，4 发宽体客机**

装配4台13,000公斤推力库兹涅佐夫NK-86涡轮风扇发动机。巡航时速950 km，航程3,600 km，翼展48.06 m，机长60.21 m。机组成员3人，载客量350 ～ 370人。总计制造了106架后于1995年停产。

## 几款宽体客机的机身横截面比较

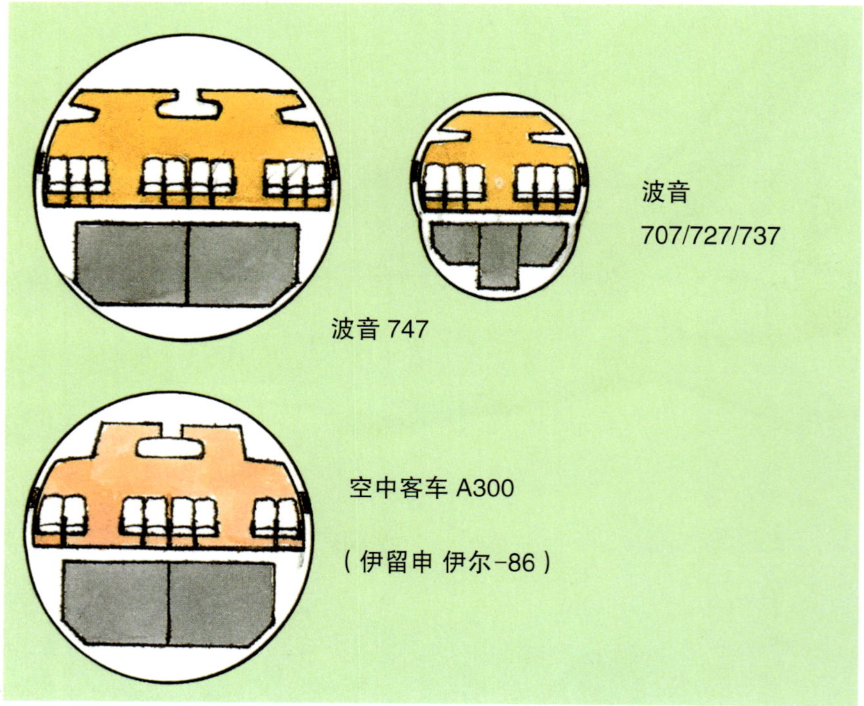


**4 发宽体客机波音 747**

采用每排10座的3-4-3座位布置，两条通道，座席数348 ～ 496。机舱宽度6.08 m。日本使用的747SR也是一样的大小，但座席数为496 ～ 528。

**双发宽体客机空中客车 A300**

采用每排8座的2-4-2座位布置，两条通道，座席数281 ～ 352。机舱宽度5.29 m。

苏联的4发宽体客机伊尔-86与A300的大小大致相同。采用每排9座的3-3-3座位布置，两条通道，座席数350 ～ 370。

**3 发宽体客机麦克唐纳·道格拉斯 DC-10**

采用每排9座的2-5-2座位布置，两条通道，座席数206 ～ 380。

竞争对手3发宽体客机洛克希德L-1011“三星”与DC-10的大小大致相同，座席数256 ～ 400。

1970 年 2 月 11 日，日本发射了第一颗人造卫星“大隅”，由 L-4S 运载火箭 5 号运送升空。

**洛克希德 L-1011“三星”与麦克唐纳·道格拉斯 DC-10**

L-1011是非常优秀的飞机，飞行时噪声小，因此得到一个“耳语喷气机”的绰号。但受到罗罗公司破产危机以及发生于日本的“贿赂门”丑闻——洛克希德事件的影响，L-1011销量大大缩减。而DC-10噩梦般的连续空难事故也极大地影响了其销量。加之二者性能相近，又针对同一市场，相互竞争，结果两败俱伤，最终L-1011和DC-10分别于1984和1989年停止生产。

## 几款宽体客机的尺寸比较

1970年，3发客机洛克希德L-1011“三星”，翼展47.34 m，机长54.17 m，高16.87 m。

1970年，3发客机麦克唐纳·道格拉斯DC-10-10，翼展47.34 m，机长55.3 m，高17.7 m。

1972年，双发客机空中客车A300B2，翼展44.83 m，机长53.62 m，高16.53 m。

1976年，4发客机伊留申 伊尔-86，翼展48.06 m，机长60.21 m，高15.81 m。

1969年，4发客机“珍宝”波音747-100/200，翼展59.6 m，机长70.66 m，高19.33 m。

1975年，4发客机波音747SP，翼展59.6 m，机长56.3 m，高19.94 m。

# 3 客机开始高科技化

进入20世纪70年代，随着波音747和空中客车A300的出现，大型客机开始高科技化。到了20世纪80年代，从波音767/757/747-300和空中客车A310/320开始，驾驶舱内的控制面板等已完全数字化；而20世纪90年代诞生的空中客车A330/340、麦克唐纳·道格拉斯MD-11和波音777等，则开创了客机高科技化的新世代。当然，与此同时，中小型客机和公务机也不甘落后，也开始高科技化。如1965年首飞的道格拉斯DC-9在1979年装配了电子飞行仪表系统后，变身为麦克唐纳·道格拉斯MD-80，到1993年再度高科技化后变身为MD-90。而销量惊人的波音737研发至737-300/400/500后，也再度高科技化，派生出新一代的600/700/800/900，继续支撑着737惊人的销量。就这样，新世代的高科技客机噪声更低、油耗更低、速度更快而且更加安全地飞行在空中。

时至今日，美国波音公司与欧洲空中客车公司几乎平分了民航客机的全球市场。

波音747-100/200标准型

波音747-300/400，上层机舱比标准型加长了7.11 m

**1982年，美国，波音747-300，4发客机**

上层机舱部分加长了7.11 m，上层座席数增加到91。装配4台24,856公斤推力普惠JT9D-7R4G2涡轮风扇发动机。最高时速982 km，航程10,463 km，翼展59.6 m，机长70.66 m。机组成员3人，载客量496人。

**1982 年，美国，波音 757，双发中短程客机**

装配2台17,350公斤推力普惠PW2037涡轮风扇发动机。巡航时速850 km，航程7,408 km，翼展38.05 m，机长47.32 m。机组成员2人，载客量178 ～ 239人。

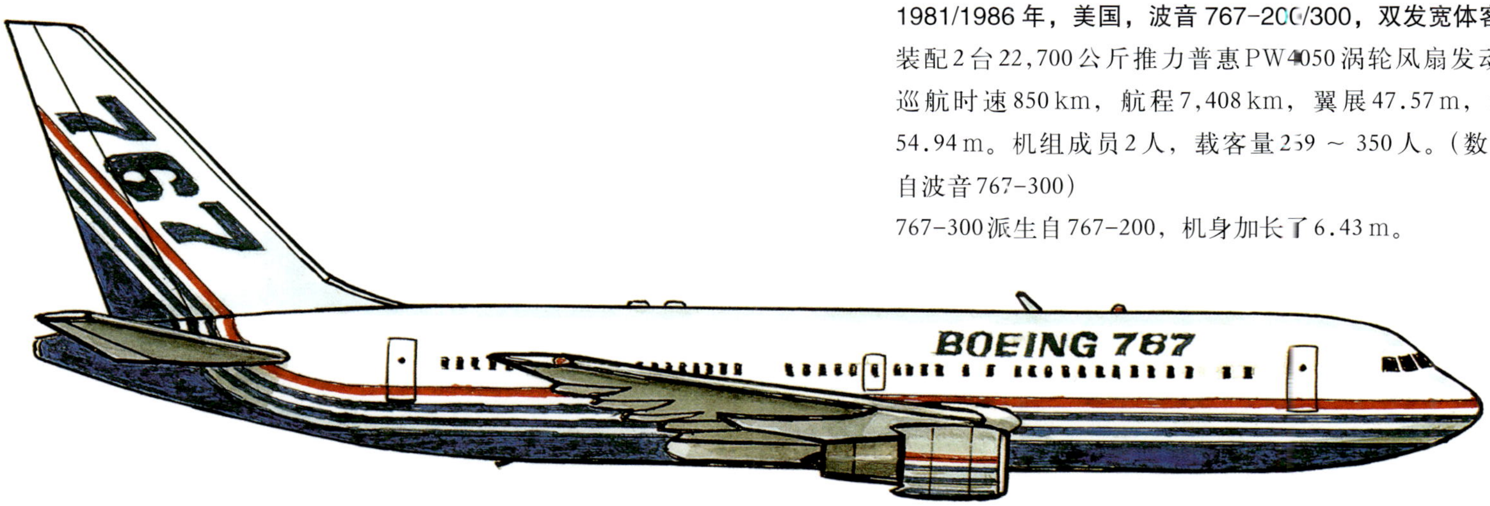


**1981/1986 年，美国，波音 767-200/300，双发宽体客机**

装配2台22,700公斤推力普惠PW4050涡轮风扇发动机。巡航时速850 km，航程7,408 km，翼展47.57 m，机长54.94 m。机组成员2人，载客量259 ～ 350人。（数据取自波音767-300）

767-300派生自767-200，机身加长了6.43 m。

**1988 年，美国，波音 747-400，4 发客机**

世界上最畅销的大型客机。机翼比747早期型号长1.8 m，并配备了高1.8 m的翼梢小翼。装配4台26,000公斤推力普惠PW4056涡轮风扇发动机。最高时速980 km，航程13,269 km，翼展64.4 m，机长70.66 m。机组成员2人，载客量400 ～ 450人。

## 波音 737 的经典系列——300/400/500

**1984 年，美国，波音 737-300，双发中短程客机**

相比早期标准型号737-200，机身加长了约3 m，并且技术更加先进。

装配2台9,072公斤推力CFM56-3B-1涡轮风扇发动机。巡航时速796 km，航程4,204 km，翼展28.88 m，机长33.4 m。机组成员2人，载客量149人。

### 波音 737 的经典系列

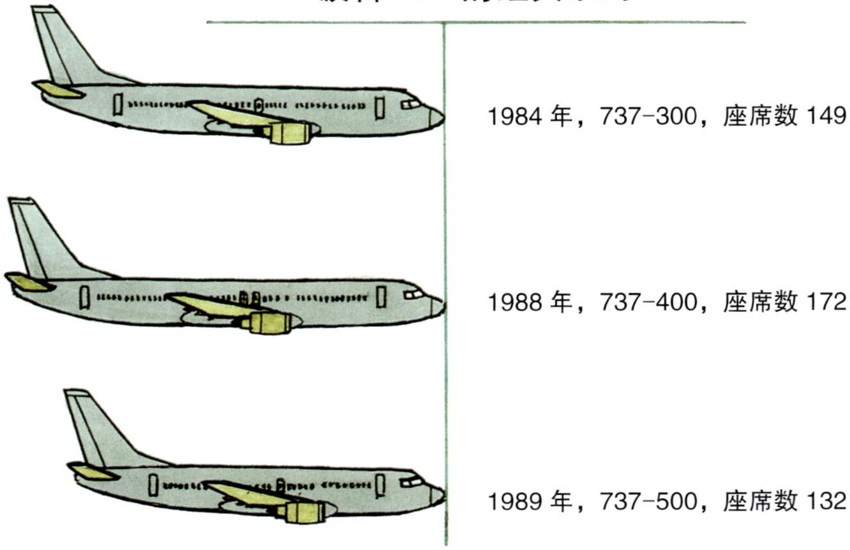


737-300 的前视图

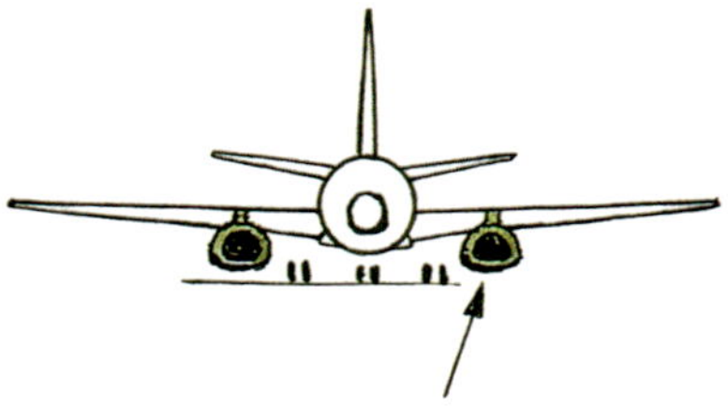


**1988 年，美国，波音 737-500**

737-300的缩短型。装配2台9,072公斤推力CFM56-3B-1涡轮风扇发动机。巡航时速796 km，航程5,500 km，翼展28.88 m，机长31 m。机组成员2人，载客量108 ～ 132人。

波音737的经典系列总计制造了约2,000架，非常畅销，于2000年停产。

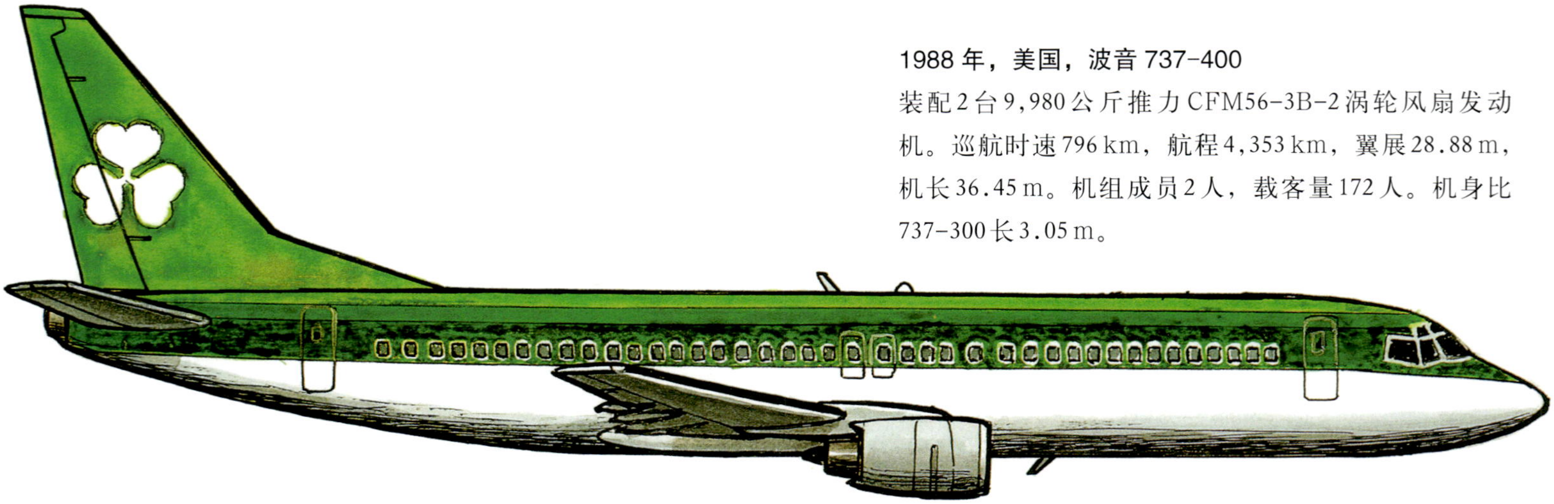

**1988 年，美国，波音 737-400**

装配2台9,980公斤推力CFM56-3B-2涡轮风扇发动机。巡航时速796 km，航程4,353 km，翼展28.88 m，机长36.45 m。机组成员2人，载客量172人。机身比737-300长3.05 m。

## 波音主要客机的长度比较 *

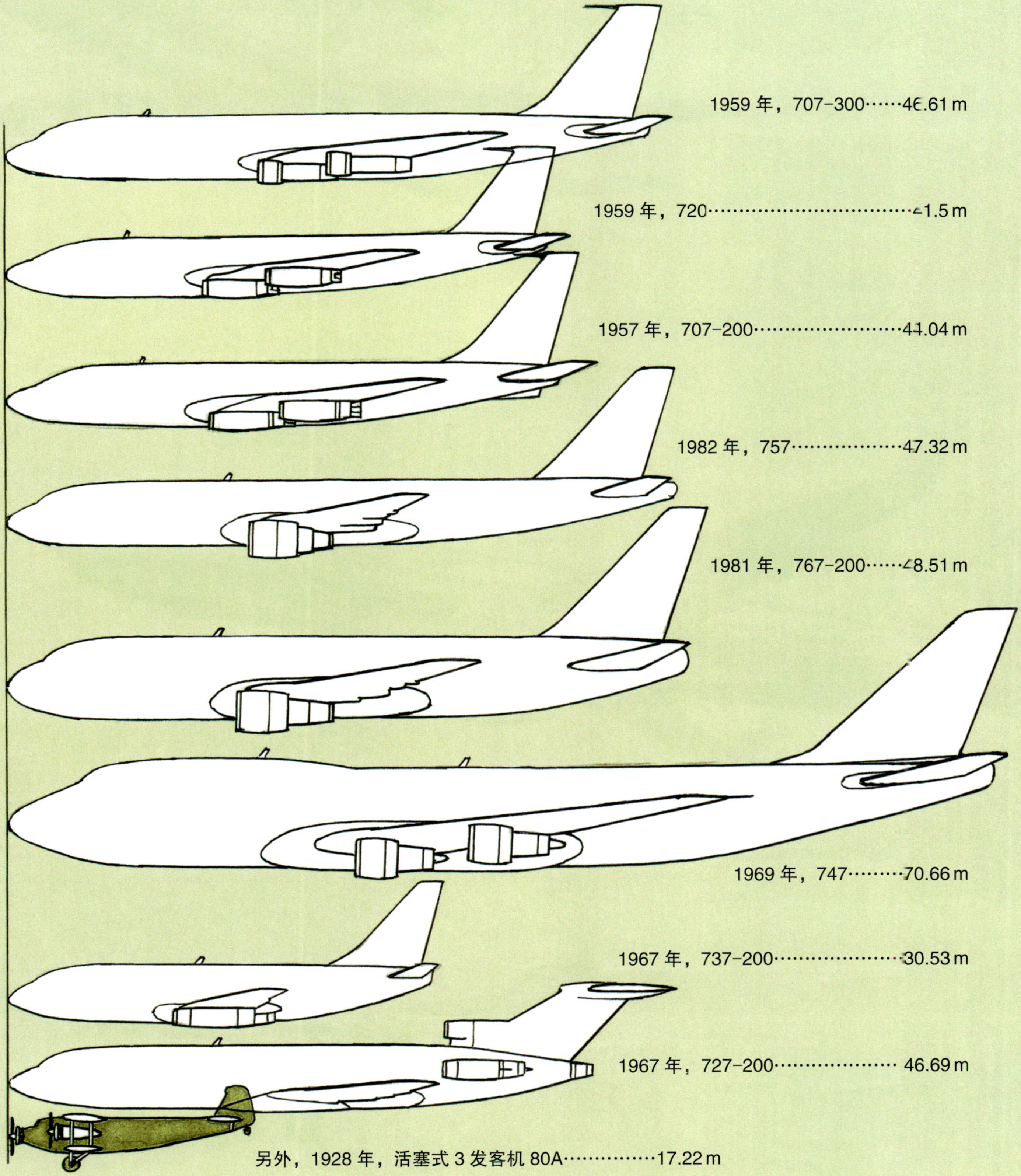


* 1994 年的波音 777-200 机长 63.73 m，2009 年及以后的 787-8/9/10 机长分别为 56.72 m、62.81 m、68.28 m。——编者注

## 道格拉斯 DC 开始高科技化

1972年停产的道格拉斯DC-8-60系列，为符合1985年起施行的噪声管理规定，更换了发动机，更加高科技化，转变为DC-8-70系列（71/72/73）。*

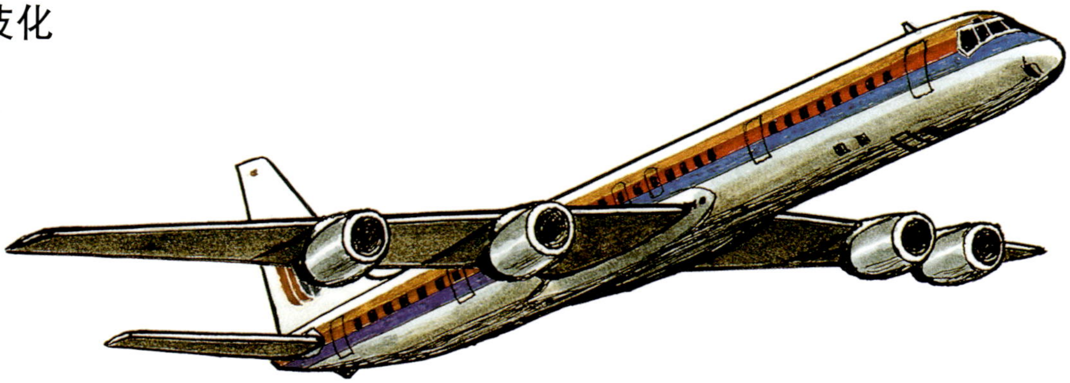

**1981 年，美国，道格拉斯 DC-8-71，4 发远程客机**
装配4台9,980公斤推力CMF56-2C1涡轮风扇发动机。巡航时速895 km，航程5,633 km，翼展43.4 m，机长57.1 m。机组成员3人，载客量259人。

**1990 年，美国，麦克唐纳·道格拉斯 MD-11，3 发远程客机**
由DC-10改进而来。装配3台27,896公斤推力通用电气CF6-80C2-D1F涡轮风扇发动机。巡航时速945 km，航程12,240 km，翼展51.6 m，机长61.6 m。机组成员2人，载客量285 ～ 405人。

**1993 年，美国，麦克唐纳·道格拉斯 MD-90，双发客机**
由MD-80系列改进而来，外形与MD-88十分相似。装配2台11,350公斤推力IAE V2525-D5涡轮风扇发动机。巡航时速809 km，航程4,216 km，翼展32.87 m，机长46.51 m。机组成员2人，载客量153 ～ 172人。MD-90系列总计生产了116架后于2000年停产。

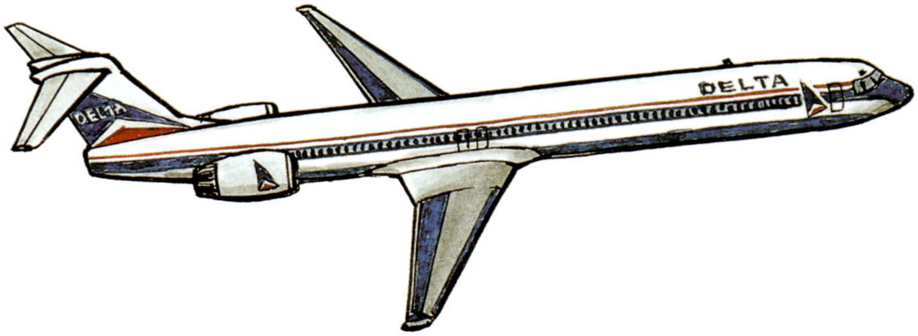


---

* 麦道公司在战斗机、直升机、导弹领域也十分出色，制造了诸如F-15“鹰”式战斗机、“阿帕奇”攻击直升机、“战斧”巡航导弹等十分成功的产品。1997年，麦道被波音公司合并。——编者注

1983年，道格拉斯DC-9“超级80”系列改名为麦克唐纳·道格拉斯MD-80系列。MD-81/82/83/87/88首飞时间分别为1979、1981、1984、1986、1987年。

**1981年，美国，麦克唐纳·道格拉斯MD-82，双发客机**

装配2台8,392公斤推力普惠JT8D-209涡轮风扇发动机。巡航时速811 km，航程3,800 km，翼展32.82 m，机长45.01 m。机组成员2人，载客量172人。中国也获得了制造许可。

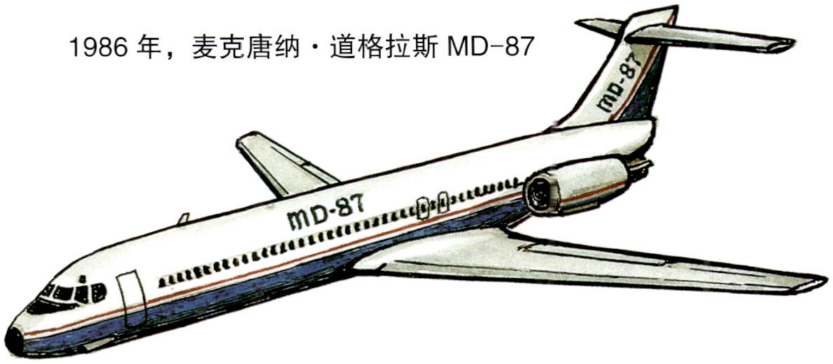


**1986年，麦克唐纳·道格拉斯 MD-87**

装配2台9,072公斤推力普惠JT8D-217C涡轮风扇发动机。巡航时速811 km，航程4,395 km，翼展32.82 m，机长39.73 m。机组成员2人，载客量130人。MD-87是80系列中的缩短型，机身缩短了5.28 m。

**麦克唐纳·道格拉斯 MD-88**

外形与81/82/83相同，是80系列的最后一款机型，也最先进。

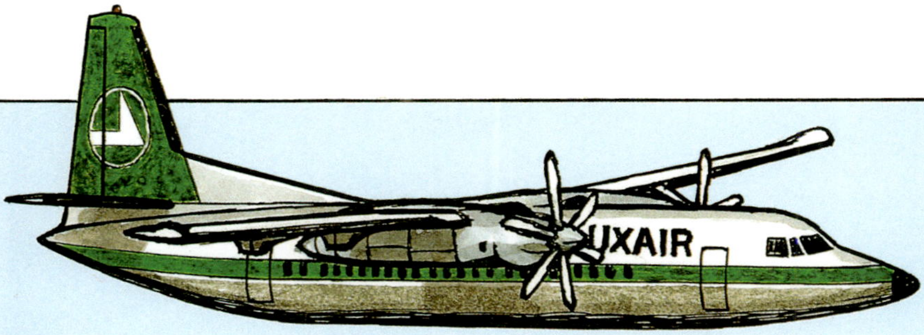


**1985年，荷兰，福克50，小型双发客机**

装配2台2,500马力普惠·加拿大PW125B涡轮螺旋桨发动机。巡航时速530 km，航程2,055 km，翼展29 m，机长25.25 m。机组成员2人，载客量58人。

**1996年，福克公司宣布破产，84年的飞机制造历史告终。**

**1986年，荷兰，福克100，双发中程客机**

装配2台6,282公斤推力罗罗“泰伊（*Tay*）”Mk.620涡轮风扇发动机。巡航时速845 km，航程2,450 km，翼展28.08 m，机长35.53 m。机组成员2人，载客量107人。

## 小型客机和短程客机

**1981 年，英国，BAe 146，4 发小型客机**

具有短距离起落能力。装配4台3,171公斤推力莱康明ALF 502R-5涡轮风扇发动机。巡航时速747 km，航程3,870 km，翼展26.34 m，机长26.2 m（BAe 146-100）。机组成员2人，载客量82 ~ 93人。该系列中还有机身延长型的146-200（1982年）和146-300（1987年）。

肖特 360 的前视图

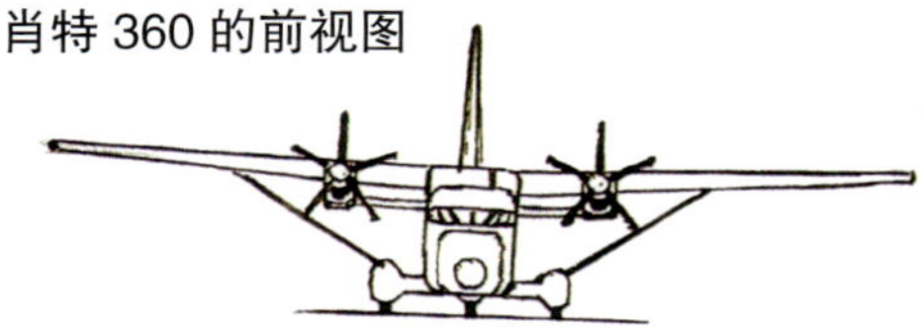

**1981 年，英国，肖特 360，双发短程客机**

装配2台1,424马力普惠·加拿大PT6A-65AR涡轮螺旋桨发动机。最高时速400 km，航程1,600 km，翼展22.81 m，机长21.58 m。机组成员2人，载客量36 ~ 39人。1985年改进后的派生型号360-300开始生产。

**1983 年，加拿大，德哈维兰·加拿大 DHC-8-100，双发小型客机**

装配2台2,000马力普惠·加拿大PW120A涡轮螺旋桨发动机。巡航时速491 km，航程1,889 km，翼展25.91 m，机长22.25 m。机组成员2人，载客量36 ~ 39人。
DHC-8的派生型号还有1987/1992年的加长型DHC-8-300/400，以及1993年的高性能型DHC-8-200。

**1983 年，瑞典，萨伯 340/340B，双发短程客机**

装配2台1,735马力通用电气CT7-5A2涡轮螺旋桨发动机。巡航时速504 km，航程1,167 km，翼展21.44 m，机长19.73 m。机组成员2人，载客量36人。(数据取自340)

**1983 年，巴西，巴西航空（Embraer）EMB-120“巴西利亚（*Brasilia*）”，双发短程客机**

装配2台1,800马力普惠 · 加拿大PW118涡轮螺旋桨发动机。巡航时速555 km，航程1,750 km，翼展19.78 m，机长20 m。机组成员2人，载客量30人。

**1986 年，英国，BAe ATP（Advanced Turbo-Prop，先进涡桨），双发中小型客机**

装配2台2,653马力普惠 · 加拿大PW126涡轮螺旋桨发动机。巡航时速496 km，航程1,825 km，翼展30.63 m，机长26 m。机组成员2人，载客量60 ～ 72人。

**1984/1988 年，法国、意大利合作研发，ATR 42/72，双发短程客机**

ATR 42装配2台1,800马力普惠 · 加拿大PW120涡轮螺旋桨发动机。巡航时速490 km，航程850 km，翼展24.57 m，机长22.67 m。机组成员2人，载客量41 ～ 50人。

ATR 72装配2台2,400马力普惠 · 加拿大PW124涡轮螺旋桨发动机。巡航时速526 km，航程1,195 km，翼展27.05 m，机长27.17 m。机组成员2人，载客量64 ～ 74人。

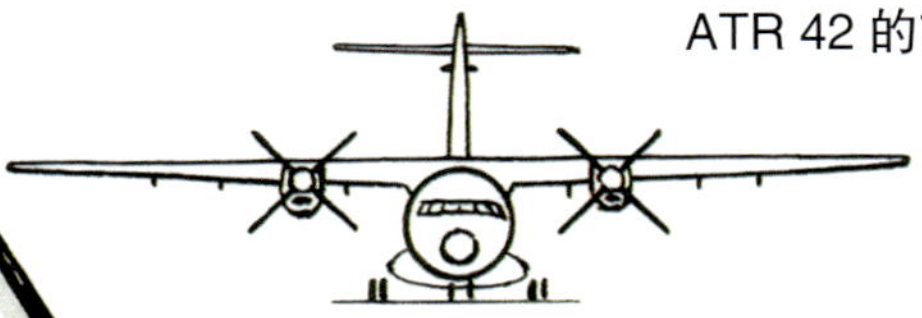

ATR 42 的前视图

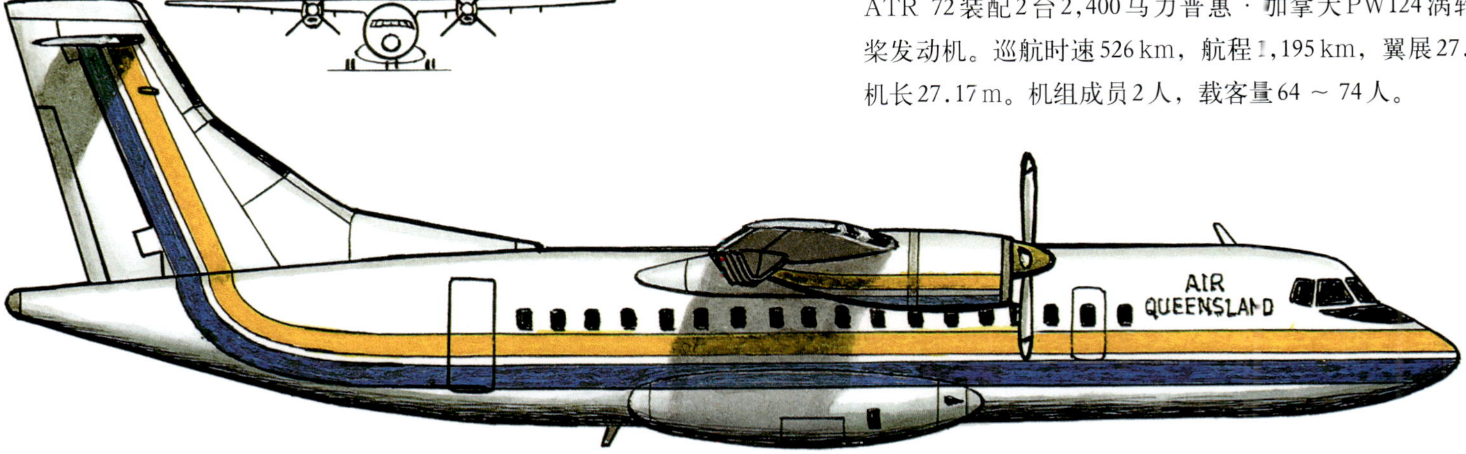

**1985 年，美国，湾流Ⅳ，双发公务机**

装配2台6,282公斤推力罗罗“泰伊”Mk.611-8涡轮风扇发动机。最高时速935 km，航程7,969 km，翼展23.72 m，机长26.92 m。机组成员2人，载客量19人。

**1986 年，美国，比奇“星舰”（Beechcraft *Starship*），双发公务机**

采用鸭式布局，没有尾翼，取而代之的是一对较大的翼梢小翼（方向舵就安装在上面），设计感极强。

装配2台1,200马力普惠 · 加拿大PT6A涡轮螺旋桨发动机。最高时速620 km，航程2,803 km，翼展16.6 m，机长14.1 m。机组成员2人，载客量6人。总计制造了53架后于1995年停产。

**1988 年，苏联，伊留申 伊尔-96-300，4 发大型远程客机**

装配4台16,000公斤推力航空发动机联合体（Aviadvigatel）PS-90A涡轮风扇发动机。最高时速900 km，航程11,500 km，翼展60.11 m，机长55.3 m。机组成员3人，载客量235 ～ 300人。采用了很多先进技术，如翼梢小翼、电传操纵系统、电子飞行仪表系统等。

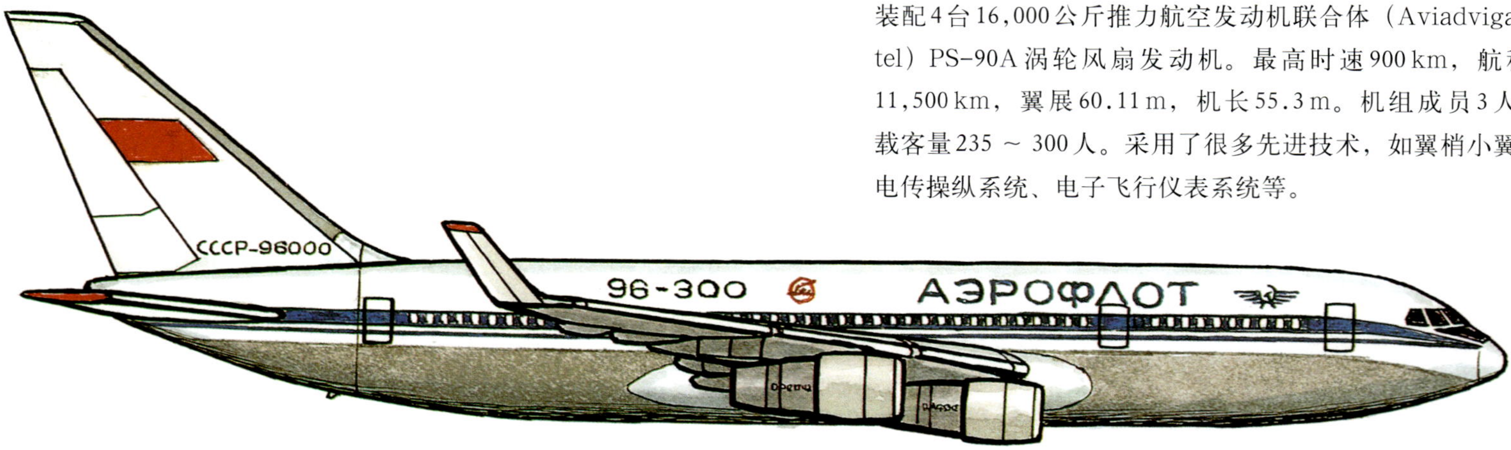


**1990 年，苏联，伊留申 伊尔-114，双发中小型客机**

装配2台2,466马力克里莫夫（Klimov）TV7-117S涡轮螺旋桨发动机。最高时速500 km，航程1,000 km，翼展30 m，机长26.88 m。机组成员2人，载客量64 ～ 75人。

**1989 年，苏联，图波列夫 图-204，双发大型中程客机**

装配2台16,000公斤推力航空发动机联合体PS-90A涡轮风扇发动机。巡航时速830 km，航程4,300 km，翼展41.8 m，机长46.14 m。机组成员2人，载客量214人。

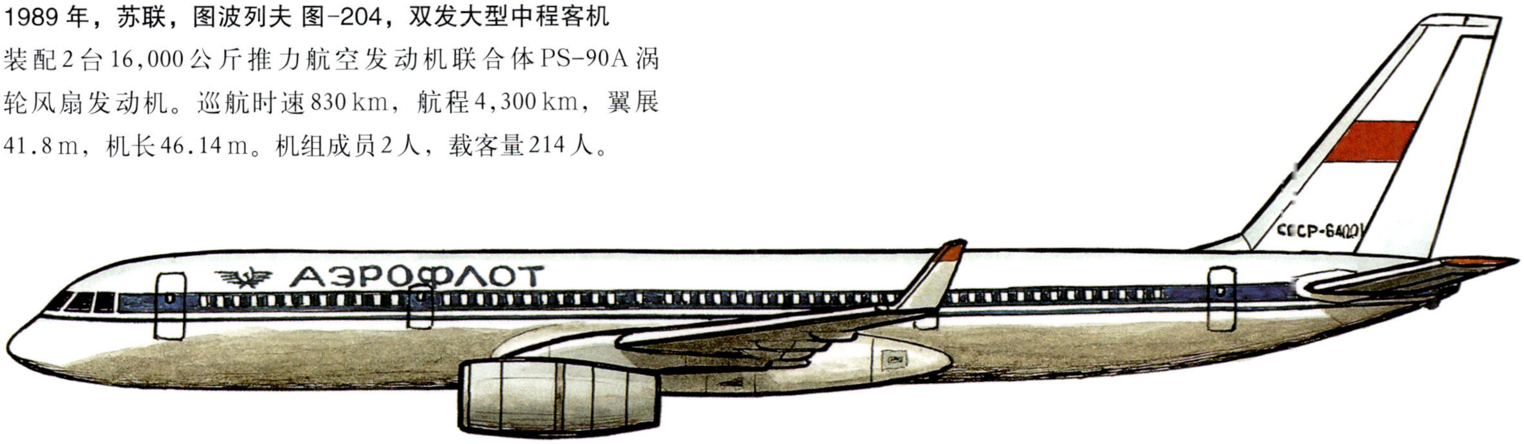


**1991 年，加拿大，庞巴迪（Bombardier）CRJ-200，双发短程客机**

装配2台4,186公斤推力通用电气CF34-3B1涡轮风扇发动机。巡航时速859 km，航程2,491 km，翼展21.21 m，机长26.77 m。机组成员2人，载客量50人。

**1992 年，瑞典，萨伯 2000，双发短程客机**

装配2台4,152马力艾利逊AE 2100A涡轮螺旋桨发动机。最高时速682 km，航程2,869 km，翼展24.76 m，机长27.28 m。机组成员2人，载客量50人。螺旋桨为6叶，噪声低，性能好。

苏联发生政变。

苏联解体，分裂为15个国家。

## 空中客车系列

1982 年，法国、英国、德国、西班牙合作研发，空中客车 A310，双发宽体客机

装配2台26,800公斤推力通用电气CF6-80C2涡轮风扇发动机。巡航时速875 km，航程9,540 km，翼展43.9 m，机长46.66 m。机组成员2人，载客量210 ～ 280人。（数据取自远程型的A310-300）

A310系列总计制造了255架后于1998年停产。

1987 年，国际合作研发，空中客车 A320，双发中程客机

装配2台11,350公斤推力CFM56-5涡轮风扇发动机。巡航时速829 km，航程6,100 km，翼展35.8 m，机长37.57 m。机组成员2人，载客量164 ～ 186人。

第一款采用数字电传飞控系统和侧置驾驶杆的机型。派生型号有1993年的加长型A321、1995年的缩短型A319、2002年更短的A318等。A320家族至今仍在生产。

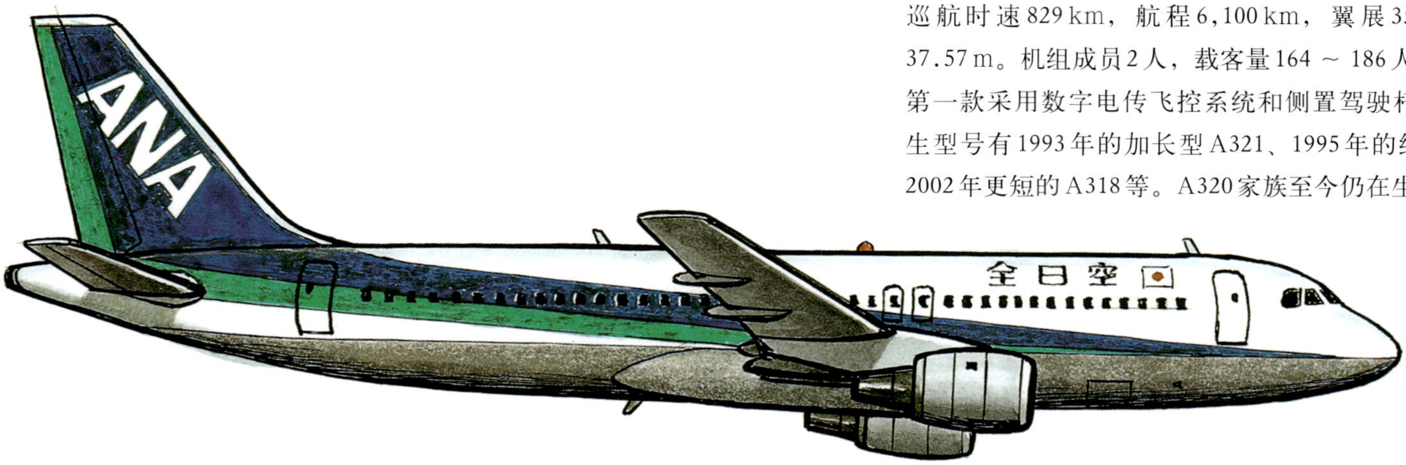


1993 年，空中客车 A321

A320的加长型，机身加长了6.94 m。装配2台13,620公斤推力CFM56-5B1涡轮风扇发动机。巡航时速829 km，航程5,950 km，翼展35.8 m，机长44.51 m。机组成员2人，载客量185 ～ 220人。

空中客车 A340-200

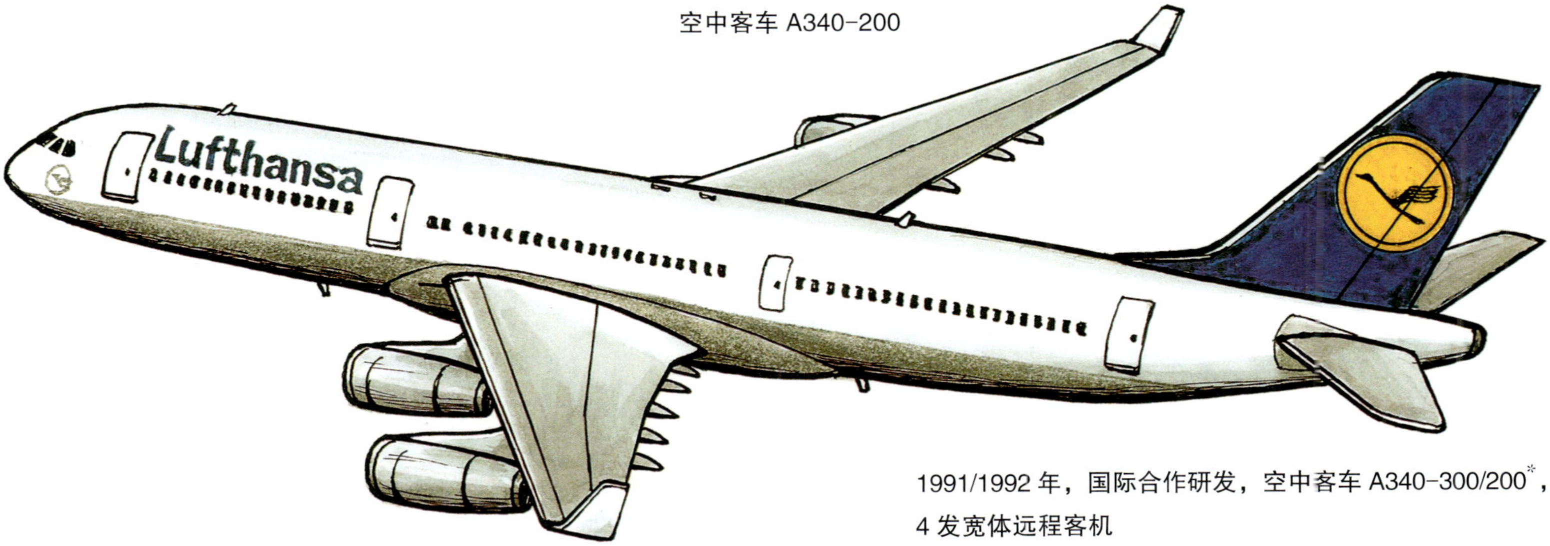


**1991/1992 年，国际合作研发，空中客车 A340-300/200*，4 发宽体远程客机**

装配4台14,165公斤推力CFM56-5C2涡轮风扇发动机。巡航时速871 km，航程12,400 km，翼展60.3 m，机长59.39 m。机组成员2人，载客量265 ～ 303人。（数据取自A340-200）

---

* A340的派生型号还有A340-500/600，整个A340系列总计制造了377架后于2011年停产。——编者注

**1992 年，国际合作研发，空中客车 A330-300，双发宽体中远程客机**

装配2台30,645公斤推力通用电气CF6-80E1-A2涡轮风扇发动机。巡航时速871 km，航程11,750 km，翼展60.3 m，机长63.65 m。机组成员2人，载客量335 ～ 440人。

**1995 年，国际合作研发，空中客车 A319，双发客机**

属于A320家族。装配2台10,659公斤推力CFM56-5A或12,065公斤推力IAE V2500A5涡轮风扇发动机。巡航时速829 km，航程6,950 km，翼展35.8 m，机长33.84 m。机组成员2人，载客量138人。机身比A320短3.73 m，其他系统与A320/321相同。

## 空中客车系列的长度比较

如图所示，A319、A320、A321是普通机身飞机，其余的是宽体飞机。*

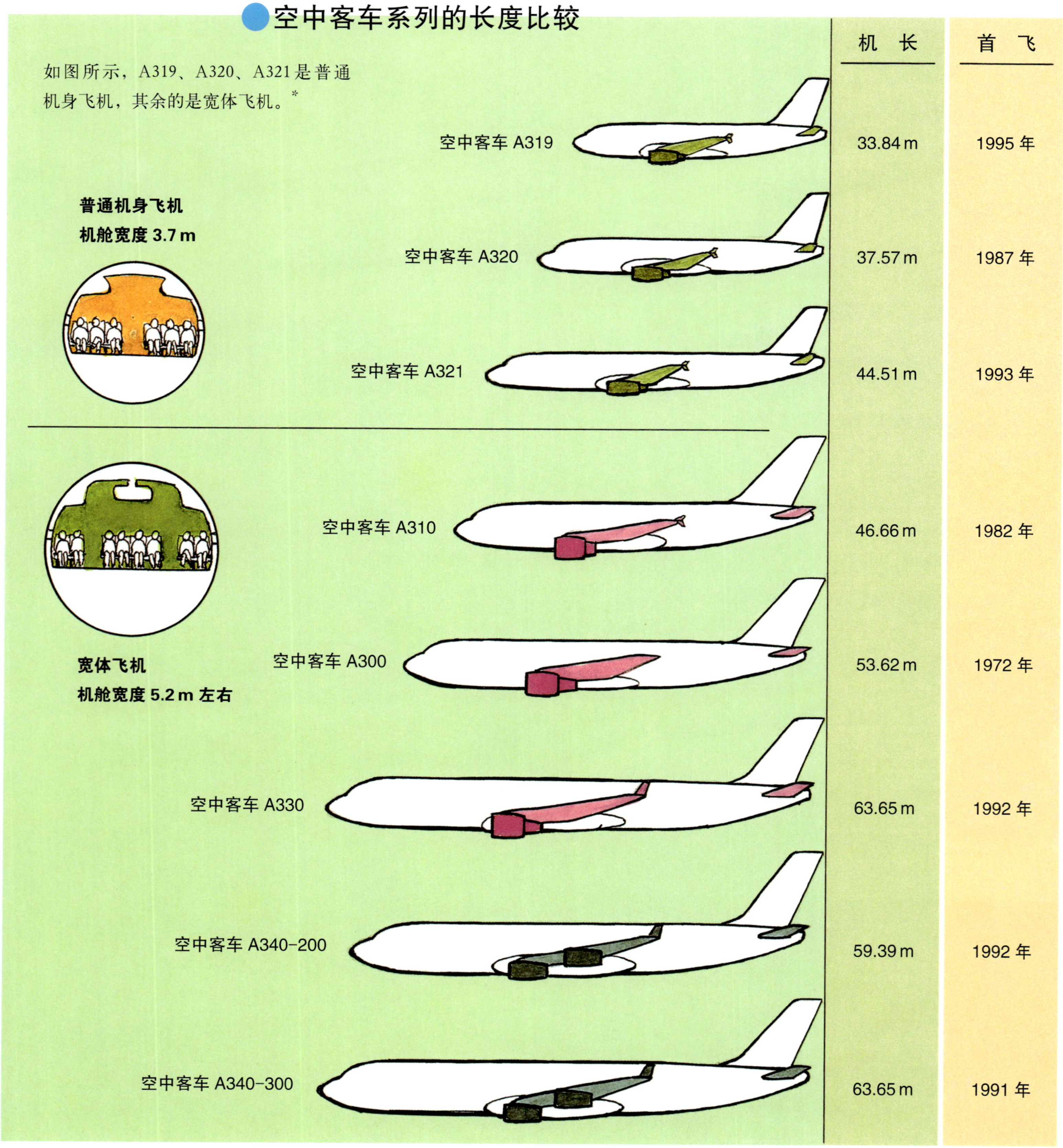


* 2005年首飞的巨型客机A380机长72.72 m，机舱上层宽度5.8 m，下层宽度6.5 m；2013年首飞的宽体客机A350-900机长66.61 m，机舱宽度5.61 m，加长型A350-1000机长73.59 m。——编者注

## 20 世纪 90 年代中期出现的客机和公务机

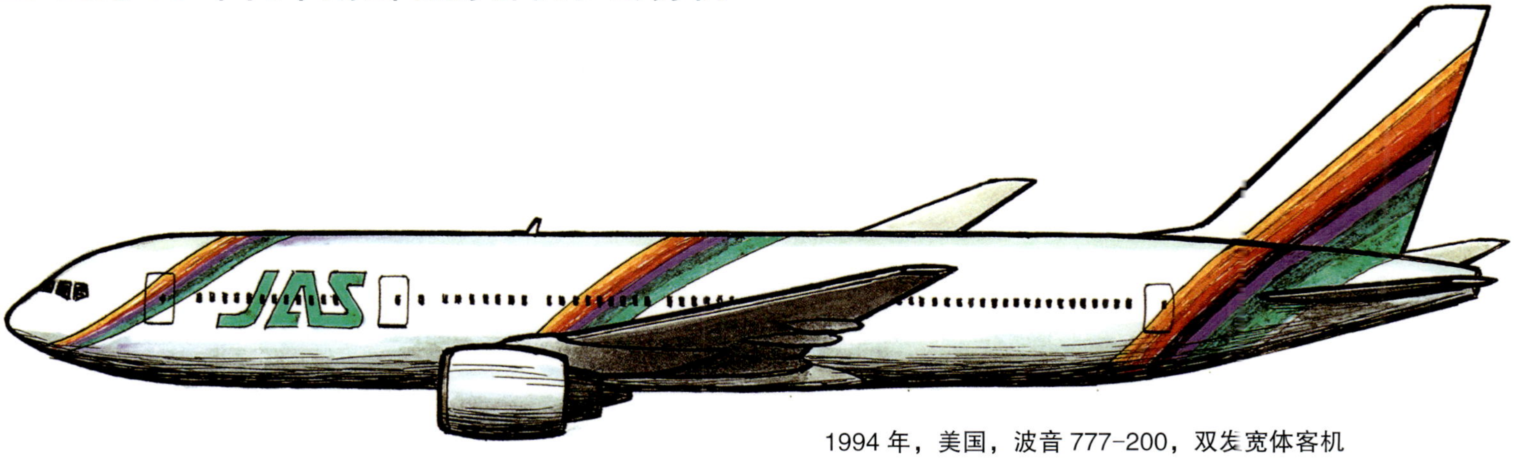


**1994 年，美国，波音 777-200，双发宽体客机**

装配 2 台 35,017 公斤推力普惠 PW4077 或罗罗“遄达（*Trent*）”877 或通用电气 GE90-77B 涡轮风扇发动机。巡航时速 892 km，航程 9,700 km，翼展 60.93 m，机长 63.73 m。机组成员 2 人，载客量 298 ～ 440 人。*

---

* 波音 777 家族还有 777-200ER/200LR/F/300/300ER 等型号，整个波音 777 家族自 1995 年投产以来，至今已生产超过 1,520 架，目前仍有超过 1,000 架在役。——编者注

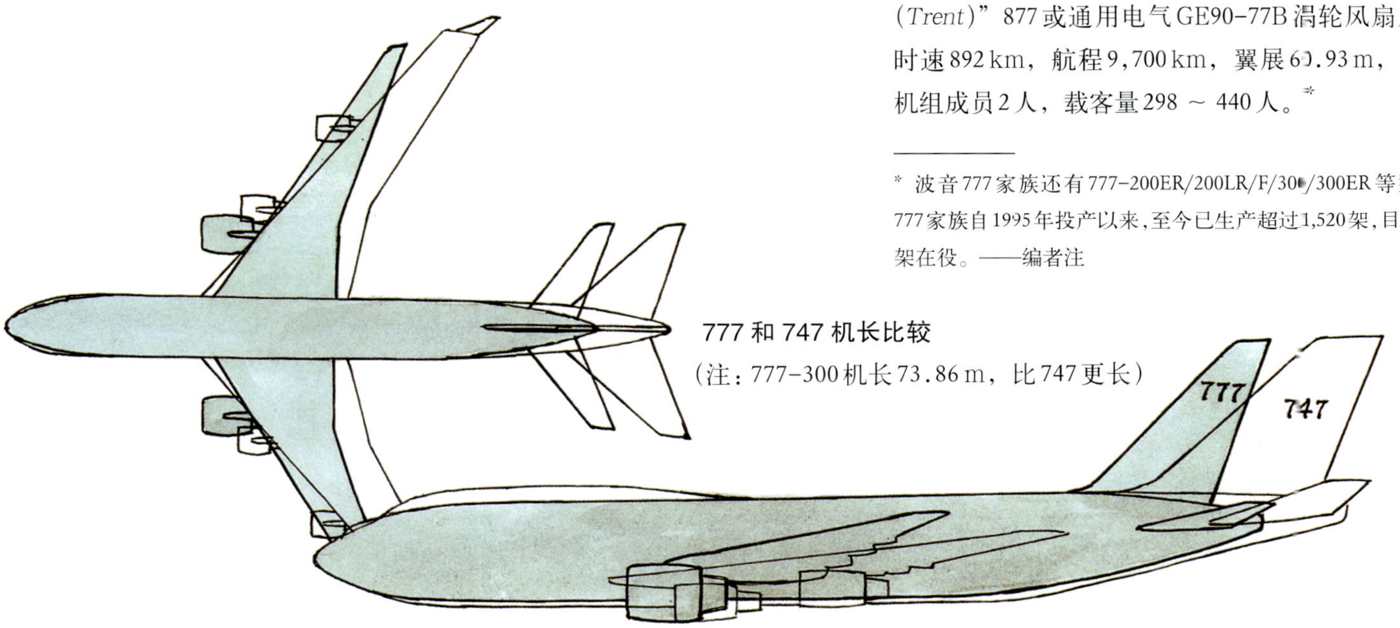


**777 和 747 机长比较**

（注：777-300 机长 73.86 m，比 747 更长）

**1995 年，美国，里尔喷气 45，双发中型公务机**

装配 2 台 1,589 公斤推力霍尼韦尔（Honeywell）TFE731-20 涡轮风扇发动机。最高时速 858 km，航程 4,047 km，翼展 14.58 m，机长 17.68 m。机组成员 2 人，载客量 12 人。

**1992 年，意大利，3I“天箭”（Iniziative Industriali Italiane *Sky Arrow*），小型飞机**

由于使用了碳纤维等轻型复合材料，“天箭”总重只有650 kg，机翼还可以折叠。驾驶时视野开阔，且操作简单。装配1台98.6马力罗泰克斯（Rotax）912活塞式发动机。巡航时速187 km，航程700 km，翼展9.68 m，机长7.6 m。双座。

**1995 年，加拿大，庞巴迪“挑战者（*Challenger*）”CL-604，双发公务机**

装配2台4,185公斤推力通用电气CF34-3B1涡轮风扇发动机。最高时速870 km，航程7,550 km，翼展19.61 m，机长20.85 m。机组成员2人，载客量19人。

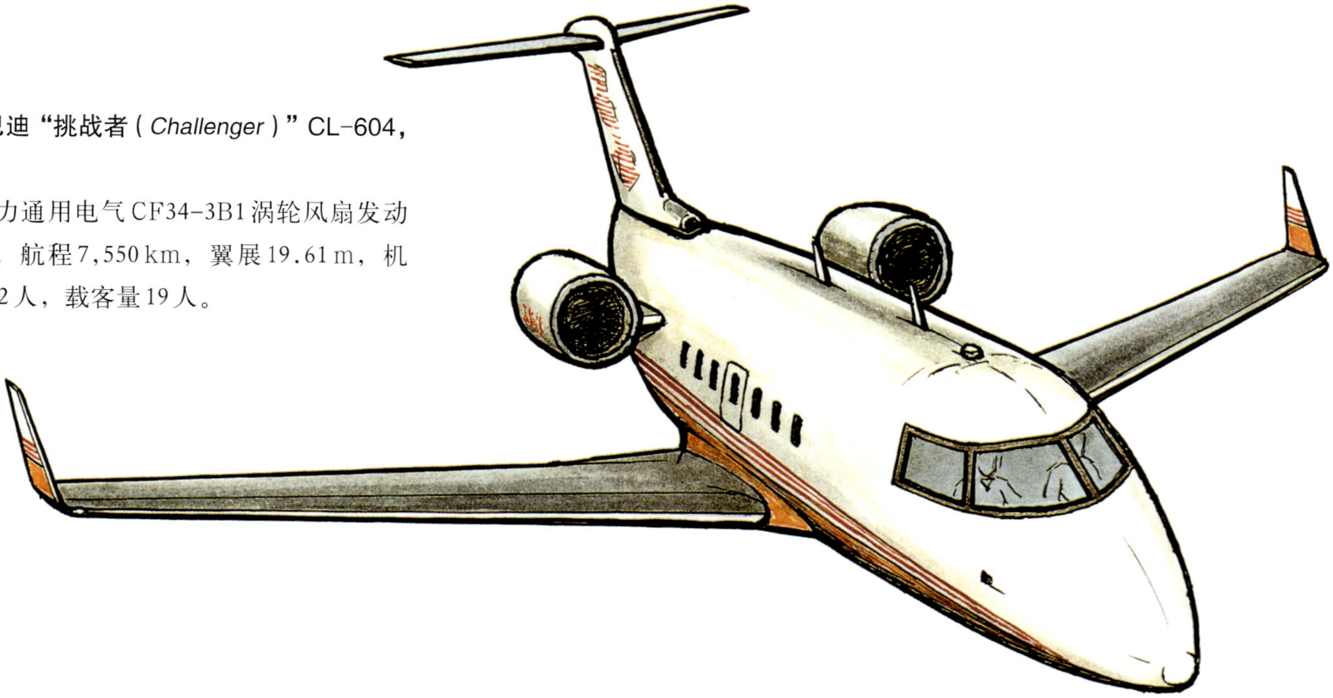

**1995 年，巴西，巴西航空 ERJ145，双发小型客机**

装配2台3,438公斤推力罗罗AE 3007-A1涡轮风扇发动机。巡航时速833 km，航程2,870 km，翼展20.04 m，机长29.87 m。机组成员2人，载客量50人。适于在高温高海拔地区起降。

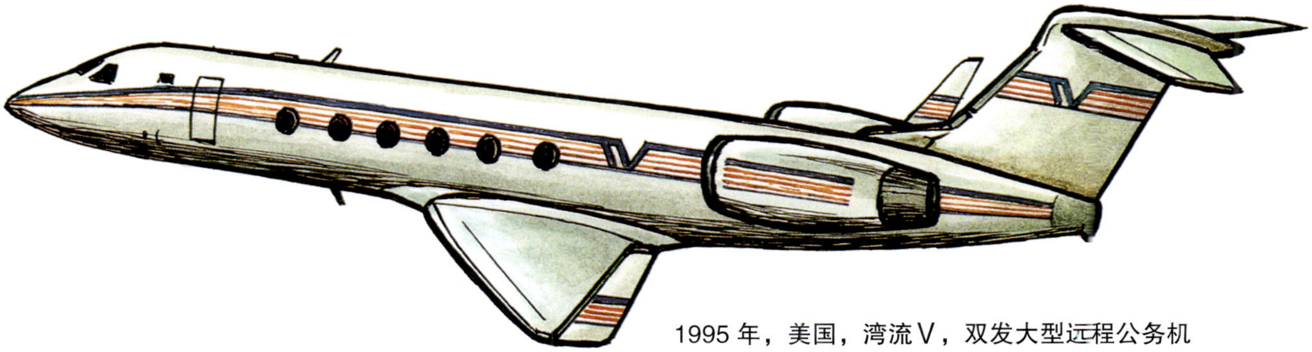

**1995 年，美国，湾流 V，双发大型远程公务机**

喷气式公务机的代表。装配2台6,690公斤推力罗罗BR710涡轮风扇发动机。巡航时速8[illegible]2 km，最高时速可达1,078 km，航程12,038 km，翼展2[illegible].48 m，机长29.4 m。机组成员2人，载客量18人。

**1996 年，加拿大，庞巴迪“环球快车（*Global Express*）”，双发公务机**

装配2台6,690公斤推力罗罗BR710 A2-20涡轮风扇发动机。巡航时速902 km，航程9,630 km，翼展28.7 m，机长29.5 m。机组成员2人，载客量13人。

**1994 年，俄罗斯，伊留申 伊尔-103，小型多用途机**

装配1台210马力大陆IO-360-ES活塞式发动机。巡航时速180 km，航程1,050 km，翼展10.6 m，机长7.95 m。飞行员1人，载客量3～4人。全金属制，可进行特技飞行。

# 4 从今往后，自由飞翔

过去，航空先驱们赌上性命，从降落伞、滑翔机、热气球开始追逐飞行的梦想。现在，我们又可以回到追梦之路的起点，可以背着降落伞、坐着滑翔机或热气球，乘着风和气流玩耍，享受空中运动带来的兴奋和满足。过去，有一些前辈试图靠人力扇动翅膀而飞上天空，为此身负重伤甚至殒命。现在，人们已经可以用人力驱动螺旋桨飞上天空，并像体育运动一样不断打破着人力飞行的纪录。同时，民航客机、直升机、货物运输机在各个领域发挥着重要作用。目前，以太阳能为动力，完全不消耗燃油的飞机已经诞生，并且完成了环球飞行。另外，2011年美国的航天飞机全部停飞后，新的太空巴士计划业已展开。

滑翔伞

**滑翔伞与滑翔翼**

滑翔伞是将降落伞和滑翔翼结合在一起的飞行器。滑翔伞飞行运动爱好者已超过300万人。

滑翔翼构造简单，具有硬式基本构架，而且安全易学，只需要在合适的山坡上逆风跑动几步，就可以乘风翱翔。

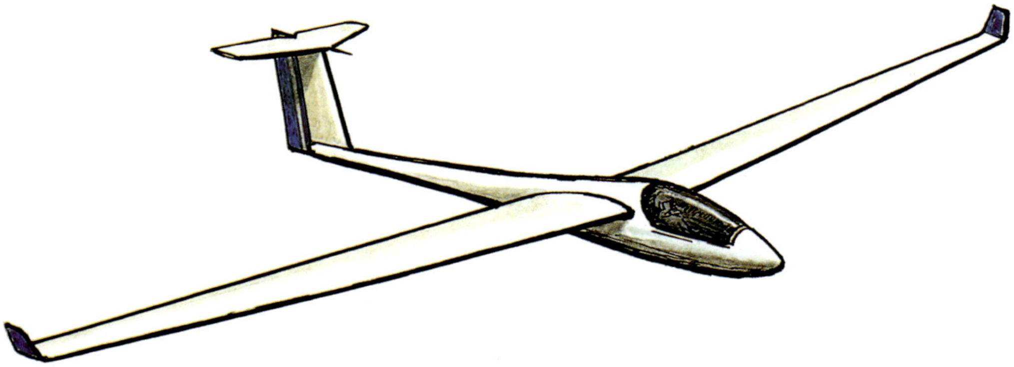

**1994年，德国，罗拉登·施耐德（Rolladen-Schneider）LS8滑翔机**

单座，无动力。最高时速可达280 km，航程视操纵技术而定，翼展15 m，机长6.72 m。LS8曾赢得多项滑翔锦标赛冠军。作为体育运动，滑翔机运动是在第一次世界大战后在德国兴起的（这与《凡尔赛条约》禁止德国发展飞机有密切关系），随后传播到全世界。

滑翔翼

**蒙戈尔菲耶热气球的复活**

1960年，美国人爱德华·约特斯（Edward Yost）用很轻的耐热织物制作了一个直径12 m的气球，用丙烷燃烧器为气球中的空气加热，上升和下降都可以通过燃烧器自由调节。第一个现代热气球就这样诞生了。到1970年左右，热气球运动开始作为空中运动流行起来。现在，世界许多国家都有热气球活动举行。日本佐贺市从1980年开始，每年秋天都会举行正式的热气球活动，并且很多国际性的热气球大赛也会选择在这里举办。

1995年5月，在北海道泷川市举行的亚洲首次热气球国际大赛

## 故事中的人力飞行终于实现

在希腊神话中，巧匠代达罗斯为了带上儿子伊卡洛斯逃离克里特岛，制作了翅膀。后来很多人也试图靠人力扇动翅膀飞上天空，但都失败了*。到了1979年6月，美国人保罗·麦卡克莱迪（Paul MacCready）制作的人力飞机“蝉翼信天翁（*Gossamer Albatross*）”成功飞越英吉利海峡。“发动机”兼飞行员是一名自行车运动员，他脚踩踏板来驱动螺旋桨，用了2小时49分钟的时间飞行了约40 km。1988年4月，麻省理工学院制作的人力飞机“代达罗斯88号”从克里特岛飞到了圣托里尼岛，全程117 km，飞行时间3小时54分钟，创造了人力飞行的新纪录，再现了希腊神话。

**1979年，美国，“蝉翼信天翁”人力飞机**
翼展29.77 m，空重32 kg。“发动机”兼飞行员是美国自行车运动员布莱恩·艾伦（Bryan Allen）。

**1988年，美国，“代达罗斯88号”人力飞机**
翼展34 m，空重31 kg，螺旋桨直径3.3 m。“发动机”兼飞行员是希腊自行车运动员卡内洛斯·卡内洛普洛斯（Kanellos Kanellopoulos）。

---

* 2010年，加拿大多伦多大学的师生共同制作了一架叫“雪鸟（*Snowbird*）”的扑翼机，它可以靠人力持续拍打翅膀来停留在空中。——编者注

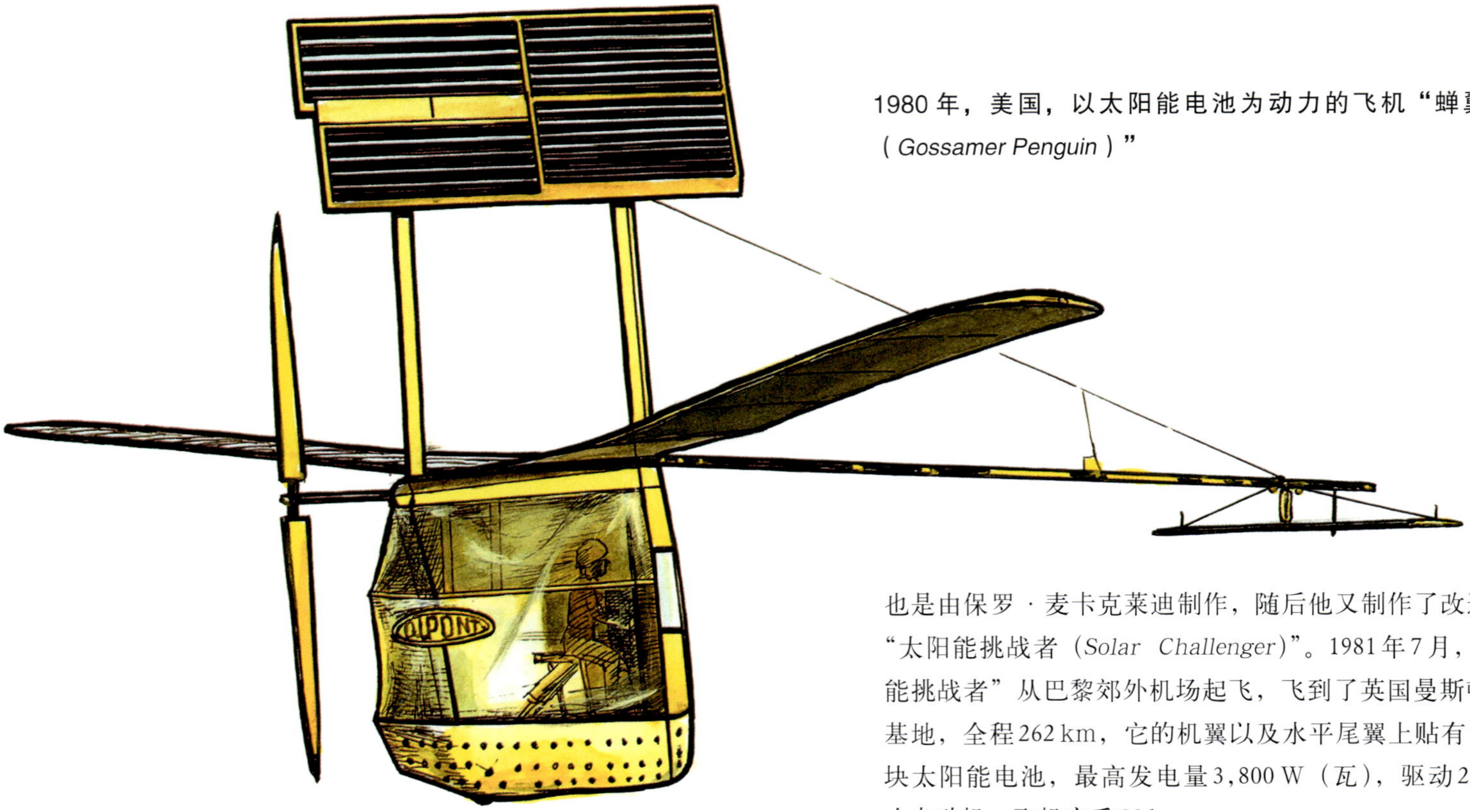


**1980 年，美国，以太阳能电池为动力的飞机“蝉翼企鹅（*Gossamer Penguin*）”**

也是由保罗·麦卡克莱迪制作，随后他又制作了改进型号“太阳能挑战者（*Solar Challenger*）”。1981年7月，“太阳能挑战者”从巴黎郊外机场起飞，飞到了英国曼斯顿空军基地，全程262 km，它的机翼以及水平尾翼上贴有16,128块太阳能电池，最高发电量3,800 W（瓦），驱动2台3马力电动机，飞机空重90 kg。

**1984 年，美国，鲁坦“旅行者”（Rutan *Voyager*）超轻型飞机**

由美国空军退役飞行员珍娜·耶格尔（Jeana Yeager）、迪克·鲁坦（Dick Rutan）及迪克的弟弟伯特·鲁坦（Burt Rutan，一位传奇的飞机设计师）设计。

1986年12月14—23日，迪克和珍妮驾驶“鲁坦旅行者”完成了不着陆不加油的环球飞行。耗时9天3分钟44秒，飞行距离42,432 km。

装配1台130马力大陆O-240活塞式发动机（前方）和1台110马力大陆IOL-200活塞式发动机（后方），最高时速196 km，翼展33.8 m，机长8.9 m，空重1,021 kg。

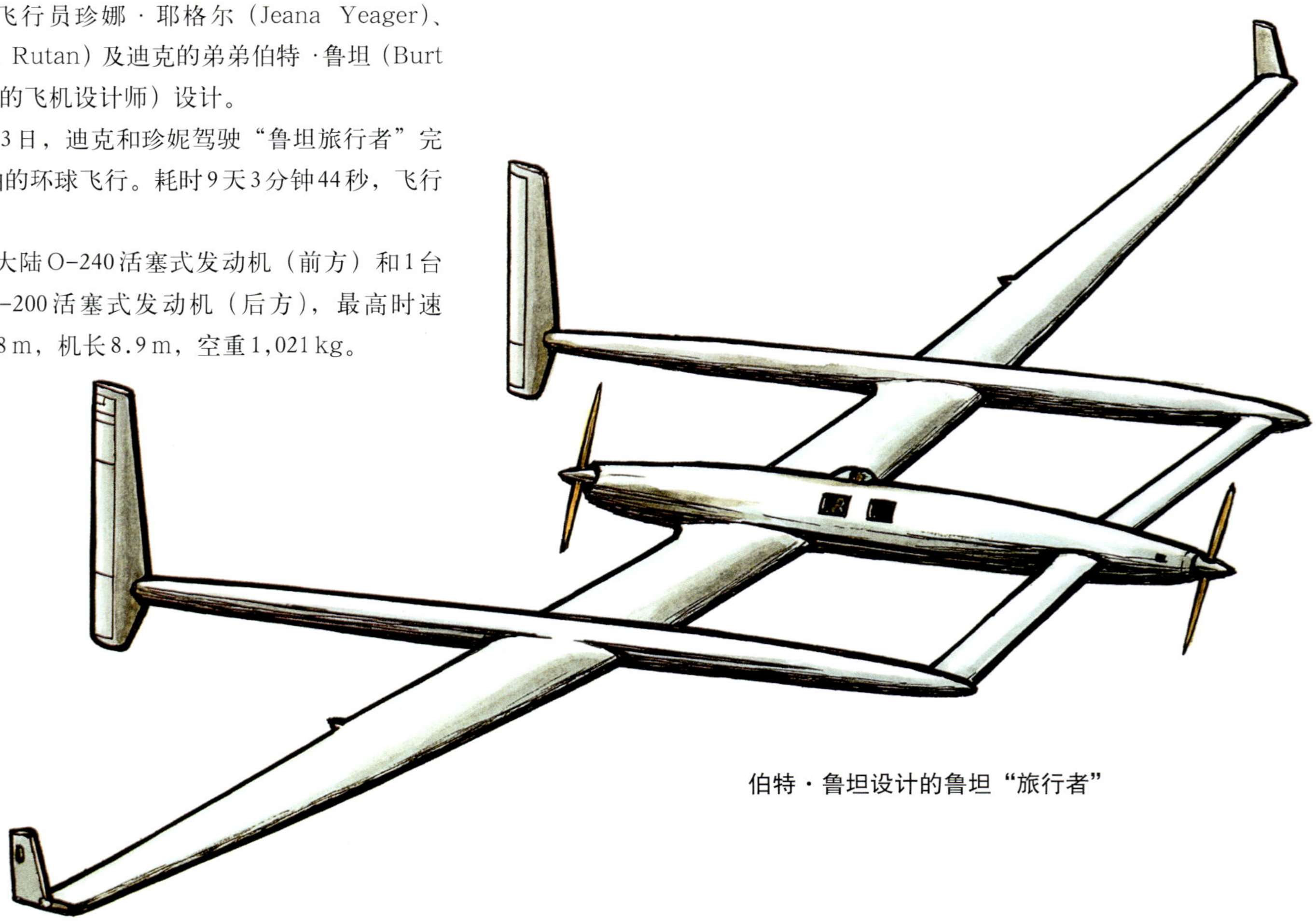

**伯特·鲁坦设计的鲁坦“旅行者”**

## 新一代直升机

**1977年，美国，西科斯基 S-76C**

装配2台981轴马力透博梅卡“阿赫耶（*Arriel*）”1S1涡轮轴发动机。最高时速290 km，航程798 km，旋翼直径13.4 m，机长13.4 m（不含尾桨），空重2,819 kg。机组成员2人，载客量12人。

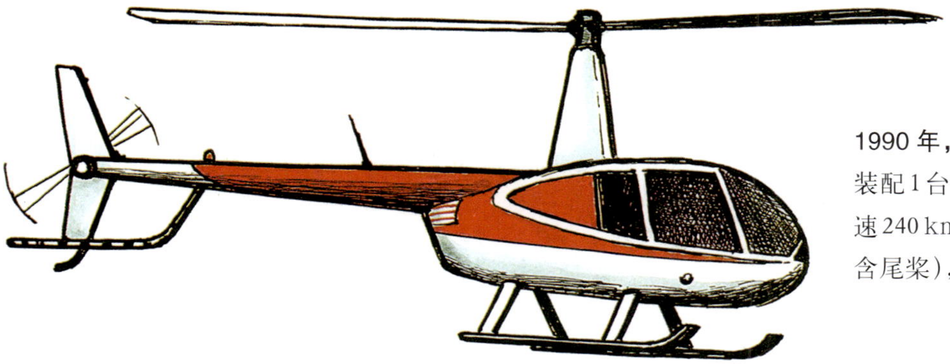

**1990年，美国，罗宾逊（Robinson）R44轻型直升机**

装配1台260马力莱康明O-540-F1B5活塞式发动机。最高时速240 km，航程560 km，旋翼直径10.1 m，机长9.07 m（不含尾桨），空重639 kg。飞行员1人，载客量3人。销量极佳。

**1975年，法国，法国宇航（Aérospatiale）SA365“海豚（*Dauphin*）”2**

装配2台710轴马力透博梅卡“阿赫耶”1C涡轮轴发动机。最高时速296 km，航程896 km，旋翼直径11.9 m，机长13.68 m，空重2,260 kg。机组成员2人，载客量12人。中国也获得了制造许可，型号为Z9。

**1995 年，法国、中国、新加坡合作研发，欧直（Eurocopter）EC120“蜂鸟（*Colibri*）”多用途直升机**

装配1台504轴马力透博梅卡“阿赫耶”2F涡轮轴发动机。最高时速240 km，航程770 km，旋翼直径10 m，机长9.6 m，空重875 kg。机组成员2人，载客量3人。

**1994 年，美国，麦克唐纳·道格拉斯 MD-600N 轻型直升机**

使用了专利无尾桨系统。装配1台600轴马力艾利逊250-C47涡轮轴发动机。最高时速282 km，航程740 km，旋翼直径8.38 m，采用6叶螺旋桨，机长11.79 m，空重952 kg。机组成员2人，载客量6人。

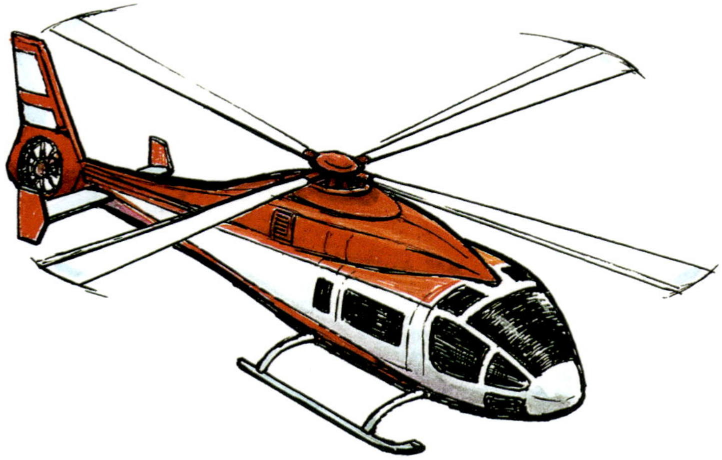

**1996 年，日本，三菱 MH2000**

三菱重工独自研发的民用轻型直升机。装配2台801轴马力三菱MG5-110涡轮轴发动机。旋翼直径12.2 m，采用4叶螺旋桨，而尾桨采用10叶。

**1988 年，日本，富士－贝尔 205B**

贝尔205的改进型号，由富士重工研发，型号改为UH-1J，交付日本陆上自卫队使用。装配1台1,500轴马力莱康明T53-17B涡轮轴发动机。

**1991 年，美国，卡曼（Kaman）K-MAX 起重直升机**

无尾桨直升机，专用于执行外部吊挂运输任务。一般高度时最大吊挂载荷2,720 kg，飞行高度在2,400 m时最大吊挂载荷2,270 kg。

装配1台1,500轴马力莱康明T53-17 A涡轮轴发动机。最高时速185 km，空重2,041 kg。采用交叉并列双旋翼，旋翼直径14.71 m，机长15.8 m。飞行员1人。*

* 2008年，该机出现了无人驾驶型号。——编者注

**交叉并列双旋翼**

两旋翼轴呈V字形，旋翼旋转方向相反，设计时考虑了二者的协调性，所以两副旋翼不会相撞。这种结构能提供更好的稳定性和更高的载重量。

**1977 年，美国，贝尔 XV-15 倾旋翼试验机**

机翼两端的发动机和螺旋桨可以倾转，直立时可以像直升机一样垂直起降和悬停。1989年改进为贝尔·波音V-22后实用化，V-22装配2台6,150轴马力罗罗·艾利逊T406涡轮轴发动机。**

** 2003年，民用型号BA609（装配2台1,940轴马力普惠·加拿大PT6C涡轮轴发动机）首飞；2006年，军用型号“鱼鹰（*Osprey*）”正式进入美国空军服役。——编者注

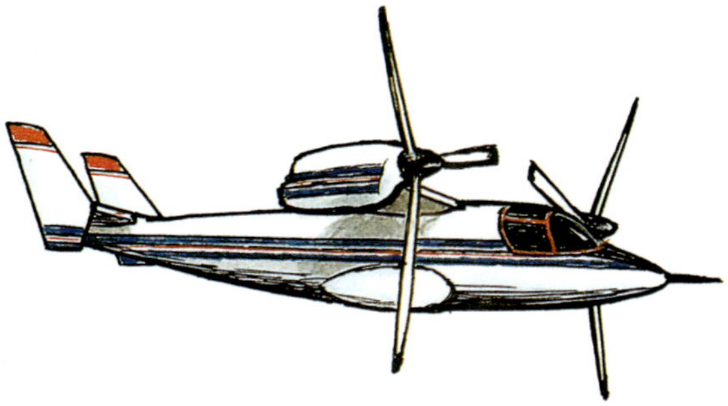

高速巡航时，发动机和螺旋桨倾转到水平位置

起降时，发动机和螺旋桨倾转到垂直位置

## 宇宙巴士，飞向太空

1981 年，美国，国家航空航天局的航天飞机（Space Shuttle）由罗克韦尔国际公司（Rockwell International）研发的宇宙巴士。

轨道飞行器上装有3台主发动机，2台轨道机动发动机，而反作用控制系统中有44台推力器。以“奋进号（*Endeavour*）”为例，轨道飞行器翼展23.79 m，机长37.24 m；外储箱直径8.4 m，长46.9 m，容积2,025 $m^3$；固体火箭助推器直径3.71 m，长45.46 m；每台固体火箭助推器海平面推力1,270,059公斤，每台主发动机海平面推力178,625公斤；起飞重量2,000吨。

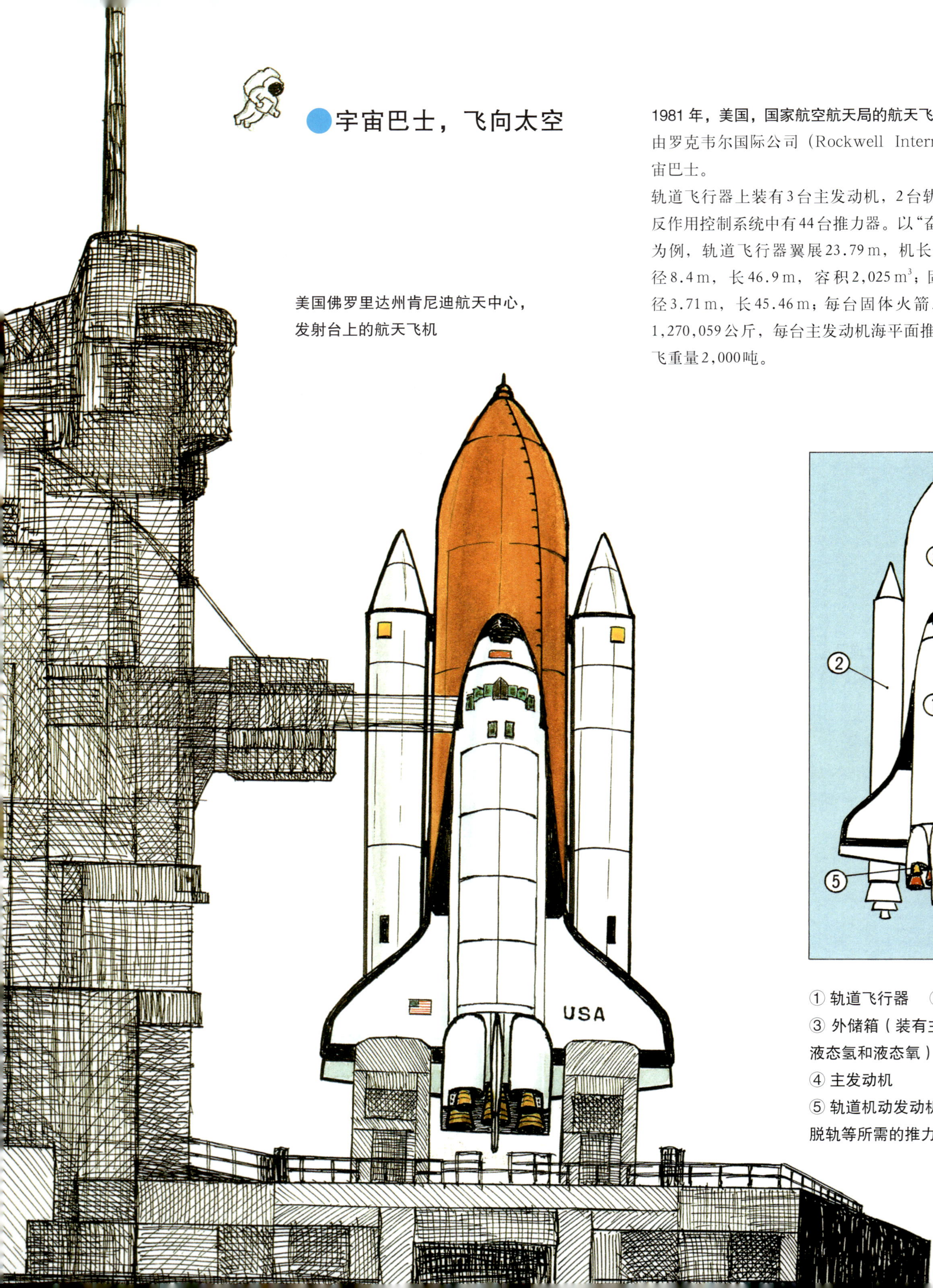


美国佛罗里达州肯尼迪航天中心，发射台上的航天飞机

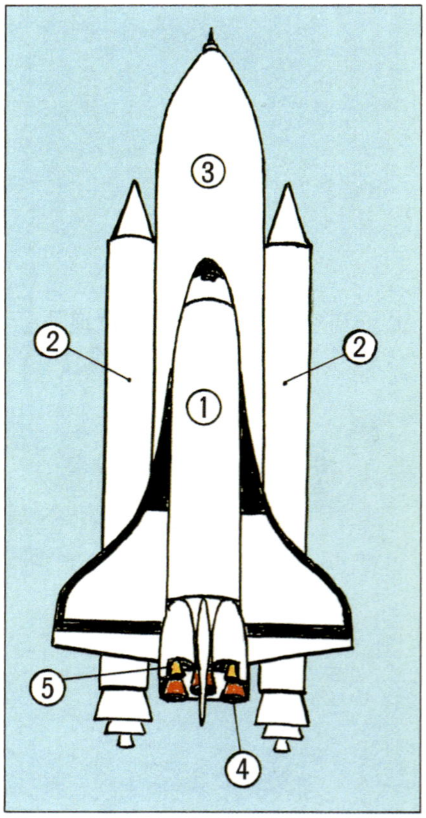


① 轨道飞行器　② 固体火箭助推器
③ 外储箱（装有主发动机的推进剂：液态氢和液态氧）
④ 主发动机
⑤ 轨道机动发动机（提供入轨、变轨、脱轨等所需的推力）

## ●航天飞机*的起飞与返回过程

首先主发动机点火，3~4秒后固体火箭助推器点火，发射升空。2分钟后助推器燃料耗尽，与轨道飞行器和外储箱脱离，2台助推器可以回收维修，供下次使用。8分钟后，轨道飞行器即将进入地球轨道，外储箱燃料耗尽，主发动机关机，再经过18秒后外储箱与轨道飞行器分离，陨落到大气层并在大气层中焚毁。10分钟后轨道机动发动机启动，推动轨道飞行器进入地球轨道。

轨道飞行器进入地球轨道后，作无动力飞行。可以根据任务需要，在不同高度的轨道上运行7~30天，期间完成卫星检修、太空实验等任务。

完成预定任务后，轨道飞行器启动轨道机动发动机实行制动减速，使得轨道飞行器的飞行速度不再与地球引力相抵，于是轨道飞行器开始向地球坠落。穿过大气层时，时速约28,000 km，由于与空气摩擦，此时轨道飞行器表面温度达到1,500 ℃（轨道飞行器表面贴有耐高温的隔热陶瓷），而头锥处温度高达5,000 ℃。之后由自动控制系统控制轨道飞行器的姿态和速度，最后将时速控制到340~360 km，在指定跑道上像飞机一样滑翔着陆。

总之，整个过程复杂而精准。

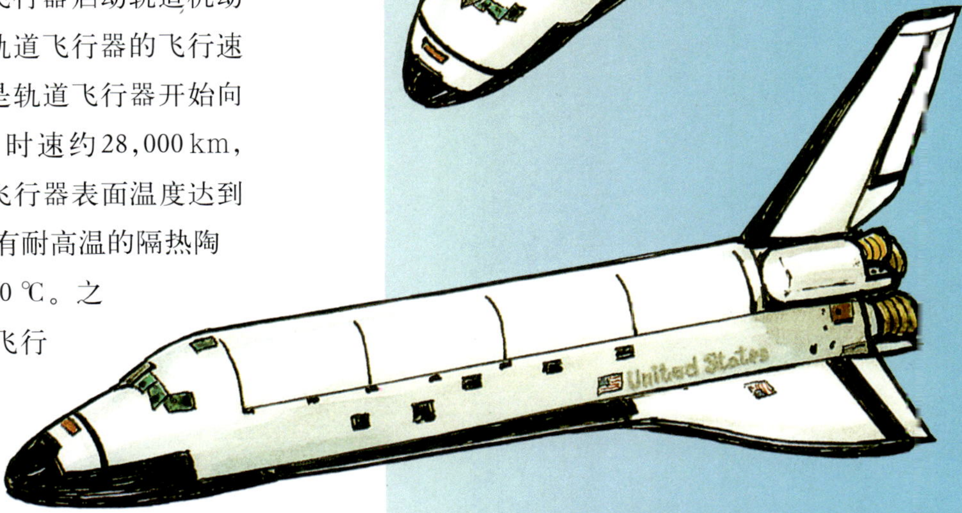

* 美国一共研发了5架航天飞机，分别为“哥伦比亚号（*Columbia*，1981年首飞，执行任务28次）”“挑战者号（*Challenger*，1983年首飞，执行任务10次）”“发现号（*Discovery*，1984年首飞，执行任务39次）”“亚特兰蒂斯号（*Atlantis*，1985年首飞，执行任务33次）”“奋进号（1992年首飞，执行任务25次）”。在130余次太空任务中，航天飞机为许多工作做出了重要贡献，如国际空间站的组装，“哈勃”太空望远镜的运行，地球地形图的绘制等。1986年1月28日，“挑战者号”发射升空73秒后爆炸解体，机上7名宇航员全部遇难。2003年2月1日，“哥伦比亚号”返回地面时在空中解体坠毁，机上7名宇航员全部遇难。2011年7月21日“亚特兰蒂斯号”安全返回地面后，美国航天飞机全部退役。——编者注

## 山本忠敬 年谱

1916年　出生于东京。

1941年　毕业于东京美术学校工艺与设计部。

成为横滨电影学院漫画电影研究所研究员。

为美术学校时代的老师和田三造氏主编的绘本月刊（少年美术研究会蓝天日本社、宝云社发行）提供画作。

11月入伍。

1943年　因病回国。1944年免除兵役。

1945年　任开成中学讲师，战后辞职。

1946年　开始设计、插图、电视广告和舞台设计等工作（忠站设计集团）。

1950—1956年　平凡社《儿童百科事典》插图。

1952—1954年　平凡社《缀方风土记》版画。

1954年　日本书籍出版协会《小学图画手工》上色、设计、编辑。

1959年　平凡社《日本残酷物语》全7卷，版画、插图。

1970年　东京书籍《新音乐》插图。

1970年　光村图书《小学新国语》插图。

1980年　日本书籍出版协会《小学社会科》艺术总监。

1956—1994年　新潮社《周刊新潮》从创刊号到1900号，设计、插图等。

1999年　福音馆书店《山本忠敬的交通工具图鉴：飞机的历史》出版。

2002年　福音馆书店《山本忠敬的交通工具图鉴：火车的历史》出版。

2003年　逝世。

山本忠敬　　道正太郎 摄

# 术语汇总

**安定面　stabilizer**
用于稳定飞机飞行动作的气动面。垂直尾翼前部的固定部分为垂直安定面，水平尾翼前部的固定部分为水平安定面。

**对流层　troposphere**
大气最下层，厚度（8 ~ 17 km）随季节和纬度而变化，随高度的增加平均温度递减，有对流和湍流。天气现象和天气过程主要发生在这一层。参见平流层部分。

**发动机　engine**
把热能、电能等转换为机械能的机器，用来带动其他器械工作。电动机也是一种发动机。

**方向舵　rudder**
安装在垂直安定面后缘，通过左右偏转控制飞机偏航动作，辅助飞机转弯的舵面。参见升降舵部分。

**飞机　airplane**
由固定翼产生升力，由推进装置产生推（拉）力，在大气层中飞行的重于空气的航空器。按用途可分为民用飞机和军用飞机，民用飞机包括客机、运输机、农业机、医疗救护机、公务机、特技表演机等，军用飞机包括轰炸机、攻击机、拦截机等。按起落装置的类型，可分为陆上飞机、水上飞机、两栖飞机。按发动机类型，可分为活塞式飞机、喷气式飞机、火箭式飞机等。按发动机数目，可分为单发飞机、双发飞机、多发飞机。

**飞艇　airship**
有推进装置，以流线型气囊提供浮力支持其重量，并且轻于空气的航空器。按结构特点，可分为软式、半硬式、硬式飞艇。

**飞行器　flight vehicle**
在地球大气层中和太空飞行的器械的总称。

**航线　route**
航空器从地球表面一点（起点）飞到另一点（终点）的预定航行路线。

**滑翔机　glider**
与飞机外形相似，无动力装置，靠固定翼产生升力进行飞行的航空器。主要依靠飞行员改变身体位置来控制飞行。

**活塞发动机　piston engine**
在装有可动活塞的圆柱形燃烧室（气缸）内引燃燃料的发动机。燃料引燃后，膨胀的热空气推动活塞运动，活塞的往复运动经曲轴转化为旋转运动，用以驱动螺旋桨。飞机用活塞发动机通常具有多个气缸，各气缸依次点火产生连续的旋转动力。

**火箭发动机　rocket engine**
由飞行器自带推进剂，不依赖外界空气提供氧化剂的喷气发动机。

**机身　fuselage**
用来装载人员、货物、机载设备及武器并将机翼、尾翼等连成一个整体的飞机部件。Fuselage 一词来自法文“纺锤”，因为许多早期飞机的机身都是纺锤形。

**机翼　wing**
飞机上用来产生升力的主要结构。飞机机翼的布局方式有很多种，包括正常式布局、鸭式布局、无尾布局、三翼面布局等。

**机组成员　air crew**
又称空勤组。在一架多座航空器上同时执行飞行中各项任务的全体人员的编组。通常指航空器驾驶舱内的机长、驾驶员、机械师、助理等，不包括空中乘务员。

**襟翼　flap**
安装在机翼前缘或后缘，可向下偏转或（和）向后（前）滑动，用以增加升力的翼面形装置。襟翼有多种类型，包括吹气襟翼、阻力襟翼、富勒襟翼、升力襟翼、开缝襟翼等。（➡73 页）

**空重　empty weight**
航空器出厂交付使用时的标定空机重量。

**螺旋桨　propeller**
靠桨叶在空气中旋转将发动机转动功率转化为推进力的装置，由多个具有特殊形状的桨叶组成。在不同速度下，桨叶应设置在不同的迎角（桨距）上才能实现最佳工作效果（➡73 页）。

**马力　horsepower/pferdestärke**
功率的传统计量单位，分英制马力（hp）和公制马力（ps），1 英制马力=550 英尺 · 磅力/秒 ≈ 745.7 瓦特，1 公制马力=75 米 · 千克力/秒 ≈ 735.5 瓦特。

**脉冲喷气发动机 pulse jet engine**
空气和燃料间歇地供入燃烧室的一种无压气机的喷气发动机。（➡92 页）

**平流层　stratosphere**
从对流层顶到约 50 km 高度的大气层。层内温度通常随高度的增加而递增。底部温度随高度变化不大。平流层下部大气湍流较弱，空气密度较低，阻力也较低，因此成为客机巡航飞行的理想高度层。参见对流层部分。

**扑翼机　ornithopter**
机翼像鸟翼作上下扑动飞行的航空器。20 世纪以前许多重于空气的飞行器设计构想都采用了扑翼机形式，但这种设计几乎没有可行性。（➡11 页）

**起飞重量　takeoff weight**

带有为完成任务所需要的燃料和有效装载的航空器在起飞开始时的总重量。

**起落架　landing gear**

飞机着陆时用于与地面或水面接触的机轮、滑橇或浮筒。

**气球　balloon**

在航空领域，指无推进装置，以轻于空气的气囊提供浮力支持其重量的航空器。可分为热气球、氢气球、氦气球等。

**燃气涡轮发动机　gas turbine engine**

利用燃气涡轮驱动的压气机将气体工质压缩，经过加热后在涡轮中膨胀并且将一部分热能转化为机械功的旋转式动力机械。

**升降舵 elevator**

安装在水平安定面后缘，通过上下偏转改变飞机俯仰姿态的舵面。参见方向舵部分。

**升限　ceiling**

航空器在规定条件下所能达到的最大飞行高度。

**声障　sonic barrier**

飞机的飞行速度接近声速时，进一步提高飞行速度所遇到的阻力激增、升力下降、力矩不稳定以及机翼和尾翼出现抖振等问题。

**同轴反转螺旋桨　contra-rotating propellers**

发动机上两副并列转动且旋转速度相同，旋转方向相反的螺旋桨。

**推重比　thrust to weight ratio**

发动机推力与重量之比。

**尾桨　tail rotor**

单旋翼式直升机上用于平衡旋翼反扭矩和实现航向操纵的尾部螺旋桨。

**尾翼　tail unit**

装在飞机尾部起纵向和航向的平衡和稳定作用，并操纵飞机保持和改变飞行姿态的翼面。通常分为垂直尾翼和水平尾翼部分。

**涡轮　turbine**

一般指从流经的燃气或液体中提取能量的旋转机构。

**涡轮风扇发动机　turbofan engine**

由在压气机前安装的一级或多级风扇形成的外涵气流与内涵喷管排出的或内外涵气流掺混后排出的燃气共同产生推力的燃气涡轮发动机。涡轮风扇发动机的涡轮在驱动压气机的同时，还驱动前部的风扇，风扇将一部分进气送入燃烧室和涡轮外侧的外涵道，这部分未燃烧的冷空气与高温燃气在发动机后部混合，显著降低了噪声。大部分现代客机都采用这种发动机。（➡93 页、121 页）

**涡轮螺旋桨发动机　turboprop engine**

由螺旋桨提供拉力（或推力）的燃气涡轮发动机。涡轮螺旋桨发动机实际上不依靠喷气动力来推动飞机前进。（➡93 页）

**涡轮喷气发动机　turbojet engine**

在单个流道内靠发动机喷出的高速燃气产生反作用推力的燃气涡轮发动机。涡轮喷气发动机需要压气机在燃烧前对进气进行增压。（➡93 页）

**涡轮增压器　turbocharger**

也称废气涡轮。利用发动机排气能量驱动涡轮，带动压气机来提高发动机进气压力的装置。

**涡轮轴发动机　turboshaft engine**

输出轴功率的燃气涡轮发动机。在工作原理和构造上，涡轮轴发动机同涡轮螺旋桨发动机很相近，它们都是由涡轮风扇发动机的原理演变而来，只不过后者将风扇换成了螺旋桨，而前者将风扇变成了直升机的旋翼。参见轴功率部分。

**旋翼　rotor**

又称升力螺旋桨，指直升机和旋翼机等旋翼航空器的主要升力部件。

**旋翼机　autogyro**

一种利用前飞时的相对气流吹动旋翼自转以产生升力的旋翼航空器。它的前进力由发动机带动螺旋桨直接提供。旋翼机必须滑跑加速才能起飞。

**巡航　cruise**

航空器为执行一定的任务而选定的适宜于长时间或远距离的一种飞行状态。

**巡航速度　cruising speed**

为执行一定任务而选定的适宜于长时间或远距离飞行的平飞速度。

**压气机　compressor**

喷气发动机上用于压缩进入空气的旋转叶轮，空气经压气机压缩后进入燃烧室。压气机由发动机涡轮驱动。有些压气机将空气向后直接推送（轴流式），有些则向外侧辐射推送（离心式）。

**翼梢小翼　winglet**

装于机翼翼梢处的直立翼形构件，用以消弱诱导阻力（机翼上由于产生升力而诱导出来的附加阻力）。

**增压器　supercharger**

通过活塞面积的变化使驱动液体或气体所施加的压力倍增的一种高压发生设备。

**直升机　helicopter**

一种以动力装置驱动的旋翼作为主要升力和推进力来源，能垂直起落及前后、左右飞行的旋翼航空器。

**轴功率　shaft power**

传递功率的转轴上的输出功率。在发动机上即为有效功率。传统上使用轴马力（shaft horsepower，shp）为计量单位。

# 索 引

## A



## B

## L



## M



## N

# 主要参考文献


1.Bill Gunston. World's Major Passenger Airlines. Mallard Press, 1991
2.The Longacre Book of Aircraft. Odhams Press, 1963
3.Davies R.E.G. Pan Am: An Airline and Its Aircraft. Orion Books, 1987
4.Munson Kenneth. Helicopters & Other Rotorcraft Since 1907, Pocket Encyclopedia of World Aircraft in Color. Macmillan, 1969
5.Gatland Kenneth. The Pocket Encyclopedia of Spaceflight in Color Robot Explorers. Blandford Press, 1972
6.Lorin Philippe. L'aeroport. G.P Collection Rouge et Or, 1974
7.John Marshall, John Paton. Ward Lock's Children's Encyclopedia of Science. Ward Lock, 1977
8.Andrew Nahum. Flying Machine (Eyewitness Guides). Dorling Kindersley Publishers Ltd, 1990
9.William Green, Gordon Swanborough, John Mowinski. Modern Commercial Aircraft. Portland House, 1987
10.Walter J. Boyne. The Smithsonian Book of Flight. Orion Books, 1988
11.Bill Gunston, John Batchelor. Flights of Fantasy from Leonardo da Vinci to Hotol. Mallard Press, 1990
12.John Greenwood. Milestones of Aviation: Smithsonian Institution National Air & Space Museum. Crescent books, 1991
13.John W. R. Taylor, Ewert Cagner, Tre Tryckare Cagner & Co. The Lore of Flight. Thomas Nelson Publishers, 1975
14.Reginald Carpenter. Powered Vehicles A Historical Review. Crown Publisher, 1974
15.Enzo Angelucci. World Encyclopedia of Civil Aircraft. Crown Publisher, 1982
16.Leonard de Vries. Victorian Inventions. John Murray Pubs Ltd, 1992
17. 新潮社. 芸術新潮. 1983(3), 1983(4), 1990(1), 1994(5)
18. 航空ジャーナル社. 航空ジャーナル:Helicopter in Japan. 1987(5増刊)
19. 月刊エアライン編集部. 月刊エアライン. イカロス出版, 1988(3), 1994(6), 1998(1), 1998(増刊747), 1998(増刊Airbus)
20. イカロス出版. 航空情報. 1997(3)
21. イカロス出版. ヘリワールド. 1997—1998
22. イカロス出版. 世界航空機カタログ (1995~1996年版, 1997~1998年版)
23. イカロス出版. 旅客機年鑑(1998~1999年版)
24. イカロス出版. エアライン年鑑(1994~1995年版)
25. ワールドフォトプレス社. 世界のエアライン(No.3~No.9)
26. 朝日新聞社. 写真でみる航空史・上 & 下(世界の翼 別冊).1975
27. 瀬尾央, 藤田勝啓. 世界の旅客機(2). 山と渓谷社, 1985
28. 日本航空輸送株式会社. 日本航空輸送株式会社10年史. 日本航空輸送, 1938
29. 平凡社, 斎藤道太郎. 児童百科事典. 平凡社
30. 平凡社. 世界美術全集. 平凡社
31. 中村章一, 译. 航空機 (ビジュアルディクショナリー). 同朋舎出版, 1994
32. 糸川英夫. 航空力学の基礎と応用. 共立出版, 1944
33. 竹内順三郎. 飛行機操縦読本. 富士出版
34. 富塚清. 航空機大意. 大日本工業学会
35. 石川潤一. 旅客機発達物語. グリーンアロー出版社, 1993
36. 出射忠明. 飛行機メカニズム図鑑. グランプリ出版, 1985
37.Allen Andrews. 空飛ぶ機械に賭けた男たち. 河野健一, 译. 草思社, 1979
38. 吉川康夫. 航空の世紀. 技報堂出版, 1996
39. 天沼春樹. 飛行船ものがたり. NTT出版, 1995